亚布力✳
企业思想家系列丛书
Business Thinkers Series

特别鸣谢 芙蓉王 对本书的鼎力支持

新时代的
企业家精神

亚布力中国企业家论坛◎编著

知识产权出版社
全国百佳图书出版单位

图书在版编目（CIP）数据

新时代的企业家精神/亚布力中国企业家论坛编著．
—北京：知识产权出版社，2018.9
（亚布力企业思想家系列丛书）
ISBN 978 - 7 - 5130 - 5794 - 3

Ⅰ.①新…　Ⅱ.①亚…　Ⅲ.①企业家—企业精神—研究—中国　Ⅳ.①F279.23

中国版本图书馆 CIP 数据核字（2018）第 194607 号

内容提要

若以"企业家精神"为视角，改革开放史就是一部约束条件不断转换、创新和创造的 40 年风云史。

那么，什么是企业家精神呢？企业家精神，究其本质是企业家群体的一种精气神、一种情感状态。在改革开放 40 周年这一时点，本书以中国企业家群体的情感状态为内容主线，以他们对过往的回眸、感恩和寄望来致敬这 40 年。与此同时，本书还进一步讨论了一个新议题——新时代下我们究竟需要什么样的企业家精神？

责任编辑：陈晶晶　　　　　　　　　　责任校对：谷　洋
装帧设计：李志伟　　　　　　　　　　责任印制：孙婷婷

新时代的企业家精神

亚布力中国企业家论坛　编著

出版发行：知识产权出版社有限责任公司　网　　址：http://www.ipph.cn
社　　址：北京市海淀区气象路 50 号院　　邮　　编：100081
责编电话：010 - 82000860 转 8391　　　　责编邮箱：shiny-chjj@163.com
发行电话：010 - 82000860 转 8101/8102　发行传真：010 - 82000893/82005070/82000270
印　　刷：三河市国英印务有限公司　　　经　　销：各大网上书店、新华书店及相关专业书店
开　　本：720mm×1000mm　1/16　　　印　　张：18.5
版　　次：2018 年 9 月第 1 版　　　　　　印　　次：2018 年 9 月第 1 次印刷
字　　数：285 千字　　　　　　　　　　定　　价：68.00 元
ISBN 978 - 7 - 5130 - 5794 - 3

致敬这个伟大的时代

文 | **陈东升** 亚布力论坛[①]理事长
  泰康保险集团股份有限公司创始人、董事长兼CEO

　　2018年是改革开放40周年，亚布力论坛走过了18个年头，这也是我在这个地方的第18次闭幕致辞。在演讲开始之前，我有一个提议，请大家全体起立，用掌声向改革开放40年致敬，向中国企业家群体和中国企业家精神致敬，向这个伟大的时代致敬！

　　本届年会中，开幕演讲基本承载了40年中国企业家成长及发展壮大这一主题。从柳传志、刘永好、王石，包括田源等作为80年代改革重要的参与者的演讲，到浙商代表南存辉的演讲及其他演讲者的演讲，都是对过去40年的总结和致敬。在闭幕演讲中，两位年轻的80后企业家以及丁健、王维嘉等对科技、AI（Artificial Intelligence，人工智能）和未来的展望，亦是对未来很好的预示。

　　我们既总结了过去40年，也在展望未来的40年。在这次参会的企业家中有文学青年、军人、国家干部、记者，他们通过二三十年的打拼，都有了一个共同的身份——企业家。特别是张文中，他慢声细语地讲述，将12年的"冤屈"和血泪平淡地表达出来。他说，对时代无怨无悔，对整过他的人没有任何怨恨。这就是企业家精神，这就是中国企业家群体的一个集中代表。

　　企业家精神不是抽象的，是具体的、有血有肉的。10年前，我们在这个地方纪念改革开放30年，场面非常热闹。时间一晃而过，这10年发生了巨大的变化，但我们今天能够更平静、更理性、更平和地来看过去的

[①] "亚布力中国企业家论坛"的简称。

40年。

历史是杆秤，我们的辛酸、我们的成功、我们的失败，我们所有的历练都是在积累，所有的积累都在增加它的分量。时间是把尺子，只要我们坚持，只要我们不放弃，只要我们坚守心中对专业、对市场、对国际化的敬畏与向往，只要我们坚定地用阳光的心态、用开放的姿态去寻求我们的财富，这个尺子是无法来测量你的。这就是中国企业家精神40年的积累，它不会止于今天，而会永远地继续下去。

改革和开放真正改变了中国

改革开放是经过一个曲折的过程走过来的。1956年中共八大确定了以经济建设为中心的路线，但是后来又走向了以阶级斗争为纲。最近有一些文章纪念改革开放和邓小平，说小平让这个社会回到了常识，回到了平常。其实我也在想，我们很多学者多少年在呼吁中国需要启蒙、需要寻找普世价值，我觉得中国的启蒙、中国最大的普世价值就是让社会更世俗化。改革开放就是让社会归到平常，让"以阶级斗争为纲"的路线回归到"以经济建设为中心"。今天我们纪念改革开放40年，核心是我们要认识到，过去社会的一切都是从这样一个常识、一个战略发端的。

1975年，第四届人大提出分"两步走"，到21世纪末实现"四个现代化"。我当时是一个高中生，我永远记得周总理做报告的情形。后来邓小平南方谈话时讲到，当时周总理还在重病中，是主席让他写一个不超过5000字的报告，所以"四个现代化"的报告是邓小平组织起草，周恩来总理念的。那个夜晚就像发生在昨天，我一夜没睡着，一个小县城的一个高中生觉得国家有希望了，国家要实现"四个现代化"——强大起来了。

但是"四个现代化"和改革开放是有本质差异的，四个现代化还是技术层面上的一种具体认识，改革开放是整个社会从意识形态、思想观念到社会组织，全方位、坚定地跟国际、跟现代接轨。

我很少看到文章研究改革和开放的关系，我认为开放是起因，改革是过程，没有开放就没有改革。没有开放就不会认识到和世界的差距，就没有改革，没有开放也就没有目标和要求，我们就不知道往哪里走。

改革从最开始的农村包产到户，到城市的万元户，从价格改革再到产权和所有制改革，走到今天改革仍然在继续。开放，我们很简单地理解是技术、资本、设备上的开放，实质上从最早的"三来一补"，到沿海的发展战略，最后到中国跟美国经济的深度契合及融入全球化的浪潮。所以改革和开放这40年的过程，就是这样缓慢地一步一步走过来的。这也是"实践是检验真理的唯一标准"的过程，从小岗村，从深圳撕开了这么一个小小的口子，才有了今天这样一个宏大的社会变迁的洪流。

另外，开放也是人力资源的来源。改革开放以来中国发生了四次大的浪潮，第一个浪潮就是我们这批人能去高考，都有了学习的机会，每个人的机会都是平等的；第二个是出国留学；第三个是下海；第四个是考公务员，今天公务员又开始重新下海，这很好。当年从公派的留学生到自费的留学生，到30年后的今天成百万级的回国参加经济建设和创业，这就是我们讲的"海归派"。

所以"改革"和"开放"不是抽象的名词，它关系着我们生活的方方面面，存在于我们经济的每一个细节之中，它是活生生的，它是波澜壮阔的，它是史诗般的。我们一定要认识改革和开放的关系，改革和开放真正地改变了中国。

改革开放孕育了企业家与企业家精神

纪念改革开放30年的时候，我说我们过去30年取得的成就，是以政府主导经济，国企、外资和民营企业三股力量共同推动的，到今天依然如此。我有一个观点叫"企业家精神泛社会化"，一个城市的市委书记就是这个城市总规划的董事长，一个城市的市长就是这个城市具体执行的总经理。张五常也讲到，县域经济的相互竞争造就了今天中国经济的成功。

在政府主导经济的基础上，我老讲邓小平最根本的两个改革就是宏观层面的价格改革和微观层面的所有制改革。没有价格改革就没有市场，没有市场，就没有1992年十四大确立社会主义市场经济体系和制度这样的转变。改革很艰难，当时市场是一个禁区，不能提，只能提"有计划的商品经济"，不能提"市场经济"。所以我在很多场合说，一定要记住像田源等人当年作为价格改革最重要的智囊，他们为历史所做出的贡献。

我们不要以为今天的成就是随随便便获得的，其实是反复较量、反复

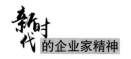

博弈达成的共识，最后到邓小平南方谈话结束了所有争论。为什么我总说1992年是中国历史上一个伟大的时间节点？邓小平南方谈话推动了中国又一轮改革开放的新浪潮，中共十四大最终确立了社会主义市场经济是我们基本的经济制度，更重要的是国家体改委颁布了《股份有限公司的规范意见》和《有限责任公司规范意见》，从此一个大规模的下海浪潮就在中国出现了。

还有一点很重要，整个社会的价值观到1992年时开始转变了，那时社会上都认为下海是光荣的，下海是被人们竖大拇指称赞的。我也经常回顾，以1992年的时间为限，如果说提前5年下海，人家一定会说东升肯定犯错被开除了；假如我提前3年下海，一定会被人说东升混得不好、没本事；但到1992年下海的时候会被人说是英雄。所以没有整个社会价值观形成这个共识，也就没有我们的今天。

记得1985年我参加广州的一个学术研讨会，参加的人主要是哲学、社会科学领域的学者，我们都在寻找中国为什么贫穷的答案。有的学者说是由于中国文化的劣根性，让我们不能够成为现代国家。有的学者讲"错批一个马寅初多出了3亿人"，哪想到多出的这3亿人成了我们现在巨大的劳动力红利。我当时说了一句话，我一辈子都记得，我说："你们都没说对，哪一天10亿中国人都想发财的时候，就是中国有希望的时候。"当时我认为这个命题、这个假设是荒唐的，是不可能的，但是在中国这样不可能的事就发生了。

当全民觉得下海是一件光荣的事，当人民认为企业家是这个时代的元帅，是这个时代的将军，是这个时代的英雄的时候，这个民族、这个社会就有了希望。所以昨天8位企业家在《中国商业心灵》栏目里，像一个个要考试的小学生，毕恭毕敬，亲自动手写、朗诵《给40年的一封信》，我觉得这就是中国企业家和企业家精神40年心路历程的一个浓缩。

我一直有一个观点，邓小平1984年南方视察，诞生了像柳传志、张瑞敏、王石、任正非这样的一批企业家；1992年邓小平第二次南方视察又诞生了像郭广昌、冯仑、田源、艾路明、武克钢、毛振华、陈琦伟等这样一批以社会精英为主体的下海企业家；到了90年代中后期，海归成了新时尚，互联网成了新经济，又诞生了马云、马化腾、李彦宏、刘强东、雷军等企业家。

所以改革开放就是时代的巨浪，把所有的人，男人和女人、老人和少年，都裹挟了进来，而历史就是这样前进的。我说今天在中国发生的创业、创新浪潮，正如革命的潮流浩浩荡荡，有掉队的，有叛变的，有被杀的，有坐牢的，但是创业者和企业家的主体越发壮大，且这股洪流谁也不能阻挡。

改革开放以来中国的企业家，从老一代到我们这一代，再到现在80后的新生代，一代一代、一波一波，前赴后继，这就是民族的希望、国家经济的希望。当一个社会的企业家传承没有接上的时候，就是这个社会发展停止的时候。只有一代一代、一波一波、前赴后继的创业家和企业家出现，这个社会才会永葆青春和活力。

改革开放是我们的国家和企业家精神走向成熟的过程

亚布力论坛十周年的时候，马云曾说，亚布力的思想就像亚布力的雪花，自由飘洒。前天亚布力论坛创始人、主席田源说，亚布力就是一部没有剧本的连续剧，我们已经上演了18集了，这个连续剧还会继续。今天回想起来，我们企业家精神真的是从不自觉到自觉，从被动到主动，从稚嫩到成熟，从躁动到平静，从赚钱到做社会公益，从模糊灰色的商业交易逐步走向新型的政商关系。中国经济也从跑马圈地资源性的驱动走向今天效率创新的驱动。一切在进步，一切也在进化。平常、平静、儒雅、包容、豁达，一个逐步被社会慢慢认识的模范群体正在东方、正在中国冉冉升起。这就是亚布力代表的中国企业家群体和中国企业家精神。

张文中先生的独白是由血与泪写成的，为什么他没有怨恨？因为他心中有一盏对未来、对希望永不泯灭的明灯，这个明灯就是我们所说的亚布力精神，就是中国的企业家精神。

当然，改革还在继续，开放也在继续，今天的国家战略仍然以经济建设为中心。国家提出市场是配置资源的决定力量，深化改革、依法治国，正在演绎着一个更深层次、更大范围、更综合、更深刻的改革。国家提出要建设现代化的经济体系，建设现代化的国家治理结构，这表明从当年的"摸着石头过河"，到今天已经走向一个成熟社会，并寻求建立现代化的

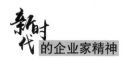

经济体系和国家治理结构。

　　从20世纪80年代开启经济改革，1992年确立市场经济，21世纪初加入WTO，到现在提出建设现代化的经济体系和国家治理结构，特别是2017年党中央和国务院还出台了保护和弘扬企业家精神的文件。有恒产者有恒心，这是中国历史上史无前例地对企业家、对市场经济、对私人财产的保护。未来40年，还要靠我们在座的企业家，靠年青的一代，把这部伟大的故事继续演绎下去。

目录
CONTENTS

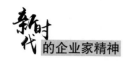

企业家自我更新

　　只有企业家的智慧、冒险精神和创新精神，才能够有效地把各种资源整合起来，创造新的财富。所以资源配置由市场决定，其实是由企业家推动的。

走向质量中国

　　如何实现质量中国？第一，必须是标准中国，标准必须更改、更新、统一，不能再碎片化了；第二，必须是法治中国；第三，必须是文化中国，我们都是企业家，创新来自于刻苦的研发精神，研发精神来自于专注，而专注来自于大爱，工匠精神就是大爱的精神。

投资未来

有想法、敢创业、勇创新、敢于选择自己的未来，这些就是走向未来最强大的动力。

后记

时代与企业家

> 66 这是一个新时代的到来，是中国企业家成长的一个新的历史阶段。企业家精神的充分发挥一定要有一个良好的环境，有了良好的环境，企业家就可以放开手脚去干。从这个意义上来讲，当前就是中国改革开放以来最好的时代。 99

这是一个前无古人的时代

文 | **柳传志** 联想控股股份有限公司董事长

我出生于1944年，那是一个中国贫弱、任人欺凌的时代，我经历过。后来到了中国穷，穷得令人心酸的时代，在座的很多人都经历过。我们经历过那样的时代，所以我们确实有这种体会——

> **"** 挨过饿的人吃红烧肉与没挨过饿的人感觉不一样，但让我们感到自豪的是这碗红烧肉是经我们自身努力做出来的，我们为这个前无古人的时代做出了奉献。**"**

我们应该感到自豪。

是什么引起了中国的巨大变化？那就是改革开放。改革开放的核心有两点：第一，把中国从阶级斗争的绳索中解脱出来，踏上了以经济建设为中心的康庄大道；第二，是以改革开放的态度，走中国特色社会主义市场经济道路。这两句话听着平常，但实际上有很深的含义。

有一次在一个论坛上，一位年轻的创业者讲述自己创业的艰辛和取得的成果。他非常自豪地说，现在的成功是自己凭着汗水拼出来的，没必要感谢他人。我听了之后想，可能他真的不了解中国历史，不知道改革开放的由来。他大概没听过小岗村的故事，不知道高压下的农民是如何签下血书的；后来产生了关于"两个凡是"的讨论、"实践是检验真理的唯一标准"的讨论，再后来经历了关于"傻子""瓜子"的讨论、关于深圳特区的讨论、"中关村是不是骗子一条街"的讨论、温州模式的讨论……直到邓小平南方谈话，其中经历了多少大风大浪，有些甚至是"生死之争"。

我们应该懂得历史，懂得感恩。中国的改革开放是以邓小平为代表的中国共产党人为中华民族子孙万代谋幸福所做出的创举，只有大无畏的气魄，才敢于做出这样令人尊敬的创举，我们应该向邓小平同志和老一辈的同志致敬。

> "改革开放的突出标志就是企业家精神。"

1984年，我还是中国科学院计算技术研究所的研究人员，当时所里生产的一台机器获得了"国家科技进步一等奖"，那台机器需300多平方米的房子才能容下，但性能却比不上当时的PC（Personal Computer，个人计算机）。当我亲眼见到一台那么小的个人计算机足以顶上我们这么大的机器时，真是目瞪口呆。后来我们克服千难万险，终于做出了联想这一自主品牌。

1992年左右，国家为了推动各行各业的信息化进程，赶上时代步伐，降低电脑关税，从200%降至26%，同时取消了进口批文，于是很多电脑品牌，如IBM、康柏等一齐涌入中国。中国电脑行业面临巨大的竞争压力，国家全力支持的国有企业——长城电脑只撑了一年就被打垮了，长城0520CH从此烟消云散，企业也成为别人的工厂。

当时的联想之于IBM，就犹如一个小舢板之于航空母舰，这不是文学比喻，真正的物理量级就是如此。我们研究了我们的短板及改进方法，与时任事业部总经理——29岁的杨元庆到电子部，向部长表态，要与外国企业一决高低。

之后情形真的发生了变化，联想电脑在中国市场的份额越来越高，2000年达27%，居第一，比居当时第二、三、四的外国品牌加起来还高。但2001年开始下降，从27%降到26%，2002年又降至25%。其中一个重要原因是：戴尔见识中国市场之庞大后，将全部兵马押上。

戴尔由于业务模式的创新，从美国到欧洲，所向披靡，无人能敌。2002年，我们曾经阻击过戴尔，我还在联想内部会议上口出狂言说："要让戴尔知道谁是联想！"结果，当年年底，我们被打得头破血流，终于知道了谁叫戴尔。2003年，我们又反复认真地研究戴尔模式，进行各种比对，创造出一种更新的模式，年底我们打了一场漂亮的翻身仗。那年对联想极为重要，因为关系到我们能否并购IBM个人电脑业务。从此，戴尔在中

国再也没能翻身。

后来，我们以蛇吞象的方式并购了IBM个人电脑业务，克服重重困难，最后登上世界PC冠军的宝座。

我所说的决不仅仅指联想，联想只是其中一个缩影。1995年以前，电视机、冰箱、洗衣机全是日本品牌，中国品牌完全无法与它们抗衡。1995年以后，中国品牌的彩色电视、洗衣机等占满了整个中国市场。2000年左右，张瑞敏在海尔提出，要把家电卖到国外去。当时他在美国卖出了冰箱还感到十分自豪，而到今天，不止美国，全世界使用的黑色、白色家电都以中国产为主。

大约2000年，有一次在央视对话栏目，主宾是李书福，底下坐着我们四位嘉宾。节目中，李书福说他要做汽车。我们听了都无法相信，觉得太可笑了，还给他起了一个外号——"汽车疯子"。而今天"汽车疯子"并购了沃尔沃，还成了奔驰的大股东。

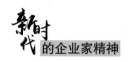

以前提到中国，就是"中国制造"，不能创造。而现在中国的发明专利已经超过美国，比肩日本，尤其在移动互联网技术、业务模式创新方面。没有在国外长期待过一段时间的人可能无法体会到这一点。前不久我在美国的医疗城检查身体，为了联系方便，就想让我的工作人员与美国医生建微信群，美国人不明白，因为他们没有微信，只有Twitter，我当时切实感受到了微信的便利。而且在国外待时间长了就发现网速不够快，想看中国电视剧看不了，不带零钱无法买东西……中国生活方方面面的便利都体现了我们企业家的创新精神。

我认为，中国企业家的精神包涵了不断追求和有使命感、不怕挫折、勤奋、学习能力强等内涵。

> "中国企业家有不断追求的精神和打不烂、拖不垮、坚韧不拔的意志，且聪明、肯吃亏、肯耐劳、学习能力强。"

那么中国企业家的使命是什么？

第一，为全中国人民谋幸福，这是十九大提出的中国共产党的初心，也是企业家的使命。今天企业家富起来了，邓小平同志曾说"中国允许一些人先富起来，先富帮后富"，而当前中国确实还有相当多的人生活水平较低。十九大也说得非常明确，不会杀富济贫，要保证私有财产的安全。我们也希望我们能做得更好，投入扶贫、脱贫工作，让国家更富裕，但这前提是合法经营、将企业做好。

第二，为中华民族谋复兴。在当前环境下谋发展，我们仍然会感到不安，因为这个世界的不确定性实在太多，国家只富不行，必须要强。国家强盛与否，科技力量是底蕴。科技力量怎样才能强？不久前，我看了中国科学院的科技成果展览，发现墨子、天眼等很多科技成果都出自中国科学院，当然还有很多出自大学、军队研究单位。研究需要经费。1984年我在中国科学院时，科学院的科研经费只有8亿，由100多个研究所来分，而今天已有几百亿。因此，强是在富的基础上。富从何来？挣钱，是企业家的天职，这是其一。其二，作为企业家，我们应该积极投入科技创新、业务模式创新的战役中。有了大数据，未来人工智能、新材料、新能源、生命健康等应用型科学会使社会发生根本性变化，但基础科学的研究可能

会使整个社会都改变轨道。在基础科学研究方面，中国企业家承担起为人类、为中国安全、为子孙万代谋幸福这一光荣使命的时候确实到来了。

下面我想谈谈营商环境的问题。

营商环境是中国企业、中国经济能否更好发展的重要因素。当前营商环境下，中国企业家觉得安全感倍增，特别是中央进一步完善产权保护制度，树立"有恒产者有恒心"的理念，强调依法治国，严厉打击贪腐，这些都让企业家们感到踏实、安全。

但同时我也想向政府提一点建议。当前政府的工作效率有待提高，不少部门、地方的政府工作人员不作为现象严重。这是由于政府担负重要工作的人，其责、权、利严重不平衡、不匹配。责任重大，权力大，但能得到的激励却非常小。因此，希望政府能够精简机构，把更多的资源放在挑起担子、负责任的工作人员身上，并减少叠梁架屋的行政机构。例如，一个内陆省份的县没有一个华侨，但仍设置侨办，配有工作人员，这样的机构应该坚决撤出，从而大大提高效率。有良好的营商环境，中国企业将会进一步腾飞。

改革开放往事二三

文 | 田　源 亚布力论坛创始人、主席
元明资本创始合伙人

　　我是1992年办企业的，但是今天想讲一讲1992年以前的事情。因为改革开放初期，我有一段特殊经历，就是在国务院决策研究部门工作过将近10年。2018年，纪念改革开放40周年，我觉得回顾一下这段历史具有非常重要的价值和意义。

　　提到改革开放，必然绕不过伟大的邓小平同志，不过我这里还要提另一位人物，就是当时的国务院副总理谷牧同志。谷牧副总理在中国改革开放中扮演过非常重要的角色，他被称为中国对外开放的总指挥。20世纪70年代末，中国政府第一次派了20多人的经济代表团"下西洋"，考察欧洲五国，带队的就是谷牧副总理。这个考察石破天惊，推动了中国的改革开放。

　　他们出国以后，看到了很多过去从来没有看到的东西。他们回来以后向中央政治局作了7个小时的汇报，详细讲了他们考察欧洲五国的情况，小平同志亲自听了汇报。后来，国务院专门为此开了两个月的现代化建设务虚会。会上，李先念副总理的一个重要报告，后来作为十一届三中全会的参考材料印发全会，对十一届三中全会起了非常重要的作用。

　　当时，中国经济改革最主要的问题就是计划经济和市场经济怎么摆正关系？1979年，中央财经小组有一个文件叫作《关于经济体制改革总体设想的初步意见》，其中提出了国有企业改革的设想是"把企业从行政附属物改为有相对独立性的商品生产者，把单一计划调节改为以计划经济为主，注意发挥市场的作用。"但在改革实践过程中，冲破旧体制的起点，是习仲勋同志在广东做书记的时候，提出要办经济特区。邓小平同志当时

就给予肯定，鼓励通过办特区，在改革方面杀出一条血路。

1981年，十一届六中全会文件明确提出：以计划经济为主，市场条件为辅。虽然中央文件有这种结论，但是，对经济改革到底是往计划经济方面靠，还是往市场经济方面靠，却有各种意见。整个80年代的改革实践与理论探讨都是围绕否定还是肯定这个判断进行的。

20世纪80年代的时候，为了推动改革，成立了两个重要的机构：一个是1980年成立的国务院发展研究中心，一个是1982年成立的国家体改委。两个机构在国务院的直接领导下，一起共同推动了中国经济体制改革，发挥了非常重要的作用。其中，国务院发展研究中心是1985年由国务院价格研究中心、技术经济研究中心和经济研究中心合并而来。我1983年从武汉大学调入的工作单位就是国务院价格研究中心，后来合并到国务院发展研究中心。

20世纪80年代是中国经济改革的突破阶段，有四大改革对中国的发展起到了至关重要的作用。

第一个是农村改革。农村改革取消了人民公社一大二公的体制，实行包产到户的家庭联产承包责任制，促进了农业效率的提高，解决了全国人

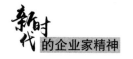

民吃饭的问题，这是一个非常伟大的创举。

第二个是企业改革，特别是国有企业的改革。在当时的企业改革过程中有四位风云人物：一位是当时首钢的周冠五总经理，搞承包制非常出名；一位是马胜利，石家庄造纸厂厂长，承包了全国100多家造纸厂，被叫作"马承包"；一位是步鑫生，浙江海盐衬衫总厂厂长，是当时新华社报道打破大锅饭的典型人物；还有一位是当时企业改革理论的集大成者蒋一苇先生，他有一篇非常著名的文章叫《企业本位论》，认为企业是一个独立的市场主体，不是政府的附属物。当时还没有股份制理论，推动实践中改革企业管理体制的，就是承包制，企业本位论是承包制的理论基础。整个国有企业的改革是从1978年扩大企业自主权开始的，这三家公司各自的实践经验在当时产生了很大影响，对推动改革发挥了很大作用。承包制改革推动了整个市场的活跃度，也让人们开阔了眼界，培养和孕育了市场的力量。

第三个是价格改革。1984年9月，由朱嘉明、刘佑成、黄江南、张钢等青年经济工作者组织、召开了一次学术讨论会，地址选在了湖州市的德清县莫干山，简称"莫干山会议"。我是这个会议的亲历者。这个会议当时最重要的作用是在中国的价格改革过程中提出了双轨制价格改革道路，一大批青年经济学家通宵达旦地争论，对价格改革问题做了深入的探讨，最后提出了一整套以价格双轨制来改革中国经济体制的道路，后来这个会议报告被中央领导认可。整个中国经济改革从双轨制撕开一条路，逐步取消票证经济，逐步取消物资分配的垄断，价格改革把计划经济摧毁了，把市场放了出来，使市场开始配置资源。价格改革是经济改革的关键环节，没有这个改革就没有市场，没有市场就没有企业家。

上面三个方面的改革都很重要，但是，对于整个经济模式的转轨来说，最重要的是第四个方面的改革：宏观体制改革。当时，人们最困惑的是中国应该选择一个什么样的经济体制？经过理论界的深入探讨和及时总结最新的改革实践，1984年十二届三中全会通过了《关于经济体制改革的决定》，其中提出中国经济是"有计划的商品经济"，这个观点突破了原来"计划经济为主"的理论框架，把人们对未来经济体制的理解提高了一步。

1985年9月有一艘游轮叫"巴山轮"，从重庆出发到宜昌，行驶了三

天，其间国家体改委和国务院发展中心在游轮上联合主持、召开了"宏观体制改革国际研讨会"。会议邀请了很多国外知名的经济学家和中国的经济学家及中青年代表，一起进行头脑风暴，讨论中国未来的宏观经济体制模式。会议最有价值的贡献是分析了四种可能的宏观经济管理模式，其中第四种被称为"2B"模式，受到了与会者们普遍的认可，即"实行有宏观控制的市场协调体制"应该是中国体制改革未来的主要取向，这是"巴山轮"会议上达成的最重要的成果。

"巴山轮会议"的成果迅速地影响了国家领导人对于未来经济体制的认识。在当月召开的中国共产党全国党代表会议上，通过了关于"七五计划报告的建议"，其中第一次明确提出，中国今后的经济体制是"宏观间接调控，发挥市场作用，企业自负盈亏"。这个表述第一次把计划、市场、企业的关系初步厘清了。

1987年，在党的十三大政治报告中，进一步把经济体制运行归纳为："国家调节市场，市场引导企业"。这个新的表述更加清晰，把企业赖以成长的整个经济体制运行机制讲得更加清楚，使市场经济体制的概念达到了呼之欲出的地步。

80年代不仅进行了四大改革，还有一项非常重要的贡献是制定并且实施中国的"沿海发展战略"。1987年，中央做了一个非常重要的决策，就是在开放广东、福建的基础上，继续推动更大范围和力度的沿海地区开放，大进大出、两头在外。当时有一位来自国家计委的叫王健的青年经济学家写了一篇文章《走国际大循环经济发展战略的可行性及要求》，这篇文章发表在高层领导必读的《国内动态清样》上，产生了一定影响。当时中央领导批示，认为这是一个非常好的想法。为了抓住当时世界产业转移的历史机遇，国务院领导在东部沿海地区进行了广泛深入的调查研究，最后形成了一个关于沿海发展战略的报告。小平同志在报告上批示："完全赞成，特别是放胆地干，加快步伐，不要贻误时机。"这个沿海发展战略的重大历史贡献，是中国政府有意识地、主动地把沿海2亿人口推进国际市场。从广东一直到辽宁大连、营口这些沿海地区城市的全部对外开放，大力引进外资。抓住国际市场全球产业转移这一千载难逢的机会，大批引进外资，大力促进出口，实现了沿海地区外向型经济的大发展，为中国后来

加入WTO之后的全球化发展奠定了坚实的基础。

> " 沿海发展战略的历史作用是打造了中国三个发动机——珠三角、长三角、京津环渤海地区。这不仅在中国崛起过程中发挥了重要的支撑作用，也是"一带一路"倡议非常重要的出发基地。"

1992年小平南方谈话这一年有两件非常重要的大事发生，第一件事是两代核心就中国未来经济改革目标模式达成了共识。小平同志在南方谈话中指出，计划经济不等于社会主义，资本主义也有计划；市场经济不等于资本主义，社会主义也有市场。

随后，江泽民总书记在中央党校讲话时第一次提出：我个人看法是比较倾向于使用"社会主义市场经济体制"这个提法。在党的十四大政治报告中指出，中国经济体制改革的目标是建立社会主义市场经济体制。这个一锤定音的结论，是在十四年中国改革实践推动与理论进步的基础上，全党达成的关于中国经济体制改革目标模式的共识，对中国未来三十年的改革和发展奠定了非常重要的基础。

当年发生的另外一件大事，就是当时国家体改委公布了关于股份制的两个文件——《有限责任公司规范意见》和《股份有限公司规范意见》，是中国历史上第一次由政府发布关于股份制的规范化文件。我们这些人都是看了这个文件以后决定下海经商，走上创办企业之路的。据说这一年全国下海的干部有100万人。这两个文件对于中国未来现代企业制度起了非常重要的作用，推动了中国一代又一代企业和企业家的成长，推动了中国经济健康发展。

20世纪80年代是一个激情澎湃的年代，"实践是检验真理的唯一标准"，成为全党的指导思想，这是改革开放过程中各种认识分歧最后达成共识的思想基础。亲历这个年代的人都知道当时的分歧有多严重。但是基于坚持"实践是检验真理的唯一标准"这个思想路线，随着实践不断地往前推进，不断地打破旧体制，创造新经验，各种各样的思想观点逐步统一，最后，在1992年党的十四大上，全党达成"中国经济是社会主义市场经济"的共识，这个共识确立了今天中国经济发展的体制基础，也推动

了中国大批企业家的产生。1992年很多机关干部决定下海创办企业。陈东升理事长创办了中国嘉德、泰康人寿，我创办了中国国际期货经纪有限公司，毛振华创办了中诚信评估公司，王梓木创办了华泰保险，冯仑创办了万通集团等，一大批企业和企业家在1992年诞生，推动了很多新兴行业的发展。

回顾过去，我对未来充满信心，中国已经崛起。我前面提到的一些重要历史人物，我们应该记得他们，是他们把这个时代的大门打开，开辟了前进的道路。现在，中国已经进入新时代，未来一定会成为世界强国，让我们一起在以习近平为核心的党中央领导下继续努力奋斗！中国有美好未来，中国企业家就一定有美好未来！

回首40年

纪念改革开放40年，亚布力论坛以"企业家精神"为视角。企业家精神可以在体制内外配置，可以在市场的不同行业配置，也可以在生产性和非生产性领域配置，这取决于约束条件。以"企业家精神"为视角，改革开放史就是约束条件不断转换的、创新和创造的40年风云史。

在2018年亚布力年会[①]上，新东方教育科技集团董事长兼首席执行官俞敏洪，东软集团董事长兼CEO刘积仁，中诚信集团创始人、董事长毛振华，河南建业集团董事长胡葆森，武汉当代科技产业集团股份有限公司董事长艾路明，融创中国控股有限公司董事长孙宏斌，亚商集团董事长、亚商资本创始合伙人陈琦伟就企业家精神及改革开放40年的话题进行了深入探讨。中国并购公会创始会长王巍主持了该场论坛。

王巍：这是一个伟大的时代。一个伟大的时代，其伟大之处不是让伟大的人物更伟大，而是让普通人创造出伟大的事业。40年前，我们在座的都是普通人。最近有一部很火的电影叫《芳华》，那么40年前你们的芳华是什么样的？那时你们在想什么、做什么？时代又是如何影响你们的？

艾路明是一个传奇人物，40年前就创造了很多传奇，因此，首先请艾路明来谈谈他的"芳华"。

艾路明：40年前是1978年，那年我参加第二次高考，考上了武汉大学哲学系。我选择了哲学系，因为我认为哲学系学生毕业容易当官，而当官

---

① "亚布力中国企业家论坛年会"的简称。

可以为中国的社会发展做出贡献。

那时我也很不安分，总想干点什么事，因此在1981年花了17天时间沿着长江从武汉游到上海，这一段经历也让我重新理解了人与自然、人与人之间的关系。在这17天里，我晚上上岸睡觉，中午找到沿岸农民家吃饭。从武汉到上海，我只带了50元钱，当时我的体会就是有钱很重要。所以1988年，我走上了创业的道路。

王巍：你上学时不是想当官吗？

艾路明：我大学毕业后被分配到党校当老师，渐渐失去了当官的兴趣。而20世纪80年代中国经济改革在一步一步推动，从不能办企业到允许办企业，再到出现很多个体户。我当时想，我们读过书、上过大学、念过研究生，还工作过一段时间，我们办企业一定可以超过个体户。

我认为，中国发展可能需要三种人。第一种是政治家，我不适合这条路。第二种是学者、知识分子，他们研究中国的变化，引领思想，为中国发展提供精神动力。第三种是企业家。中国需要一批企业家去赚钱，并将赚来的钱以不同的方式用于中国的发展。我认为我们这些读书人更应该去办企业。

1988年，我和几位同学下海办企业。经历了这30年，我们有很多感受和有趣的故事，也做出了一些我们应该做的事。

王巍：请胡葆森谈谈当年那个时代对你个人的影响。

胡葆森：我比较幸运。我是最后一届工农兵学员，40年前我正就读于郑州大学外文系英语专业。当时满脑子想着毕业后做翻译或者其他工作，周游世界。

1978年年底，十一届三中全会的召开，拉开了改革开放的序幕。1979年毕业时我没有留校教书，而是去河南外经贸厅做了一名进出口业务的外销员。1982年到香港地区工作了近十年，因工作关系只身一人去了六七十个国家的近200座城市。从1979年毕业到1991年底下海，我在河南外经贸厅工作了12年，其实已经算投身商海了。这样算来，到2018年我的经商生涯已有近39年。

当然这12年我仍在体制内，而且提拔较快，28岁时当了处级干部，30岁与方风雷共同创办公司，方风雷当总经理，我任副总经理。如果走仕途前途也会很光明，但我在香港地区工作多年，特别是从事国际贸易工作后，深切感受到中国和发达国家的经济差距，逐渐确立了实业报国的信

念。因此，我于1991年下海，幸运地赶上邓小平同志南方谈话，于1992年创业。回首过去，一直是时代大势推动着我前行，所以我特别感谢这个时代。

王巍：40年前的陈琦伟是做学问的高手，30多年前我就曾看到陈琦伟出的一本书《国际竞争论》，在国内影响非常大。请陈琦伟谈谈当年的经历。

陈琦伟：我是1977级大学生，正是40年前的今天到大学报到。40年前真是激情澎湃的年代。我在大学里面十分刻苦，认真读完了马克思的《资本论》，大学二年级写了一篇论文在中国社科院《世界经济》杂志上发表，1981年成为中国国际贸易协会最年轻的理事。《国际竞争论》是我20世纪80年代初在几篇论文的基础上写的第一本系统论述中国对外开放理论和体系的专著，首次明确提出并阐明了当今处于国际竞争时代的新观点以及"现代比较利益原则"等。1986年出版后便获得了孙冶方经济学优秀著作奖。

40年前我从来没想过以后会成为一个民营企业家，也没有人能想象以后的中国会出现一个企业家阶层。

1988年，我被借调到国家体改委，参加了一系列世界银行的会议。原本想研究经济学，但我越研究越发现中国问题首先要靠干，也体悟到邓小平同志的伟大——他始终提倡务实。所以我对企业家的兴趣渐深，直到经商后，对市场的认识和感受更是水到渠成了。

王巍：刘积仁是做技术出身的，一手打造了东软集团。你40年前在做什么？

刘积仁：我也是最后一批工农兵学员，1976年上大学。此前在钢铁厂里当了4年工人，当过电影放映员，做过文艺队队长，也当过电工。

后来上大学、读硕士，留校当老师，接着读博士，又去了美国，从美国回来就当了教授，那一年我33岁，这一路走得出奇地顺利。当了教授之后，由于受到美国学习时的影响，需要花较多钱做研究，但当时国内大学教授并没有多少研究基金，被逼无奈创业做公司。我那时还认为创办公司的人都是坏人，创业完全不是发自内心的，也羞于对人说是办公司的，对外称研究所所长。

1991年成立公司；1992年进行股份制改造，让员工持股；1996年在上

17

海上市，当时是中国第一家软件上市公司。一路走来，我十分感谢这个时代，有时我觉得自己获得了太多、太突然，与自己的能力并无多大关系。

王巍：毛振华的芳华时代是什么样的？

毛振华：40年前我还在准备考大学。我是村里的孩子，从我家到县城有三十里远，要过三道河。在我上大学前，我觉得中国是世界上生活最好的国家。我在洞庭湖边一个村庄长大，鱼米之乡，在全世界人民都受苦受难的时候，我们都不缺粮食。我没见过火车、城市。所以上大学对我来说是一个大开眼界的过程。

上大学之后，尽管我高考分数很高，但我十分自卑，因为知识面太狭窄。陈东升很早就有志向，看过《马克思传》等，而我当时除了教科书外，什么都没看过。上了大学开始涉猎《中外名著三百篇》《中外名曲三百首》《中外名画三百幅》等文学、音乐、美术领域的知识，借来的书籍中小说基本都看完了，但学术著作很难读，基本看不下去。尽管如此，我很向往知识。

那时候学文科的唯一的选择就是去当公务员或老师，所以我毕业后顺理成章地成为一名公务员，在湖北省、国务院研究室做政府研究工作和一

些调研工作，这段日子十分值得怀念。那时我们看到中央每一份重要文件的每一个新提法，都异常兴奋。我们看到"有计划的商品经济"时，觉得这简直是一个历史性的变化，后来又看到"总供给""总需求"，而当看到"市场经济"时，一切都平静下来，因为此前所说的一切都被这个词汇所涵盖。

如果把时间分为两段，1992年以前对于我来说是以前学习的过程，1992年则是一个实践的过程。我很感激改革开放，它让一个从没见过火车、城市的孩子成为一名公务员，到中南海工作。1992年我开始经商，一下海就担任总经理。

那时让我十分感慨的一个词是"国际惯例"，我认为这个词是改革开放的一个重要里程碑。当时我想办一家评级公司，但评级公司具体是什么、开展何种业务都不清楚，领导无法批出牌照，但我说这是国际惯例，领导就批了。只要发达国家、成熟的市场经济国家有，我们就可以去做。

我们坚守在这一行，维持至今，能够在信用评级行业里有中国的一席之地，在国际上发出声音，其实十分不容易。我们是时代的产物，这一路走下来，让我十分欣慰的是我们始终坚守了专业化。

王巍： 俞敏洪40年前在做什么呢？

俞敏洪：

> ❝ 首先我想说两句话。第一，其实我们的成功是时代发展的结果，我们赶上了国内改革开放、国际全球化发展及高科技发展的时机，是时代给了我们机会，所以我们首先要感谢这个时代。第二，我们自己值得骄傲，因为至少我们比同龄人做得更好，说明我们在这个时代中也付出了更多的努力。❞

讲到芳华，我最初想当工农兵学员，13岁就下定决心要当工农兵学员，所以一直努力干活。但等我练就了干农活的本领后，工农兵学员被取消了。1977年恢复高考，意味着所有高中生必须通过考试才能上大学。1978年我第一次参加高考没考上，1979年又考了一次仍然没考上，直到1980年考上了北京大学。我当时目标很简单，工农兵学员也好，考大学也行，我必须离开农村，农村实在太苦了。

　　到了北大，吃了北大的"救济粮"——北大连续四年给我奖学金。1993年左右，南方地区有了很多小工厂。我妈妈聪明能干，做了一家小矽钢片厂，让我家成为当地公社几乎第一个万元户，使我感受到了财富的力量。尽管我毕业后下定决心要做学问，并在北大待了很多年，但后来我发现我做不出学问：第一，我启动自己学知识已经太晚；第二，我的个性并不能让我真正静下心来做学问。我应该去赚钱，不过当时赚钱不是为了创办新东方，而是为了出国的学费。离开北大后成立培训机构，结果一直做到今天。这就是我的芳华。

　　王巍：压轴的是孙宏斌。孙宏斌在"江湖"上大名鼎鼎，但是寻常看不见，非常感谢他到亚布力年会现场与我们分享40年前的芳华。

　　孙宏斌：40年前我太小，还不记事呢。我的芳华还在后面。

　　王巍：那先谈谈你是怎么走上经商道路的？

　　孙宏斌：我1985年研究生毕业的时候被分配到中国环境科学院当工程师，做了三年。我那时太聪明了，觉得课题都太容易，没什么意思。正好看到联想的前身——中国科学院计算技术研究所新技术发展公司，在报纸上刊登的招聘广告。我就打了个电话，问不懂计算机能去吗？对方说可

以。这样我就去了联想，在联想干了一段时间。

其实在联想的时候我印象最深的一件事是，当时有位朋友跟我说，"你知道现在联想多牛吗？联想的销售额是7000万人民币，与张裕一样了！"张裕已经是一家百年企业了。

我在监狱待了四年，快出来的时候就在琢磨到底要干什么。那时的中关村，包括联想，主要是一个搬运工，将进口机器加工组装，基本没什么技术含量。我当时想不能干这行了，研究生毕业得干点有技术含量的，但是找了很久都没找到。确实，那个年代最高的技术就是发工资时用计算机打印工资条。最后我决定干房地产，1994年开始做房地产中介卖房子。后来找柳总借了50万，就开始做生意了。

王巍：好，这一话题我们先告一段落。几位大佬来自不同的地方，且处在不同年代。40年前，大家都是普通人，动机也非常简单，为了离开农村、当官、做学问、光宗耀祖等。但40年来，国家发生了巨大变化，那么在今天的格局下，假如你们仍然30岁，准备做什么？仍然从艾路明开始。

艾路明：这个问题太好回答了，我现在如果30岁，一定还会做企业。我这辈子不能干别的事，只能做企业。

王巍：做什么企业？

艾路明：我喜欢做实业型的企业，一路走来我都是做实业。

王巍：可以这样理解吗？如果你现在30岁，你要让公司成为全球最大的避孕套生产商？

艾路明：我要做实业，做实业是我的梦想。避孕套只是实业中的一部分。如果我现在还是30岁，我会将实业做得更到位，做一家以实业为导向的企业，当然现在已经做得很好了。

30岁时我对这一定位肯定没有这么清晰，但我肯定会做企业，因为做企业最适合我的性格，无拘无束，自由自在，不爱管别人，也不喜欢别人管我。

王巍：毛振华，如果你现在30岁，你想干什么？

毛振华：我肯定选择做企业。其实我在11年前已经做出了选择，当老师。当时我为什么要去当老师？因为我认为我做企业能做到那样已经很不容易了，我不适合做企业。但今天让我再选择，我仍然愿意去做企业，而

不愿意当老师。

11年前是中国体制转变的高峰，那时面临的一个重要问题是政商关系问题，公务员体系控制着巨大的社会资源。我梦想做一家很好、很大的企业。但在这种大背景下，我觉得我做企业做不下去，有太多困难。我也曾经想过做银行，像洪总（洪崎）一样成为一个优秀的银行家。但我没有机会。我申办过金融机构，但逾越不了拿牌照的最后一关。后来做了老师。

为什么今天我又希望做企业呢？

因为新型政商关系很伟大。这是一个新时代的到来，是中国企业家成长的一个新的历史阶段。企业家精神的充分发挥一定要有一个良好的环境，有了良好的环境，企业就可以放开手脚干。从这个意义上来讲，当前就是中国改革开放以来最好的时代。

一个企业可以跨越国家、跨越文化、跨越所有领域，把自己做大做强，今天有这样的机会，可惜我年龄大了。

王巍：如果现在30岁，陈琦伟想干什么？

陈琦伟：让我回到30岁去选择的话，我大概不会再选择去做一家企业，在中国的营商环境中做企业太累了。那我会做什么呢？

我一生最敬佩的人就是邓小平先生。他真正改变了所有人的命运，但是他没有宏伟的口号，靠的就是务实的行动。刚才其他人在回答这个问题我就在想，我们有经验、有理性，做什么事才对这个社会最有利，对我自己最有用？我想我会尽早竭力帮助企业家。

我们亚商投资了100多家企业，虽不算多，但我见过的企业和企业家也多，从第一代到现在的第四、第五代，我们发现挑头做企业家真的不容易，九死一生，因为中国的营商环境与其他工业发达国家相比，确实需要补很多短板。

我当时创立亚商也是被动的。我1984年留学去美国，原本要留在美国，后来因为《国际竞争论》这本专著可能获评孙冶方经济科学奖，上海老市长汪道涵和吴敬琏老师写了一封信给我说，"你回来吧！国内学金融的人不多，改革非常需要金融体制改革，需要研究。"我们内心很有情怀，一听国家需要，就抛开所有的待遇、机会回来了。回国后，考虑到我的背景直接去做原创企业不合适，所以选择建立一家投资顾问公司。

如果现在让我选择，我会去给企业家做顾问。因为当前中国社会有一个很大的缺陷，就是没有上流阶层。中国上流阶层在中国几百年的战乱中都被毁掉了。从历史上来看，这是不健康的。

> " 所谓上流阶层，就是所受的教育更多、举止修养更好、财富更富足、精神世界更丰富，足以成为整个社会的榜样。"

事实上，中国的企业家正渐渐起这样的作用。

中国改革40年，越来越进入深水区，往前越来越艰难，但有一点可以确定，就是中国的民营企业一直在成长。中国民营企业每年的产值税收、就业人数不断攀升，承担的社会责任越来越多，只有企业家阶层才能有这样的气魄。所以，我不做冲锋陷阵的将军，那就用企业的形式做好一个参谋长，会很有意义。

王巍：胡葆森，假如你30岁会干什么？

胡葆森：那就做一家投资公司吧！做房地产太苦。我兴趣比较广泛，年轻时的很多爱好现在都没有时间去实现，可以做一家投资公司，投资有兴趣的公司，比如体育。我现在投资足球十分无奈，资金投入太多，每年亏损太多。如果我现在30岁，一定要办一家能赚钱的体育公司。我喜欢美的事物，如音乐、书法，但没有时间投入。还有篮球，我大学当了两年篮球队长，现在有时候晚上做梦打篮球还扣篮，其实我打了十几年篮球也没扣过篮。我爱好很多，如果要重新做企业，可能会办一家投资公司，与自己的爱好结合起来，而不像现在这样做地产、上市公司，有时甚至必须为业绩做很多自己不愿做的事。

王巍：谢谢。刘积仁，你呢？

刘积仁：回到30岁是绝没有可能的，但如果是做梦，让我再选择的话，我觉得可能也没有比我过去更好的选择了。

第一，我很庆幸选择了信息行业。这个领域从选择的第一天起就没有停止过，到今天还在不断地发酵，无论是人工智能、大数据、区块链，还是其他事物。这是一个十分艰苦的行业，比地产更艰苦，必须天天更新、天天学习。这个行业从来没有过泡沫，因为每一个泡沫都是一个新机会的

开始。所以如果让我重新选择，我还会选择这一领域。

第二，能够用技术创造财富非常重要，因为没有财富想做事真的做不了。刚刚葆森说的我特别赞同，生命短暂，要做最喜爱做的事。如果有机会可以让自己的人生不那么专注，不那么紧张，让自己放松一些，这是一种选择。但我为什么认为没有比现在更好的选择呢？比如，我认为教书很神圣，因此我出资建大学；现在医疗健康很重要，我们就建设云医院、大数据等，因为有钱才可以做喜欢做的事。所以我认为不要把个人的人生追求与获取财富这两件事对立起来。正如我们小时候听过的一句话，学习的目的要明确，或者说创造财富的目的要明确，创造财富的目的本身就是要服务社会、贡献他人，我们要在这一过程中将自己的追求结合起来。

因此，关于这一问题，第一，我们回不到30岁；第二，即使能回去，我可能还会走这条道路。

王巍：谢谢。俞敏洪，假设能回去，你会怎么做？

俞敏洪：按照你刚才的定义，我们回到30岁，同时现在拥有的一切都还拥有？

王巍：对。

俞敏洪：我们拥有现在的一切回到30岁，这件事情如果真能实现，我觉得我要做的跟我目前做的会一样，我会继续用我赚的财富去支持年轻人创业，或者自己再创业。

我曾经在演讲的时候说过一句话，我愿意用我现在所拥有的一切去换回我30岁的青春。因为我创办新东方时刚好30岁，那时一无所有。青春和财富二选一的话，我一定会选择青春。但我肯定不会再去做教育培训行业，因为已经经历过，再去经历一次就没有意义，或者不新鲜了。我可能会去做避孕套、造房子，这样更有意思。总而言之，既然你让我重新选择，那我一定要选择一种不同的生活。

王巍：孙宏斌，现在请你谈谈你30岁的芳华。

孙宏斌：我不用假设，我现在正好30岁，也不用假设想做什么，因为我正处在一个非常好的行业中。2017年中国房地产行业新房销售额突破了13万亿元，超过了全球汽车行业销售额，全世界汽车行业销售额才为2万亿美元。2017年是调控非常严格的一年，但仍有13万亿元的销售额，这是十分不得了的数字，而且市场正在快速整合。这正是我幸运之处。

下一步，第一，对包括我自己在内的在座所有人来说，最需要注意一点的就是安全。因为企业到一定规模后，不安全就从四面八方而来。稳健其实是最难的一件事，让企业跑得更长远，这是我最想做的事。

第二，我的前半生，不，是我小的时候，对企业家精神的理解比现在更好。企业家精神一定包涵着冒险精神，所以企业家一定要勇于承担风险，风险和机遇共存。

第三，就是如何面对失败。我一直认为，我们要关注弱势企业家。我们要关注出现问题的企业，因为失败是一件很正常的事情。在美国文化中，人们爱当英雄。而在中国文化中，人们喜欢看别人当英雄，或者看别人从英雄变成狗熊，中国人就爱看热闹。所以，如何看待失败，怎样宽容地、正确地对待失败，如何帮助别人走出失败，是最难的。这也是我近几年来体会最多的一件事。我们与乐视合作，与万达合作，与其他人合作，这么多合作中有成功，也有很多失败，但我做每件事，即使失败赔钱，都很开心，为什么？就是如何看待失败的问题。

第四，企业家要做真实的人。

企业家别让自己太"高大上"，要做一个真实的人，否则一有负面消息就会战战兢兢。我从不在乎，也根本不会去想别人说什么。

最后，企业做到一定规模，对价值观的理解非常重要，价值观基本能够决定一家企业可以走多远。我的价值观是什么？是厚道。厚道，与你合作的人就会多。我们公司高管都是大学一毕业就来了，融创才成立15年，他们很多已经来了20年，从联想的时候就跟着我了。很多公司开2倍甚至10倍以上的工资都挖不走他们。厚道才能留人。我现在越来越觉得价值观重要，我们这个行业十分简单，所有人都懂得要做大、要挣钱、要并购。为什么选择与你并购？因为厚道。厚道是我们最主要的价值观。

王巍：听了几位大家的肺腑之言，我想提两点题外话。

在3年前乌镇互联网大会上的一个晚上，我和田溯宁组织了一场饭局，李彦宏和张朝阳也在，我们畅谈人生能活多久这一话题。在我们小时候，60岁已经达到寿命的终点，今天活到90岁已属正常，而张朝阳、李彦宏坚信他们会活到120岁，甚至更久，这是大势所趋。所以，今天在座的各位，你们至少还能活30年，从真正掌握自己的命运至今也不过30年，但我们创造了不一样的人生，下一个30岁我们还能创造什么？

第二，回到30岁会做什么，这个问题我在国外也曾问过，答案非常不同。很多企业家说，我要拍电影，要画画，要创立一所学校，要去传教……拥有了财富以后，他们想要追求的是别的东西。今天我们七位企业家无论拥有多少财富，回到30岁，仍然要创业，生来是企业家，永远做企业家，这是这一代人的执着和顽强，正是这种执着的精神推动了过去40年中国的发展，我感慨的同时，也向中国的企业家们致敬。

40年前，他们都是在不同角落的草根，在过去的40年做出了各自的成就。然而，今天的企业家们仍然感到不安全，当前的环境仍需要改善，中国仍需要前行，我们需要一同努力，让中华民族的发展更加丰富多彩，共同推动一个伟大的时代。

新希望的希望之道

文 | 刘永好 新希望集团董事长

　　我结合新希望集团36年的历史谈一谈改革开放40年来一代企业家的进步、成长、烦恼和奋斗目标。

　　大家都知道改革开放前是没有私营企业的，也没有个体户。那时凡是个体企业都被认为是资本主义的苗，要被锄掉，因为"宁要社会主义的草，不要资本主义的苗"。1978年，伟大的改革开放给了我们一代企业人良好的机会，企业家成长了，全国一批批企业家涌现了出来。

　　1980年，我和我的三个兄弟想创办一家企业。因为喜欢无线电，擅长组装音响，很多人请求我们帮忙安装，我们萌生了开家小工厂从中赚取成本的想法。生产队听说后很高兴，恰好也有空库房，我们组装了一台样机。但到了书记那，这个想法被枪毙了，认为我们这是"走资本主义道路"。这就是我们的第一次创业，还未成形就夭折了。

　　这样过了两年，期间我们内心创业的火苗一直没有熄灭。1982年，农村家庭联产承包责任制开始在全国推行，我就考虑，以乡村企业的名义创业是不是可行？我们直接找到县委书记，提出去农村搞养殖业，这个提议获得了书记的大力支持，他说："你们是大学生，是知识分子，到农村搞养殖，把科技带去农村，我双手赞成！"这样，我们又开始创业了，于当年成立了育新良种场。36年过去了，我们四兄弟的企业都在茁壮成长。

　　1993年，我有幸当选为全国政协委员，第一次在人民大会堂作发言，发言主题是《私营企业有希望》。我讲这个题目时很多领导都很担心，说你怎么能讲私营企业有希望呢？但等我发完言，人民大会堂响起了热烈的掌声，他们都认为我讲得好，并因此开了一次两会新闻发布会，第一次让

民营企业面对全球讲述中国私营企业的进步和成长。而当时，全国私营企业只有13万户，私营企业总产值仅1000多亿元。

至2016年，新希望已经发展成为一家销售近千亿元的以农业产品、肉蛋奶为基础的全球性企业。至2016年，全国民营企业已超过2500万户，贡献了超过50%的税收，提供了60%以上的GDP，贡献了70%以上的技术创新，提供了80%以上的就业。如今又过了两年，这个数字又上了一个台阶，可见中国民营企业进步之大。

如今，以华为等为代表的民营企业已经进入全球500强，他们在世界不同的角落为中国制造、为中国企业家、为中国复兴和发展做出了重要贡献。中国共产党第十九次全国代表大会进一步肯定了企业家的地位、作用，并且出台文件保护企业家、保护企业家精神，这给予了我们极大的鼓励。

在今天的新格局下，几百名企业家齐聚在这里，参加亚布力年会，我相信我们这几百家企业的销售规模、利润近十年来一定是一年高过一年。我看见那么多熟悉的企业家朋友，满怀喜悦，穿着中国红，红红火火，这代表了我们的一种积极心态，也代表了新时代企业家应该有的新发展、新气象。

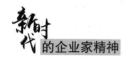

接下来我想结合家庭、企业、国家之间的关系，谈谈小家、中家和大家，以及传家、传业和传承三者之间的关系。

很多人都曾跟我说，永好，你创业已经36年了，当年与你一起在北京参加两会的企业家越来越少了！确实，1993年我当政协委员时，同一批的还有二十多位人大代表和企业家政协委员。但到今天仍来北京参加两会的同时期企业家已经屈指可数。他们有的退休了，有的不在人世了，还有的企业垮了。有人问，为什么你的企业三十多年还健在，且仍在不断发展？我认为这与传家有关，与小家、中家、大家有关。

简单来说，我们一家四兄弟、五姊妹齐心协力，各自发挥作用。兄弟一条心，黄土变成金。1995年，国家工商局评私营企业500强，我们位列第一。我们用十年左右的时间做到了中国第一，靠的就是兄弟的齐心协力，靠的是我们共同的梦想，靠的是党的政策的逐步开放，特别是邓小平南方谈话以后。

但我们对公司管理、股份的考虑还不足。当时我们四兄弟股份一样多，都是一把手，大哥是主席，二哥是董事长，三哥是总经理，我是总裁，四人职位并没有什么实质区别。企业小的时候没问题，但当规模做大时问题就来了，最终谁做主？尽管四兄弟有很多共同之处，都勤奋、聪明、努力，而且我们共同定下了规矩，就是家属不能参与到公司的运营中。但我们不可能思想完全一致，企业做大后，我们必须调整。

1995年，我们在中国私营企业中已经排行第一，当时四兄弟一起讨论下一步发展。大哥提议说，我喜欢电子高科技，可以投资这一领域；三哥说，我喜欢种蔬菜、水果，我希望在育种方面进一步发展；而二哥说，我们在饲料、农业方面已经有所成就，为什么不在这方面继续深入？各人方向不同，最后我们达成一致，并于当晚签下协议。协议内容为"各走各的路"，或称"分家"。其实我们并不是完全的分家，原有业务不动，新的增量根据各人意愿进行调整。当时这件事情在全国影响力非常大，很多媒体都做了报道。

分家后我成立了新希望，我和太太、女儿在新的格局下始终坚持做企业，但仍要按照我们原有的规则去做。同时还要求儿女要有爱心、慈善心，不可炫富。我儿子出门坐飞机一定坐经济舱，两三个行李都是他自己

主动提。我们还让他们从小去创业，做些力所能及的事。我儿子把每年的几万元集中起来，到凉山州找小朋友帮他们种花。我女儿大学时跟同学一起策划了一个帮助白内障患者的计划，该计划直到今天仍在实施。我要求子女从小有担当，不炫富，并投入公益事业。一路走下来，接班管理企业自然也顺利。我女儿才30多岁，就担任新希望六和的董事长，管理五六万员工，实现了几百亿的销售额和几十亿的利润，比我做得还好。这是"小家"。

家和万事兴。企业在关键时刻该调整就调整，调整后理顺格局，实行现代企业制度，因而新希望较早就上市了。我们可能是中国以私营企业名义上市的第一家企业。这是我所说的"中家"。

最后是大家。

> "国家是大家，企业必须有'大家'精神，以国家为家。"

直到今天我们仍坚持创新，积极承担社会责任和担当。1994年，我联合十家民营企业家发起了扶贫的光彩事业，至今仍然是中央统战部和全国工商联力推的重要扶贫项目。23年来，新希望已经在全国各地建立了上百个"光彩事业"扶贫工厂，至今投入超过80亿元。

2017年10月18日，习近平总书记在党的十九大报告中提出乡村振兴战略。乡村振兴最核心的是什么？是人。但当前农村空心化十分严重，对此，我向有关领导提议培育一批乡村技术人员，获得了肯定。我们提出，用五年时间培养10万名乡村技术人员，这是我和新希望集团的新目标。同时，启动"新希望1+1"精准扶贫计划，发动两千名中层干部，力争3年内帮助10000名建档立卡户脱贫。

我们参与社会建设、企业责任贡献，这才是"大家"的概念。当企业都拥有"大家"精神时，我相信国家一定会进步。而今天亚布力论坛现场参会的企业和企业家很多都积极参与社会扶贫事业，投入社会公益事业，将自己企业做好的同时，为国家的青山绿水，为扶贫事业，为新时期的振兴，为实现伟大的中国梦做出贡献。我认为，这就是我们企业家群体所走过的这40年。

我的创业40年

文 | **南存辉** 全国工商联副主席、正泰集团股份有限公司董事长

正泰集团从1984年创业成立到现在，已经35年了。

改革开放40年来，我国经济取得了巨大成就，赢得了世界赞誉，成为世界第二大经济体。我国经济发展对世界的经济增长贡献率超过了30%，成为世界经济发展不可或缺的、非常重要的引擎。

改革开放也成就了企业家群体，改革开放的阳光和雨露哺育和造就了中国企业家群体，社会主义市场经济建设的伟大创举磨砺和铸就了新时代的企业家精神，涌现出了柳传志、任正非、王石、刘永好、陈东升等一大批优秀企业家。作为中国改革开放的"模范生"，浙江也涌现出了像鲁冠球、马云、宗庆后、李书福等一大批知名企业家，他们深刻诠释了企业家精神，同时也铸就了浙商精神。

我在11岁的时候，为了求生存，开始修皮鞋。后来，我开了一个个体电器店，做了五年。到80年代开始合作办企业，叫"乐清县求精开关厂"。在那个年代，农民搞工业，拿起榔头放下锄头，其实根本不懂技术，不懂质量管理，而电器却在电力设备安全方面有非常高的标准和要求。由于不懂技术质量，导致很多产品卖出去后出现质量安全问题。这个问题引起了中央、国务院的高度重视，于是在20世纪90年代对电器市场进行了全面整顿。我们有一种天生的敬畏感，敬畏时代、敬畏法律、敬畏质量。所以，我们是第一批响应国家号召的企业，申请生产许可证，依法生产。当国家对整个电器市场进行整顿的时候，我们反而作为先进榜样受到了表扬。

从创业之初到现在，一路发展下来，我们始终围绕实业、坚守实业，不

忘初心。我们从电器的元器件，到电力设备，再到新能源产业，"互联网+"跨界整合，都是围绕着主业在干。2006年，正泰转型升级，进入光伏新能源产业；2010年，正泰电器在上海A股上市；现在，正泰在做服务创新。

下面给大家讲一讲正泰的产品和所涉及的行业领域。

第一是智能制造领域。正泰最初做低压电器，然后做到从低压到中、高压设备全系列产业化，形成发、输、储、变、配用全产业链；从仪器仪表的系统解决方案，再到新能源半导体的高端装备。这个半导体高端装备打破了欧美垄断，引领了行业发展，上海市委领导还专门给正泰写了祝贺信。我们除了做硬件、做产品之外，还在研究发力自动化控制系统、电力行业用的控制系统解决方案、核电厂的控制系统解决方案、燃气轮机的控制系统解决方案，等等。

第二是绿色能源的转型升级。能源方面我们虽然在制造量上不是最大的，但是与其他企业不一样的地方就是我们做的是系统解决方案。光伏电站里，除了水泥、钢筋，其他的从设计到EPC、到零配件全套产品都可以由正泰提供。我们在光伏电站方面做了很多探索，比如在西部的"沙光互补"电站，可以长草；在东部的"农光互补"电站，改造荒山坡后，可以

养鸡、种菜。另外，工商业屋顶、公共建筑屋顶的建设，特别是居民分布式屋顶的建设是一个非常难做的项目，我们都做起来了，而且成了业内标杆；在电站建设方面也采用了三维飞行测绘系统。这些都是我们在新能源领域所做的探索。

第三是服务创新，三轮驱动。我们对自己的定位叫作电力保姆服务。电力保姆就是从EPC总包交钥匙，再到电站的监控运维服务。现在我们已经做了4万座分布式居民屋顶光伏电站，今年会有非常大的突破与增长。还有光伏的分布式支付，做好O2O配套服务。在黑龙江鹤岗，我们有一个双试点的改革，准备打造一个洼地，有五个生态圈。在电力保姆方面，建立城市的微网建设，跟城市配套；同时，我们还在打造智能社区集成、智能楼宇技术以及智能家居系统，提供更全面的服务。在服务创新方面，我们正在研发新材料的应用，像石墨烯的材料应用和石墨烯的电池芯等战略新兴产业。此外，我们还发起成立了浙民投、温州民商银行等，做金融配套服务。

对于正泰集团的下一步发展，我们提出了"一朵云、两张网"，即工业物联网和能源互联网。

最后，关于新时代的企业家精神和浙商的企业家精神，我想说：正泰做了这么多的尝试和创新，靠的就是企业家精神、浙商精神。新的时代有新的使命、新的征程，十九大报告不断地在强调、鼓励、肯定企业家群体的作用，激发企业家的精神。浙江也提出了新时代的浙商精神，具体概括为：坚忍不拔的创业精神，敢为人先的创新精神，兴业报国的担当精神，开放大气的合作精神，诚信守法的法制精神，追求卓越的奋斗精神。习总书记对浙江也提出新的要求，要求我们"以新时代浙商精神，勇当新时代中国特色社会主义市场经济的弄潮儿，勇当新发展理念的探索者、转型升级的引领者，'义行天下'的践行者"。

历史与传承

改革开放四十周年，伴随着中国经济的腾飞，中国的企业家群体也在迅速发展壮大。如何弘扬与发展企业家精神，成了当今方兴未艾的热点话题。

在2018年亚布力年会上，亚布力论坛理事长、泰康保险集团股份有限公司创始人、董事长兼CEO陈东升，亚布力论坛创始人、主席、元明资本创始合伙人田源，中诚信集团创始人、董事长毛振华，御风资本董事长冯仑，时任亚布力论坛轮值主席、德龙控股有限公司董事局主席丁立国就中国企业家精神的历史与传承进行了热烈的讨论，清华大学民生经济研究院副院长王勇主持了该论坛。

王勇： 2018年是改革开放40周年。第一，我们希望大家从鸦片战争以来的"大历史"角度，并结合改革开放40周年的"小历史"，来谈谈企业家精神在中国现代化过程中所发挥的作用。第二，我们想请大家来谈一谈未来如何更好地传承企业家精神。

田源： 鸦片战争以来，中国经历了工业发展的主要时期。上海、天津、武汉，这几个地方都是诞生过企业家的。鸦片战争到中华人民共和国成立之前是中国整个初级工业化的阶段。其中轻工业是以上海为主，重工业以武汉这些地方为核心。就我们一般的感觉来说，中国企业家中知名度比较高的，还是做轻工业的那一批企业家。他们在整个中国工业化的初期，创建了最初的工厂或者是公司。虽然这些工厂或公司基本上都是家族企业，但其中有一部分最终还是上市了，所以上海过去就有股票交易所。

当然，就整体而言，那个股票交易所投机的成分要更大一些，资产定价、配置资源、融资这些功能还不是那么突出。那时候的企业也和现在的企业不同，公司治理、融资、发展的属性相对都不那么明显。

当邓小平同志提出要利用信托公司来筹集资金、做建设的时候，中国有两个大家族：一个是荣氏家族，一个是王光英家族。这两大家族各自创办了一个信托公司，而这两个信托公司后来就成了两大国有集团，一个是中信集团，另一个是光大集团。从这个角度来看，中国的企业家其实也是有传承的。同一个家族的人，到了改革开放以后，按照党中央的要求创办了信托公司，这也是一种传承。这些企业家从鸦片战争以后的民族工业接续过来，又接上了改革开放的时代要求，这都是中国国情决定的。不过我们今天讨论得更多的还是改革开放之后成长起来的一批企业家。这一批企业家们从最初的20世纪80年代开始出现了第一代，到"小平南方视察"后又产生了一代，到现在的互联网时代又有了一代。一代一代非常明显。

企业家群体是随着整个经济发展而诞生的，但是企业家的诞生又推动了整个经济的发展，这两者是互为因果的。总的来说，中国改革开放以后，真正解决了体制模式的问题，确立了社会主义市场经济的运行模式。

改革开放之后，整个企业家群体的发展加快了。从数量上看，1992年之前中国有13万企业家，1992年到现在达到了2500万。而真正让世界瞩目的企业和企业家，则是加入WTO（World Trade Organization，世界贸易组织）以后才发展起来的。也就是说，这一代企业家已经跟过去传统的鸦片战争以后的那些企业家们完全不一样了。那些人当时的眼界、当时的审视、当时的产业，各方面和今天都是完全不一样的。改革开放后的这批企业家，更多的是把外国有而中国没有的东西带进来发扬光大。

王勇： 谢谢田源主席，接下来我们想请冯仑讲讲。我最近在关注你的微博，你的微博上发了一个消息，说是要"折腾"和"熬"。你能不能结合自鸦片战争以来的"大历史"和改革开放40年以来的"小历史"，谈一谈你对这个"折腾"和"熬"的看法。

冯仑： 首先我认为中国鸦片战争以后是没有企业家精神的，更谈不上传承。因为在1949年以前民营企业能活过20年的都很少，这一代的事情都还没做完呢，谈何传承？

> "在我看来，鸦片战争以来，真正有企业家精神并且有机会、有可能被传承的年代就是改革开放这40年。"

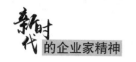

现在第一代还在冒险，还在做事情，还"敢为自己嚷嚷"，这就叫企业家精神。自己的事情都不较真，别人怎么会来尊重你呢？所以我觉得改革开放这40年，企业的发展远远超过了过去的100多年。要看企业家精神，首先企业的历史得足够长，得看两代、三代才能看穿。

其次，传的是手艺、买卖，还是精神？比如说，有些老板传的是买卖，告诉下一代怎么跟政府勾兑关系，怎么跟领导搞好关系，这种东西很难说是现代企业家精神。他传承了一个生意，传承了一个买卖，但不是我们"中央25号文件"讲的现代企业家精神。亚布力论坛现在要弘扬的企业家精神，就是"中央25号文件"定义的现代企业家精神。改革开放给这种企业家精神创造了机会，但是未来要能真正传承还是得依靠法治，依靠一个在法治基础上的相对健全的市场体系。

王勇： 下面请丁立国结合中国钢铁企业的发展谈一谈他的看法。

丁立国： 首先，中国历史上是有商人阶层的，并且许多商人都能够传续很多代，所以我觉得肯定是有企业家精神的。咱们都知道山西乔家大院，我们不能说它没有传承。所以说，就整个历史演绎的过程来看，还是有很多传统产业、传统商人的，这是一个阶段。

其次，说说洋务运动。洋务运动奠定了中国的工业基础，没有洋务运动就不会有中国的工业。可洋务运动为什么没有延续呢？因为那时候老打仗，没完没了地打。做生意、做企业，没有一个长期稳定的环境是不可能成功的。比如说在我们现在这个时代，企业还能不能继续再做20年，取决于自己愿不愿意折腾，自己愿不愿意跟自己较劲。但在那个时候，外部环境"折腾"你，一"折腾"企业就没了。现在很多人都在说"百年企业"，其实能不能再做一百年这个事儿也不完全取决于你。真的想做一百年，就得好好布布局，但在现在这个阶段，我们做好自己的就行了。想要传承，就得做好时代的适应者、引领者和突破者。

再次，1949年到1979年，在这个阶段我们经历了六个五年计划。我们对接了那个阶段整个国有体系的工业基础，这是非常关键的。我们河北为什么要建这么多港口？河北一共有11个地级市，全是国有钢铁厂。这些钢铁厂，有的是"小三线"建设时期建成的，有的是五年计划时期建成的。这些钢铁厂拥有大量的人才，资源也非常丰富，并且形成了集聚市场。许

多当地企业就有机会去学习，去跟随，甚至去超越。我们对于这段历史一定要重视，因为在这个基础上一定会有传承。

最后，我想可能企业家精神的真正形成，还是在改革开放之后的这40年，尤其是近20年。改革开放的前20年，大家想的都是生存问题，满足自己的需求，谈不上精神。在不需要为生存问题担忧以后，才开始上升为家国情怀，才开始建立模式、塑造文化。

王勇：接下来请毛振华给我们谈一谈。大家知道毛振华有两个身份：一个身份是企业家，另外一个身份是我们人民大学的经济学教授。我想他可能既可以从企业家的角度，也可以从学者的角度，来看这样一段历史的发展。

毛振华：今天讨论这个题目是正当时。因为改革开放40年后，中国经济到了一个新的发展阶段，我们国家也到了一个新的时代，我们对过去也要有一个梳理和回顾。梳理中国这一段历史，亚布力论坛的企业家差不多每一个人都是某一段历史的折射，都能从一个侧面反映出这个时期中国企业走过来的历程，现在讨论这个话题非常有意义。

中国经过这么多年的发展，取得了很大的成就，也付出了很大的代

价。我这里所说的代价就是风险，怎么去看待这个风险？其实中国经过这么多年的发展，有能力来应对一次比较大的风险，并且这个指标超过了西方发生经济危机的指标。我也认为中国的企业经过这么多年的发展，大多数企业有应对一次比较大的风险的能力。风险之后仍然会有一大批优秀的企业家，风险之后发达国家还是发达国家，不发达国家还是不发达国家。我说这些话的意思，是说我们要有应对风险的准备。改革开放以来，中国经济经过40年的发展，成了世界第二大经济体。但是我们没有像其他的国家一样，有一大批国际化的大品牌跨国公司，有一批世界知名的企业。当然，我们现在开始有一些了，像互联网企业已经走到国外去了，其他的企业并购也做了一点。现在我们要思考一个问题，我们这么大一个经济体，给世界贡献了什么样的企业？

从今天的情况来看，民营企业已经占据了中国经济的大半壁江山，对新增就业的贡献率超90％，解决了中国80％以上的就业人口问题。大家都知道，国有企业是资本密集型和资源垄断型企业，民营企业才是劳动力密集型、科技创新型、出口创汇型企业。现在的新规律是许多世界级大富豪都是第一代富豪。对我们来说，一批已经成功的企业、一批有经验的企

业，如果还能进一步发展，这是一件很重要的事情。我们研究企业传承，首先是现有企业怎么样能生存发展下去，这才是第一步。

现在的企业发展下去才是传承的基础。怎么样做一个好企业呢？这也是我们现在思考的问题。这个思考涉及体制和机制。我觉得现在有很好的历史机遇，过去我们经过这么多年，从无到有，从有到大，从大到强，有一个自己的发展轨迹，也找到了适合中国国情的、适应中国社会主义经济体制的运行模式，这值得认真总结。有这样一支企业家队伍，是我们的幸运，所以要把这支队伍保留住，把这些企业保留住，还要利用这些企业走到国际上。这是一个很正确的选择。

我们这批老企业家，在中国的新环境下做不了什么大事，我们现在的状态是手里有10块钱，能赚1块钱就很满意了。这种状态已经开始与国外差不多了，也许我们应该是时候让出中国的一些市场让年轻人来干，我们可以作为财务投资者、作为一个帮助者来加入，这个可能是比较合理的构架。

新一代也好，我们也好，我们都感觉到存在着一个很稳定的框架，我们怎么来顺势而为，甚至是有所作为？只有我们这一批已经有成就的企业能够持续下去，能够发展下去，能够有应对危机、应对社会变化的能力，才能谈继续传承下去。

王勇：接下来有请陈东升来谈谈两个方面的问题：一方面是你对自洋务运动以来企业家发展的一些观察；另一方面，请结合亚布力企业家博物馆谈一谈你的看法。

陈东升：洋务运动之后中国开始了近代化和现代化，近代化和现代化的核心思想就是工业化、城市化，所以工业化的进程是从这里开始的。只不过那是官商，不具有真正意义上的企业家精神。但不论如何，它还是开始了，虽然是萌芽的，是不完全的。我在大学学这一段历史时的印象极其深，我们学中国近代经济史，老师跟我们讲，第一次世界大战，列强波及不到中国，所以我们抓住这个时机把民族企业发展起来了。沿着鸦片战争的五大通商口岸，我们开始实现近代化。当然，这些口岸里经济最发达、思想最解放的，还是上海。我们说上海是"海派"，什么叫"海派"？"海派"就是欧洲人、美国人做事的风格和方法，讲规矩，守信用。所以

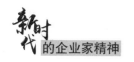

说真正的企业家还是从民族资产阶级开始的，这个我们印象极其深刻。

这一段历史还是很辉煌的。后来我们革命学了苏联的模式，但其实这个脉也没有断。真正的企业家精神有一部分去了东南亚，去了中国台湾，去了中国香港。我记得第一次出国是1987年，那时候我在经贸部。我们那个团去新加坡、马来西亚、泰国，专门去考察他们的开发区，考察他们吸引外资的各种法律条款、税收优惠政策、"三减两免"的推动政策等。那个时候我们还什么都没有，觉得泰国都比我们发达很多。很多华商在当地经营得非常好，包括改革开放吸引外资，最先进来的也是他们。

开始学苏联模式的时候，我们的基础还是一个农业国家。我们通过工农业剪刀差，来完成我们工业化的积累。今天我们所说的现代化、工业化、城市化，如果放到整个世界历史里，去跟英国、美国发展的历史比较，其实就是一个资本原始积累的过程。相比之下，中国的资本积累过程是最文明的、最温和、最成功的。在中国要完成这个工业化的进程，只有靠工农业剪刀差，靠全国人民勒紧腰带。

所以第一个五年计划完成了中国工业体系的布局，你再看今天改革开放最伟大的贡献是什么？实际上是体制和机制。汽车工业是现在产生的吗？核工业是现在产生的吗？造船工业是现在产生的吗？钢铁工业是现在产生的吗？所有这些其实都是在苏联援建的156个项目基础上发展起来的，这里面有很重要的再工业化过程。我们把苏联、东欧社会主义给我们的技术消化吸收的同时我们再复制。这里面你说有没有企业家精神？

中国的改革开放可以说，是重新让企业家阶层回来了。改革开放40年，就是政府主导经济，国有企业、民营企业、外资企业三股力量推动中国经济发展。

首先，就是国有企业的去社会化。讲一个很典型的案例，就是现在的中国石油。中国石油过去是中国石油部，石油部有铁路、学校、医院、幼儿园，其实它就是一个社会。把一个社会变成今天一个在国际上上市的公司，这种社会职能剥离、引进外资上市的过程伴随着百万工人的下岗，中间的难度可想而知。所以为什么说中国的改革是场伟大的运动，是一个史诗般的、波澜壮阔的过程呢？国有企业是存量，而中国改革最成功的地方就是留住存量，放开增量。留住存量就是国企改革转制，从承包到股份。

其次，我就讲外资。外资的引进也是经历了几个阶段。首先是引进华侨资本，来搞活我们的流通。华侨拿美国的订单来大陆生产，他作为中间商赚取利润。所以第一拨外资，就是港、澳资本来搞活我们的流通。第二拨外资是做基础设施建设的，通过结合外资与全国人民的力量来完成。像我们坐一次飞机要交50块钱的机场建设费，还有我们交的高速公路费，这些都是支撑基础设施建设的基石，这也是我们的创新。最后，就是跨国公司的进入，我们拥有一定的基础设施后，特别是在加入WTO之前，跨国公司大举进入中国。这一波外资进来也是非常重要的。那个时候美国的大公司到中国，是可以赚很多钱的，像苹果、可口可乐、IBM、宝洁等，几乎没有竞争对手。他们采取收购再消灭的策略，把我们当年所有的轻工品牌，几乎消灭殆尽。那时候一个跨国公司的总裁来，我们中央政府的领导都要接见他，今天可口可乐的总裁来可能想约我们吃个饭，我们都说没时间了。所以现在跨国公司很不习惯，觉得现在营商环境不对了，中国也不是过去的中国了。

关键之处就在于中国的民营企业。中国的民营企业从无到有，从小到大，从一个小缝里的一股小溪形成了今天的一股巨大洪流。还有，央企从

150多家慢慢地到了现在的99家，在不断减少，并且逐渐形成如国外企业一般的跨国公司。

> **❝** 我们的未来只有一个词，就是'民营企业'，指的是市场化的企业，是统一国民待遇的企业，不分外资，不分国企，不分民企。**❞**

当然这是我对未来的一个判断。

我觉得保留亚布力永久会址，是一件很有意义的事。

> **❝** 在亚布力论坛20周年的时候，我们要留一个传承的遗产，就是亚布力永久会址。我们要做一个企业史博物馆，追溯从1840年至今，中国企业家精神的主脉。从洋务运动到民族实业，再到改革开放这样一个大的企业家群体，其主思想没有断，主战场也还在中国。**❞**

我希望作为亚布力论坛永久会址的这个博物馆，能够成为中国企业家精神的主脉。它要有一种神圣感，要能够让人们像朝圣一样来这里学习，到这里来获取一种强大的精神力量。

企业家自我更新

> 只有企业家的智慧、冒险精神和创新精神，才能够有效地把各种资源整合起来，创造新的财富。所以资源配置由市场决定，其实是由企业家推动的。

用企业家精神服务企业

文 | 洪　崎　中国民生银行董事长

　　严格意义来说，我不是企业家，而是职业经理人。但是，今天我们要回忆改革开放40年，讨论新时代的企业家精神，从这个角度讲，我跟企业家差距也不大。

　　1978年，我还是一名电工，准备领着车间的一帮电工开门市铺，当时实际上国家已经默许个体经营搞活市场。但后来比较幸运的是，我考上了大学，去上大学了。

　　1993年，我在人民大学领着一帮博士去了海南，组建了博士团，我们在海南干了大概三个月。当时有一个机会让我去交行北海分行当行长，我

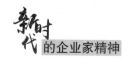

还犹豫不决，因为干企业太累、风险太高，不过最后还是决定去了。这样来看，我还是差一点企业家精神，没有敢冒险。我到北海当行长后，博士团就散了。他们有继续干企业的，也有去当官的。

所以，今天我在这里发言，只能说弘扬企业家精神，因为在座的企业家朋友们，你们都可以代表企业家去发言，而

> **"** 我是从你们身上学到了企业家精神，用企业家精神来服务民营企业，把银行做好。**"**

提到企业家精神，无论是熊彼特，还是我们的张维迎教授，对企业家精神都有很多定义。但我想说一点，企业家精神实际上是可以学习、可以传播的，可以成为引领新时代的精神。所以我想，在座的各位企业家不仅要在国家富起来、强起来的时候创造物质财富，还要把精神财富变成社会财富。

民生银行于1996年1月12日成立，为民而生，与民共生，这个"民"就是指民营企业，其实它的成长也的确与民营企业的发展息息相关，这是它的使命，也是它的初衷。直到现在，我们的章程里还写着，民生银行的宗旨是服务于民营企业、中小企业以及科技含量高的企业。

当然在这过程中，我们也有一些调整。民生银行成立初期主要是服务民营企业。到了2000年，由于发展的速度太慢，我们调整了战略，主要服务大企业、政府机构。后来又多次调整，但是都没有真正回归到服务民营企业上来。不过，从2014年开始，我们的战略又调整到了民营企业上，现在民生银行的定位是"民营企业的银行、科技企业的银行和综合服务一体化的银行"。实际上这种调整有与之前相比大为不同的意义，在这里我想与大家交流一下这个背景。

从发展阶段来说，一个企业从生产到死亡，都是一个生命体，它的灵魂就是企业家精神，企业成长的过程也是企业家成熟的过程。改革开放40年，企业的成长经历了四个阶段。

第一阶段是1978年十一届三中全会召开到1991年。这段时期，政府实际上对民营企业采取了默许、观望到允许的态度，在座的柳传志、刘永好都经历过。从计划经济脱胎而来，出现了第一波创业潮，民营企业大量兴

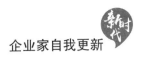

起，如传统的乡镇企业，还有一些小商、小贩个体户。

第二阶段是1992年到2001年。1992年，国家已经鼓励发展市场经济，确立"以公有制为主体，多种所有制经济成分共同发展"的基本经济制度。全国上下创业激情高涨，迅速掀起一股下海潮，形成了改革开放后的第二波创业潮。所以说，一个企业家的成长，不仅要看自身的素质，还要看他所处的环境。其实，1992年我也差点下海。现在来看"92派"当时下海已经不是单纯为了生存，而是为了个人价值的实现，而且"92派"这批企业家都是有素质的，他们把很多国外的技术和管理模式引入中国的市场经济中。

第三个阶段是2002年到2012年。中国企业家开始在全球化中拼搏，在竞争中强壮。十六大充分肯定了民营企业家对社会主义事业的贡献，首次提出"毫不动摇地鼓励、支持和引导非公有制经济发展"。加入WTO后，民营企业积极参与全球化进程、参与国际竞争，大型民营企业、企业集团数量大幅增加，在境内外上市的数量增多。2008年全球金融危机后，各企业又开始寻求转型升级。

第四个阶段是2013年到2017年。十八大史无前例地用"重要支柱""根基""重要组成部分""重要基础"等词汇强调非公有制经济的作用，并特别强调非公有制经济的财产权同样不可侵犯，让市场在资源配置中起决定性作用。资本、劳动力、技术还有企业家是最稀缺的资源，熊彼特把企业家看作经济增长的国王，因为

> **只有企业家的智慧、冒险精神和创新精神，才能够有效地把各种资源整合起来，创造新的财富。所以资源配置由市场决定，其实是由企业家决定。**

中国进入新时代，一条主线就是供给侧结构性改革，"三去一降一补"。我们仔细分析就会发现，之前这么多年，实际上都是政府主导，不完全是企业家和企业家精神在主导经济。现在，我们要求经济增长从规模和数量的增长，变成质量和效益的增长，在转型过程中，其实就是企业家和企业家精神在起决定性作用，在对资源的配置起推动作用。而且现在去杠杆、去产能，其实民营企业的杠杆并不是太高，反而是政府、国有企业的杠杆较高，所以民营企业才是中国经济下一步增长的动力和活力。

　　因此，我在面对我们行的员工做报告时，就向他们讲：不要迷茫，因为我们民生银行现在确定的战略是优质的民营企业战略，我们要向优质的民营企业家学习，学习优质的民营企业家精神，用民营企业家的精神去服务我们的客户，一定战无不胜；现在的民营企业正引领着中国经济的走向，我们不用迷茫，只要去看看我们的客户在做什么，我们紧跟他们，服务好他们，民生银行一定会超过其他银行！

社会企业与社会企业家

文 | **王梓木** 华泰保险集团股份有限公司董事长兼首席执行官

2018年是改革开放40周年。过去40年间，几代企业家伴随着中华民族大国崛起的步伐，开拓创新、砥砺前行，为促进经济持续健康发展与社会和谐稳定做出了重大贡献。特别是党的十八大、十九大召开以来，中国特色社会主义迈入了新时代。作为新时代的企业家，我们理应肩负更崇高的历史使命，承担更大的社会责任，同时培养和塑造新时代的企业家精神。

追求企业社会价值最大化

企业家的社会职责主要有两项：创造社会财富和推动社会进步。企业家通过创利来增加社会财富，通过创新和承担社会责任来推动社会进步。不创利的企业家是浪费社会资源，是自身能力的一种缺失。创新是企业家的天然使命，管理学大师彼得·德鲁克认为，"创新是企业家的灵魂"，不创新的企业家不能称之为真正的企业家。我的观点是：

> **❝** 承担社会责任、追求社会价值应当成为新时代企业家精神的核心理念，这也是社会企业家与传统商业企业家的区别所在。**❞**

社会在发展，企业在成长，思想在进步。在当今新的商业文明时代，优秀企业家应当追求企业社会价值的最大化，而不只是商业价值的最大化即利润最大化。盈利是企业存在的本分，是商业企业的初心；承担社会责任、推动社会进步是新时代企业家的使命。不忘初心，牢记使命。企业不

能没有商业价值，否则无法生存。但在追求商业价值的基础上向社会价值
转变，是企业家精神的进步和企业内涵的升华，也是我们这一代企业家的
历史责任。新时代的企业家精神应当将承担社会责任和推动社会进步放
在首位，并且不断赋予社会责任以广泛和深刻的内容。人们愈来愈注意
到，优秀企业家们大多富有社会责任感，都在潜移默化中践行社会价值的
理念。

一个不会赚钱的企业不是一个好企业，一个只会赚钱的企业也不是一
个优秀的企业。一个企业的存在，不仅仅在于其商业价值，还包括广泛的
社会价值。社会价值体现在许多方面，体现一家企业对全社会的贡献度。
从企业的成长史来看，企业的商业价值和社会价值始终存在，好的商业企
业必定是伴随和推动社会的进步，有意识地去把握企业的社会价值和不断
产生新的追求。优秀企业要主动追求企业的社会价值最大化，要担负起社
会责任，包括提供就业机会、开发创业平台、拥抱科技革命、推动节能环
保、促进环境友好、拓展绿色金融、大力扶贫济困、实现各类人群的平等
发展与社会共同进步。

"社会企业"在全球演进

"社会企业"这个词语的出现，源于世界各地有许多组织开始利用商业的力量来追求社会和环境的改变。社会企业也是企业，但是不同于一般的商业企业。目前世界各国对于社会企业有着各种不同的评判标准，概括而言，社会企业是以追求企业的社会价值最大化而不仅仅是以商业价值为目的。

> **❝** 社会企业的主要目的是共同利益，他们利用商业的方法和规则以及市场的力量来推进他们的社会、环境和人类的友好行为。**❞**

英国是最早倡导社会企业的国家，也是目前公认的社会企业最为发达的国家。政府数据表明，在英国有7万家社会企业，为经济贡献240亿英镑，雇用了近100万员工。自2005年起，已有超过13000家社区利益公司成立。英国于2002年成立社会企业联盟，它不仅是面向社会企业的全国性机构，而且致力于向政府提出政策建议，参与英国《社会价值法案》的起草。

对于我国来说，社会企业还是一个新鲜事物，社会企业家的概念也是在近几年才被少部分人所了解，不管从理论、法律还是实践上来看，我国都处于刚萌芽阶段。

在我看来，"社会企业家"不仅仅局限于公益企业家，只要他们具有以下几个共同特征，即可以称为社会企业家：一是以承担社会责任为宗旨，包括实现人类的共同利益和平等发展；二是在企业发展的进程中，主动追求企业社会价值的最大化，而非短期商业利润的最大化；三是富有不断开拓创新的时代精神和推动社会进步的历史使命感；四是在完成各类社会目标的过程中，实现企业的长期可持续发展。社会企业家是一个共生共荣的社会群体，他们拥有共同的价值理念、信仰与追求，共同借助商业的力量去实现企业的社会价值。

前联合国秘书长安南先生在2015年全球社会企业家联盟举办的第一届全球社会企业家生态论坛上曾提出："在当今世界，无论一个国家如何

富足，都无法凭借一己之力解决贫富差距、环境恶化、资源枯竭、气候变化、贫穷饥饿等社会问题，我们需要加强合作，不仅是国与国之间的合作，还包括国内各个行业之间的合作，而商业必须是实现合作的核心因素。我们必须时刻牢记：商业不可能在一个失败的社会中取得成功。也就是说，要用长远的眼光看待商业的发展和股东的利益，从而得到长远、可持续性的发展方案。这需要各企业主动思考周围的社会利益。"

纵观全球和中国，90%以上的中小企业正在承担这一社会责任，他们不断创新、提供工作岗位，推动可持续性和包容性的经济发展。中国企业已经在世界各国建立合作伙伴关系，我们需要借鉴、学习和推广这些成功的举措。企业利益和社会利益相结合才能实现双赢，这需要企业界的全心投入和共同努力，志向高远的企业往往会从长远的利益看问题，明白他们这样做不仅是利他，也不仅是为了慈善，而是知道行善本身就对企业有利。通过提高人民收入、摆脱贫困，你其实就在为自己的产品和服务建立消费群体。

其实，富有社会责任感的企业，追求企业社会价值最大化的企业，往往是那些具有远见卓识的企业，他们由此获得了更广泛的客户认同和品牌效益，甚至带来巨大的商业价值。

在海外，有一类投资被称为社会影响力投资，它是以社会责任为宗旨，同时也是基于长远价值的投资。据美国沃顿商学院的资料介绍，截至2015年年底，全球共有23万亿美元的影响力投资，其中美国占了1/3，约8万亿美元，而这几乎占美国全国管理资产总额的20%。

2012年，英国社会企业家联盟推动了英国"大社会资本"的启动，建立了世界上第一家社会投资银行。它的首要任务是：通过向社会投资金融中介提供资金，实现英国社会投资市场的可持续发展。英国还出现了社会影响力债券，投资者通过它向社会企业投入资金，支持和帮助政府实现改善社会的目标。如果预期目标达到，由政府向投资者退还本金和利息，如果没有达到，投资者便只当尽了社会责任和义务。2013年6月，伦敦证券交易所推出全球第一个"社会证券交易所"，国家可再生能源、医疗保健、净化水、可持续交通、教育等领域的社会企业在此挂牌上市。

在我国，影响力投资尚处于萌芽和刚刚兴起的阶段，绿色产业、绿

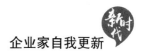

色金融（包括绿色保险、绿色证券、赤道银行）等都可以算作是影响力投资。影响力投资往往确定各种公益目标，但采取商业手段来达成。在我看来，

> **影响力投资不仅具有社会价值，更具有很深厚的商业价值，它通过企业的远期利润和品牌效益，使企业被更多的老百姓所信赖，从而走向更大的成功。**

美国亚马逊公司至今未实现盈利，但是为人们提供了崭新的服务方式，创造了巨大的社会价值，同时资本市场也给予其很高的商业估值。目前，腾讯的利润远不及中国移动，而中国移动的市值却不及腾讯的一半。这方面的科技企业不胜枚举。美国一些影响力投资基金的夏普指数甚至优于巴菲特的投资收益水平。所谓"夏普指数"，在美国是指平均报酬率减去美国十年国债收益率后与风险波动率的除数。

以保险业为例，保险公司天然具有社会公益性色彩，自然应该对社会责任给予更多的倾注。理性地说，保险不是投资挣大钱、挣快钱的行业，而是服务于老百姓的风险保障企业。我们华泰保险公司的使命就是"使人们的生活品质不被风险所改变"。某种意义上，保险是更适合影响力投资的领域。保险应该在保障人们追求美好生活的过程中，为社会的平衡发展和充分发展做出更大贡献，保险无论在风险保障还是财富管理上都可以更好地发挥这一功能，这是我们这一代保险人的社会责任和共同使命。

提倡社会企业家精神正逢其时

2017年，"企业家精神"和"工匠精神"双双被写入政府工作报告。9月8日，中共中央、国务院下发《关于营造企业家健康成长环境 弘扬优秀企业家精神 更好发挥企业家作用的意见》（以下简称《意见》），这是中央首次以专门文件明确企业家精神的地位和价值。《意见》从营造依法保护企业家合法权益的法治环境、营造促进企业家公平竞争诚信经营的市场环境等九个方面提出了27条具体措施。除了政府提供的法制环境之外，企业家有责任共创自己的社会生态环境。而在这一创造过程中，提倡社会企业家精神正逢其时。

随着企业的成长和社会的进步，中国企业家精神也在不断地丰富与升华。不难发现，追逐利润源自企业家内心的贪婪，由于环境资源破坏导致发展受阻又给企业家带来心理的恐惧，基于同情心的慈善行为构成了企业家的精神归宿。这或许就是中国社会企业家的心智模式。

在互联网、大数据、人工智能、区块链等新技术革命到来的时期，企业家面临着前所未有的挑战，但其中也蕴含着极大的社会商机，产品和服务的潜在社会价值凸显。那些曾被短期市场导向的企业视为不利的因素，对社会企业家来说，或许是一种新的成长机遇。这就需要把弘扬社会企业家精神、倡导企业家承担社会责任提升到更重要的位置，这不仅是企业家精神文明的进步，也是科技和生产力发展到新时代的产物，构成新时代企业家精神的鲜明特征。

现代社会的企业价值创造，已经不是简单地着眼于经济利益的获得，而是推动社会进步所需的一切价值创造。在这一价值创造中，更加长远和根本的利益成为一种自然回馈。

在我国，认识和理解社会企业家的人尚属少数，如何使其成为多数企业家认可的价值理念，是亚布力论坛的职责所在，也是我们这一批亚布力论坛理事的神圣使命。我们在自觉的基础上，还要觉他。

我们欣喜地看到，中国正在有越来越多的社会企业家涌现出来，主动承担各种社会责任，走在时代前列。对于他们创办的企业而言，做任何一项事业，首先想到的不是挣多少钱，而是通过企业的产品、服务以及公益事业为社会创造更大的社会价值。

> **" 追求企业的社会价值，正在从少数企业家的认知，变成多数企业家的自觉。"**

深圳华大基因董事长汪健提出企业发展的商业模式就是"为人民服务"，"只要为人民服好务，人民币自然就会为企业服务"。红杉资本全球执行合伙人沈南鹏2017年投资的中和农信，就是一家已成立20年，专注于为农村贫困农户提供无须抵押、无须担保的小额信贷支持的社会企业，致力于帮助困难农户摆脱贫困。这已经不是传统意义的天使投资，而是社会价值投资，也可以被看作是新型的"天使投资"。武汉当代集团董事长艾路明全身心投入中国本土最大的环境保护组织阿拉善基金，每年用200天以上的时间专注于为这一环境保护组织服务。收藏家马未都表示，早期下海是为了赚钱，后来是为了出名，现在提出要将全部收藏一件不留地捐献给国家，他说自己已经到了"安放灵魂"的阶段。华泰保险成立华泰博爱基金，每年将公司盈利的1%专门用于扶贫济困，为弱势群体雪中送炭。华泰发起的"小小铅笔"爱心助学活动更是走过国内多个省份，为几十所贫困学校的学生送去电教物资和心灵关爱。

所有这些都让我们有理由相信，社会企业家作为社会价值的创造者，必将成为推动中国社会进步的一股强大力量。为此，我们倡导更多的企业家加入我们的行列，创造社会价值，积累社会财富，搭建创业平台，创造就业岗位，推动影响力投资，为我国全面建成小康社会和实现中华民族的伟大复兴做出社会企业家们应有的贡献。

找准扶贫路径

　　"精准"是新时代扶贫的基本理念，包括识别、帮扶、管理和考核，而做大、做优产业是精准扶贫的中心任务。同时，精神脱贫也是新时代扶贫的重点，精神贫困始终是主观上的根源。倡导产业化和倡导企业家精神的"精准扶贫"，中国企业已经有不少案例，结合这些案例，我们讨论精准扶贫的可行路径。

　　在2018年亚布力年会上，就精准扶贫的可行路径，时任亚布力论坛名誉主席、原中国银行业监督管理委员会主席刘明康，武汉当代科技产业集团股份有限公司董事长艾路明，美好置业集团股份有限公司董事长刘道明，上海长甲集团董事长赵长甲，友成企业家扶贫基金会常务副理事长、国务院参事汤敏，邵氏基金会特别顾问、香港科技大学原副校长翁以登进行了深入讨论，道同资本创始合伙人张醒生主持了该场讨论。

张醒生：这两年，在新的党中央和政府的领导下，中国正走向富裕、富强。但还有一个摆在我们面前的问题，就是农村的贫穷问题。

　　我收集了一些数据：其一，政府减除农村税以后，中国农民的收入跟十几年前比有了飞跃和提高，但是农村人均收入仅仅还只是城市人均收入的1/3；其二，根据2014年我国划定的贫困标准线（按照今天的汇率大概相当于1.11美元/天）来看，中国现在仍然有4300多万人每天的生活费用不足0.95美元；其三，中国的乡村医疗中，仅有25%的乡村医疗诊断是正确的；其四，农村人口占中国总劳动力人口将近30%，但是在全国GDP中的

贡献不到10%，这就说明农村的产出率很低。另外，约63%的农村儿童在初中之前就辍学了，农村的金融缺口预计达三万亿元以上，农村中16岁以下的留守儿童有902万……面对这些问题，政府提出，到2020年要消灭绝对贫困，80%的主要用水要符合国家三级用水的水质标准，90%的受污染土壤得到处理，人口超过3000人的社区配备至少一个诊所和一个医疗服务中心，等等。现在已经是2018年，在剩下的2年时间内要解决这些问题，我们面临的挑战还不小。下面有请刘主席跟大家分享他的看法。

刘明康：我们2014年开始做扶贫基金会，主要面向少数民族和边远地区重叠的地方。贫困家庭里很普遍的现象就是孩子不能读书，我们不愁一代人的贫困，但是我们担心永远贫困，如果下一代人没有文化，没有接受良好的教育，那么他们的贫困将会延续，而少数民族和边远地区的超生情况又很严重，平均每个家庭有4~6个孩子。面对这样的情况，我们在新疆河田、喀什、柯尔克孜州很早就开展了精准扶贫的工作，就是在每个村里，通过村民公选出最困难的家庭，然后我们基金会给这个家庭里的一位小孩提供可持续性学业资助。经过这么多年的努力，我们资助过的孩子有的已经考上了大学，大部分处于升高中、升大学的阶段。

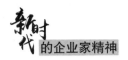

　　帮助一个孩子接受良好的教育就能让一个家庭脱困。家里虽然人多，但新疆等少数民族和边远地带，幼师、教师等需要较高学历岗位的工资并不低，幼师平均工资是4000~6000元。每个月，他可以拿出两千多块钱支持自己的家庭，支持自己的弟弟、妹妹继续读书。这件事情我觉得是做对了，文明会使人聪明起来，让人告别那些极端的思想。事实上，我们也在扶持这些贫困家庭的过程中，看到了光明，看到了国家的概念。

　　关于精准扶贫，我觉得还有几点需要特别留意并解决：第一，因病返贫，刚刚让一个家庭脱困了，但是一旦家里有人患重病，就会因病返贫；第二，因灾返贫，因为泥石流、地震、洪水等自然灾害，导致家庭重新回到贫困状态；第三，因债返贫，他们没有受过好的培训和教育，我们如果不恰当地为他们提供扶贫贷款，他们自己可能都不知道应该拿扶贫贷款去干什么，于是就花掉了。针对第三点，比较有效的方法是让极度贫困和贫困的家庭有限持有当地优秀企业不可转让的优先股，这样他们会持续获得分红，这比一次性给他们一笔扶贫贷款让他们去做一份很难看到成功的事业要好得多。现实中，我们也做了这样的尝试，我们给予最困难的家庭每户一万块钱的资助，但这笔钱不是发到他们手上，而是以他们的名义对当

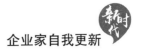

地经营最好、风险控制得最好的一家农村信用社进行参股。这些股份都是优先股，不可转让，当某一天他们有人脱贫了，那么他就不再享有这个权利。这种结合经济转型的扶贫方式，在工业园区、旅游园区、旅游景点等的建设过程当中可以加以提倡。台湾曾经有过经验，将一部分土地合并，用来做大公益，将优先股给予当地的原住民，从而保障他们共享成长。

具体扶贫工作中，我们可以不用做太多检查。首先，据了解，乡镇干部需要用80％的时间来面对各种脱贫的检查和访问，而真正对贫困家庭的实地走访和了解，则需要他们利用晚上的时间。所以在这件事情上，我们要注意。其次，目前我国的扶贫资金分布在很多不同部门，这一方面满足了各部门对扶贫资金的需求，但这就等于每个部门都掌握资源，互相隔离，这样就难以形成合力。因此，我们要在地方做一些具体的、长治久安的、可持续发展的商业项目，来更好地支持贫困的人。再次，不能命令农村信用社在短时间内发放扶贫贷款。这种贷款能起到的作用非常有限，因为并不是所有的农民都适合做生意。我们应该更科学地、真正地做到习主席所号召的精准扶贫，贵在精准，贵在持久，贵在市场化。

张醒生： 刘主席不仅仅分享了自己参与扶贫的经验，还提出了一些非常好的建议。下一位有请艾总，他是阿拉善SEE生态协会会长，他下决心用两年时间把阿拉善SEE生态协会拉上一个新的台阶。

艾路明： 20年前，我就已经开始研究、实践、参与一些扶贫工作。1995年，我开始对一个村进行扶贫，我担任这个村的村委会主任、村党支部书记，坚持了20多年，直到2017年我才卸任了村委会书记和村委会主任的职务。因为这个村的扶贫工作已经基本上完成了，这个村已经从一个农村变成了一个城市的社区。

我觉得扶贫、致富都是一种制度性的变化，是国家整体经济发展带来的变化，因为离开了这样一种变化，扶贫、致富都没有可执行的基础。也正是因为中国经济的迅速发展，中国大部分老百姓分享了这一成果，迈入了小康生活，但也仍然有几千万人需要脱贫。这就涉及如何在经济发展的动力之外，使我们对这些贫困人口有所发觉，从而做到精准扶贫。其中，我觉得应该大力发挥企业家精神，来推动农村精准扶贫工作的开展。

这里我跟大家分享几个案例。在云南的原始森林地区还居住着一些

人，他们都属于贫困人口。尽管那里资源丰富，但是为了保护当地的环境，这在某种程度上会限制当地居民的致富行为。比如，本来他们可以通过伐木出售来养家糊口，但是环境保护条款又不允许他们砍树。那么该采用什么样的办法使当地的老百姓脱贫致富呢？这就涉及在环境保护的过程中如何精准扶贫的问题，于是我们在当地推广了喜马拉雅蜜蜂的养殖。只有在环境非常好的原始森林里，喜马拉雅蜜蜂才能非常好地生长，并且生产优质的蜂蜜。喜马拉雅蜜蜂对环境的高要求，就促使农民不去砍树，因为不砍树，喜马拉雅蜜蜂就可以采到更好的蜜，就可以卖更高的价格。这就不仅使环境得到了保护，也使产品的价值因为环境的保护而更高，而一部分公益机构和社会也认识到这类产品的价值，愿意出更高的价格来收购，从而更好地实现了通过养殖来脱贫。我觉得，在未来的扶贫过程中，这是一个值得我们关注的模式。

还有一个案例，我们资助了喀什地区的一个扶贫机构，他们组织当地农民种甜瓜。售卖之前，我们会将所有的甜瓜买下来，然后通过互联网卖出去。互联网上销售甜瓜的所得，多出我们当时购买所有甜瓜的部分，都归瓜农所有，我们只是回收本金就行。这一种方式刚推行的时候，只有一百多人

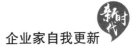

参与，但到2017年的时候，参与人数已有一千多人。当地政府希望我们大面积培训当地农民，把当地的水果都以这样的方式推动起来。现在也有一些年轻人愿意回到家乡，在当地做一些具体的工作，从而推动当地村民脱贫致富。这为当地农民带来了很大的好处，除收入上得到了提高外，他们还通过学习和培训获得了技能的提升。这样的扶贫方式，我认为应该让所有企业家来关注和推动，也就是说，在精准扶贫这件事上，

> ❝我们应该把企业家精神发挥出来，由企业家们去探索和推动市场上的机会，并且把这种机会转移到贫困地区，让贫困地区的贫困人口和市场结合在一起。❞

张醒生： 艾总刚才提出在精准扶贫中不能够用隔离的思想，而要用融合、共助和成长的思路，把当地的一些贫困的人群带上共同的富足之路，这是一条非常好的经验。下一位有请刘总。

刘道明： 我在农村长大，当兵后做企业，我一直在思考一个问题：改革开放这40年来，我们的城市发展得非常快，但是农村却没有得到同步发展，面临各种问题，比如孩子上学的问题、儿童和老人的留守问题等。而

实际上我们如果谈农村，就不得不谈农民工的问题。现在的农民工是飘浮的，在城里孩子不能上学，也不能买房，他留不下，但也回不去，这就导致农村目前完全是空心化的。在农村，绝大多数温饱不是问题，而问题在于我们的年轻人不愿意回农村，不肯过面朝黄土背朝天的生活。

现在我国还有超过40％的农村人口，而美国从事农业的人口只占了1％。在这种情况下，城镇化必然是一个大趋势。但是目前的城镇化大部分是商业模式推动的，在这个过程中，农民就可能变成弱势群体。那么我们是否可以找到一条让农业和农田增值、农民增收的道路？我们尝试了一种方法，就是让农民以农田入股来参与一些商业项目，比如在种水稻的农田里养龙虾、青蛙，种水稻的收入最低可以保障成本，而养龙虾和青蛙的收入会更高，一亩田可以达到7000元的净收入，比普通一亩地的收入翻了七倍。另外，我做房地产，招学徒工，工资为6000元一个月，以前招农民工是由专门的劳务公司负责，现在我们把他们当成正式的工人。这些事情我们越做越有意思，首先我们必须要有一种社会责任感，而不是把盈利放在首位。

张醒生：刘总在实际的扶贫工作中摸索出了一种新的模式，让农民工在有能力干活的时候，为未来积累资本。下面有请赵总。

赵长甲：以前我们也做一些慈善和扶贫的救助，但是不愿意通过媒体报道或宣传。但现在大家面对公益和慈善，态度上有了变化。新一届党中央将精准扶贫放到了治国理政的重要位置，因此我们要改变过去的狭隘认识，理清思路，响应党和政府的号召，同时我们做的公益事业也要告诉大家，以起到抛砖引玉的作用。精准扶贫主要是因时、因地、因人而制定不同的扶贫

方法，因为造成贫困的原因有很多，有的是因为没有文化，有的是因为生病，也有的是因为人太懒，我结合自己的具体情况，制定了几条精准扶贫的路径和办法。

其一，我出生于中医世家，对整个医疗、医药有一定的了解。最近，我与我的母校河南中医药大学联合成立了一个医药发展基金，为大学寻找或者在大学资助一些高水平的医疗专家，把医疗教育再提升一个档次。

其二，与医学院合作，在提高几万名在校学生的医疗技术方面做一些事情。学医很难，单纯经过本科的教育远远不够，我在学校学习了几年，同时也从祖父辈传承了很多经验和好的方法，甚至是一些秘方。对医生来说，经验和秘方都很重要，于是我跟学院的领导商量，以学院的名义倡导副教授级别以上的人贡献自己的秘方，我们将这些秘方编辑成册，用以培养在校学生，从而使他们的技术水平得到提升。对于愿意贡献秘方的教师，学院给予证书、奖励甚至还提供一些资金的资助。

其三，给落后、偏僻地区的乡镇医生做培训，为他们提供进修的机会，从而提高他们的专业技能，为更多偏远地区的村民提供更好的服务。目前，我们已经跟教育部沟通好，先招收一两百乡镇医生，对他们进行培训，培训后通过考核的可以获得正规的大专或本科证书。我们希望每人每年能够在原有水平上，再多治好一百个病人，这样就会减少因病返贫的人数，我们做的事情就很有意义了。

张醒生：赵总在提高农村医疗方面做的探索非常值得我们大家关注，下面欢迎汤敏老师与我们分享一下他的想法。

汤敏：中国的贫困人口从6年前的9000万减少到现在的3000万，应该说有2/3的人已经脱贫。剩下的

3000万，数量上已经不多了，但恰恰这3000万人的脱贫是最难的，即所谓的"行百里者半九十"。为什么这么说？

其一，三疆三州、藏区、云南怒江、甘肃、宁夏等少数民族地区是我国最贫困的地区，这些地区目前的贫困人口还占全国贫困人口的20%以上。其二，这3000万贫困人口里有660万需要从贫困山区这种不适合人类居住的地方搬出来，也就是搬迁扶贫。20年前，三峡移民时，我们动员了全国的力量，以解决120万人的移民问题，现在的660万人相当于当时三峡移民的5倍，这是一项非常艰巨的工作。其三，3000万贫困人口中有10%是因懒致贫，不愿意认真工作。综合以上三点，未来两年，扶贫工作需要攻坚，需要动员全社会来做。

> **"** 做了十多年的扶贫工作，我们发现其中的核心难题是人。**"**

比如前面有嘉宾提到的因病致贫，如果我们能把乡村医疗体系建立起来，保证他们有地方看病，一些大病也能早期发现，那么这个问题就不大了；比如贫困地区的教育问题，现在扶贫的资金基本上都用在了硬件上，实际上这个问题的核心是要提高教育质量，学校建设得再好，桌椅、板凳质量再好，如果教育质量不上去，学生的学习成绩还是上不去。农村也有发展机会，但就是缺人，现在都是老年人、妇女和儿童留在农村，所以如何把人留下来，而且还对他们进行长期培训，让他们的技能得到提升，我觉得这是一个非常关键的问题。就此，我们做了一个尝试，从2017年开始，我们针对乡村青年教师做了一个"青椒计划"，实际上就是青年教师的培训计划。我们通过互联网的方式，邀请北京师范大学的教授对全国18个省3000多个学校的2000多名乡村教师进行了培训，每星期两次课。通过互联网用大规模、低成本、更高效的方式来做扶贫。

前面赵总提到正在筹划给村医培训，如果说老师培训可以采用互联网的方式，那么乡村医生培训也可以这样操作。另外，我们有一个"让妈妈回家创业"的项目，就是专门针对返乡青年创业的，现在还处于小规模实验的阶段，很快会大规模推广。如果有给乡村教师、乡村医生、返乡青年的三大培训平台，我们就可以把全国最好的资源集中起来，我们这种培训

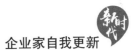

不是一个组织的单打独斗,而是联合全国30多个教育基金会一起来做。这样不仅能解决3000万贫困人口的脱贫问题,还能为未来经济振兴、农村发展奠定基础。

张醒生:到2020年,中国完全有可能成为世界上第五代移动通信5G的领先者。5G时代来临之后,大家在手机上看电视就相当于我们在家看网络电视一样,甚至更流畅,所以说用互联网来推广农村教育、传播知识,将会成为一个更方便的方式。友成基金会做的尝试,值得我们所有公益基金会一起来探索和弘扬。下面有请翁以登博士做分享。

翁以登:这十几年,我在扶贫方面的工作主要集中在教育方面,这不仅是因为我刚好从事了教育工作,而且也因为我本人深信教育非常重要。

2006年,我在星巴克工作,主要任务之一是负责企业社会责任方面的工作,当时我们就做了汤敏老师前面所说的工作,组织一批乡村教师前往大城市进行培训和学习,向他们传递一些最新的教育理念和教育方法。

之后我回到了香港地区,担任香港科技大学副校长,主要工作就是帮助大学募款,以帮助学校完成硬件设施的更新以及做一些研究工作。最近,我担任了邵氏基金会特别顾问。从1985年开始,到2014年,在将近

30年的时间内，邵氏基金会80%的公益项目是与教育部一起做的，捐款金额达到了人民币70亿，而且95%捐赠给了内地。这些捐赠大多数跟基建相关，主要资助一些学校修建教学大楼，据统计内地有6000个学校拥有"邵逸夫楼"。未来，邵氏基金会可能会更多地关注所资助学校的真正需求，比如未来学校会要求信息化，而信息化不仅仅是设备问题，还涉及师资力量，所以未来邵氏基金会也会关注这类需求，从而提供这些方面的资助。

张醒生： 实际上在扶贫过程中，人、财、物三者缺一不可。前面大家谈了很多，也谈到了人（乡村教师）和物（硬件），那么财呢？据不完全统计，中国要解决扶贫问题，资金的缺口大约是三万亿人民币。这里我想请教一下刘主席，在农村扶贫资金的来源和使用方面有怎样的考虑？

刘明康： 谈到农民的贷款，贷款难、贷款贵的问题就更凸显了。一方面银行到农村给农民贷款，损失率太高，天灾、人祸很难预料；另一方面，农民很分散，所以风险就很高，不良率也很高。面对这样的问题，银行对农民放贷，就希望能有地方政府担保，或者换一种贷款形式，比如大灾保险之类的。

> **❝** 就金融业来说，必须用新的思维、新的方法来做商品化的精准扶贫，使得农村能够富起来的人变得更加稳定，并且带动其他农民参与产业化建设。**❞**

十几年前，两会期间我被委派听取各个省的人大代表意见，当听取陕西代表团的汇报时，一位其貌不扬的代表走到我面前说，刘主席，我是你的兵。我说什么意思？他说我是陕西省一个村里的农信社信贷员。我问他，你在那里干了多长时间？他说，干了一辈子了。我问，有不良贷款吗？他说，我的不良贷款记录一直都是零。我说，你放了多少贷款？他说，我负责七个村，一共放了六千万人民币。我说，不良贷款为零，你的独特本领是什么？他说，没有啥本事，就是掌握好几个字就行，"贷早贷迟，贷你贷他，贷多贷少"。

什么意思？"贷你贷他"很重要，因为同样在农村，农民家的孩子不一定都会种地，为了掌握这些具体的信息，这个信贷员每天吃过早饭就到每个村上去转，所以他对7个村里的每一户都很清楚。用现代银行业的话说，就是不应该给每个申请贷款的人发放贷款，该贷的就多贷一点，让他成功以后雇用其他农民。"贷早贷迟"也非常重要，农村要讲季节，因此这个季节规律，我们一定要遵守。"贷多贷少"，我们必须了解一个种蔬菜的大棚，去年是什么价格，今年是什么价格。给的贷款少了，农民买不到想要的东西；给多了，剩余钱就被消费掉了。

另外，新金融出现了。现在农民们也基本上都使用手机，从手机上我们就可以采取大量的信息，比如他的种子供应商是谁、肥料由谁供应等，有了这些信息的采集，再加上他的信用记录，一位做大数据金融的人告诉我，现在他可以把最后的风险底线锁死，不良率只有3.6%。这是一个很明显的新例子，不需要任何担保，依靠的完全是信用，小金额帮助农民。金融不是财政救济款，但是它能发挥锦上添花的作用，之后也照样可以在阳春白雪下面唱好下里巴人，能够获得更多收益。因为获得贷款成长起来的人，他要雇工，村里哪些人可以帮我种果树，哪些人可以帮我运输，他都清清楚楚。跟城市里培养中产阶级一样，在农村一定要培养行家里手。

张醒生：刚才各位都分享了自己在实践过程中积累的经验和方法，未来在扶贫这条道路上，我们希望能把科技的力量和人文的情怀相结合，让企业家的能量和社会的关注融合在一起。

德龙模式的价值

　　一个钢铁企业因为在环保上的一系列自觉创新，成为当地的观光景点，于是也有了一系列经济学式的拷问：环保的社会责任可以内化为价格和利润吗？德龙钢铁的环保效益模式可以复制吗？

　　在2018年亚布力年会上，时任亚布力论坛轮值主席、德龙控股有限公司董事局主席丁立国，就上述问题进行了详细解答，《中国企业家》杂志社社长何振红主持了该场论坛。

何振红：永续发展是每一个人的追求，我们在很多年前就知道有一本书叫《基业长青》，要做到基业长青其实就是永续发展。在永续发展这一课题上，德龙特别有研究价值。下面有请本届亚布力论坛轮值主席、德龙控股有限公司董事局主席丁立国，跟我们分享一下德龙的永续发展之道。

丁立国：2018年是改革开放40周年，40年时间到底是长还是短呢？其实在人生长河当中40年确实不短，但是在历史长河中短之又短。我有幸在40年改革开放当中参与了26年。我是22岁开始创业的，在座的很多90后正是这一年龄阶段的年轻人。时势造英雄，如果想走出自己既有的人生轨迹，一定要跟上时代，或者超越时代。

　　我出生于1970年，90年代初期开始创业，做的是传统的钢铁行业。现在传统行业还在路上。

　　我前段时间去日本的合作伙伴公司进行访问，发现日本的公司一般经过二轮、三轮传承之后，基本就没有家族色彩了，因为日本有很高的遗产税。日本的家族企业，大股东很弱小，一般由管理层来控制，社长是总

裁、会长是董事长，会长往往不参与管理，由社长负责。我们的合作伙伴也很好奇德龙为什么能坚持走26年，为什么在一个国有企业占主导的行业能够有所突破。其实原因有很多，其中最关键的外因是：我有幸生在这样一个伟大的时代，正好赶上中国改革开放。20年前，中国经济结构由国有企业占主导，钢铁行业中国有企业占90%以上，而今天已降到了40%。我相信再过10~20年，这个比例会更低。

我今天的分享有五个部分：第一，中华人民共和国钢铁工业崛起、壮大的历程；第二，德龙发展的历程；第三，三次车祸的思考；第四，德龙环保；第五，德龙的价值与模式。

一、中华人民共和国现代钢铁工业的崛起、壮大

中华人民共和国现代钢铁工业的崛起、壮大，大体经历了五个阶段。

第一，1949—1978年，即改革开放前的这30年，钢铁工业在整个经济领域当中受到中央政府、各级政府，包括民众的高度关注。20世纪五六十年代，备战备荒。毛主席提出赶英超美，老百姓把家里的锅、门闩都拿出来炼钢，但也炼不出2000万吨。当时，钢铁工作繁荣，工厂钢花飞溅。当

然，今天如果还钢花飞溅，那就是污染型企业了。

第二，改革开放的初期，即计划经济向市场经济过渡的时期。中国钢铁工业对外开放，取得了显著成效。从国外引进了700多项先进技术，利用外资，缩小了与世界先进水平的差距。当时，全国人民出力建宝钢，产量约为1000万吨，国家把所有的外汇全部给宝钢用。现在宝钢是全国第一大、全球第二大钢铁集团。当时，钢铁元素体现在很多方面，比如邮票、钢铁英雄宣传画、小人书等。我小时候就看过小人书《钢花怒放》，你们可能都没看过。

第三，社会主义市场经济初期。1992年，党的十四大召开，这一时期，中国钢铁行业坚持以市场需求为导向，固定资产投资达3476亿元。中国民营钢铁企业发展就是始于20世纪90年代国家鼓励民营经济发展时期。德龙钢铁迎着党的这一决策于1992年成立。

第四，深化改革，扩大开放，国民经济高速增长时期。钢铁产业规模迅速扩大，钢产量连续跨越2亿吨、3亿吨、4亿吨，2008年达到5亿吨，2012年突破7亿吨。民营钢铁企业占据了半壁江山。

第五，国家调控行业波动期。具体表现为，2016—2017年去产能去了1.4亿吨，各省市去粗钢将近1.5亿吨。2017年北京的蓝天大大增加，是不是跟钢铁有着密切关系，我们也不太清楚，但我们确实做出了贡献。2017年第四季度整个河北的工厂保留了50%的产能生产。保定工厂2017年9月30日彻底关停，且首钢搬到了河北。

二、历程——德龙钢铁发展的关键词

我赶上了第三阶段，从1992年十四大一直到十九大，这26年我都经历了。

1992年，邓小平南方谈话，我印象特别深刻。南方谈话以后，中国整个形势大为改观。当时，正好在我们家乡有一个机会，我就承包了一家轧钢厂，通过租赁工厂赚到了第一桶金。那时候钢材短缺，钢价从不到2000元涨到5000元，在座的50后、60后、70后会更了解当时的情况，全中国都在倒卖钢材。当时买钢材要靠批指标，拿到指标就等同于赚到了钱。我的第一桶金就赚到了3000万，运气比较好。当时很多县、乡建了很多小型的

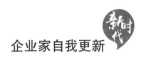

轧钢厂。

但到了1994年，形势就转变了，很多钢铁厂饱受"三角债"折磨。在这个过程中，我抓住机会做租赁承包，最多的时候我管过十几家轧钢厂，但都是终端产品，没有炼钢，更没有高炉。

2000年，银行向我推荐邢台的大钢铁公司——山东新牟。新牟在邢台坚持了8年，最后资不抵债，负债近5个亿。公司的人、家里人都反对我接手这个项目，但我算了三笔账：第一，我们现有的业务都是租赁，没有长期、稳定的事业平台；第二，要算发展账，我认为未来钢铁行业可能会更好；第三，要算财务账，财务账是一个变量，当时并购要承担近5亿的有息负债，但如果工厂规模扩大，产能从十几万吨提高到几百万吨，负债比例就可以降下来。大舍才能大得，所以我倾尽所有进驻新牟钢厂。

当年，我去山西看望李兆会的父亲，返程时遇到大雨，在经过一个地道桥时发生了车祸，被送到邢台矿务局骨科治疗。后来我想，这是佛祖不要我，就是为了让我继续炼钢。我们用了两年多时间，让公司步入了百万吨钢企行列。这是什么概念？当时全国的钢铁产量是1亿吨钢，没有几家民营企业可以达到百万吨钢。当时全国学习邯钢，邯钢也只有200多万吨产量。那时候，我们公司一年就有三四亿的利润。

当时家电行业比钢铁行业竞争还激烈，2000年初期就只剩了几家，且都是上市公司。所以我认为要发展就要对接资本，2003年德龙启动了与资本的对接工作，同时往下游延伸，我们引进了国内第一条中宽带的生产线，当时其他钢铁厂同样的生产线装备都是国外引进的，但德龙引进的是经由消化国外技术，由国内自主设计、自主配套的第一条AGC控制的全液压轧钢生产线，投资上节省巨大。该项目投产一年即达产、超产。

德龙正式启动上市是2003年，但是在这个过程中出现了一个事件——"铁本事件"。2003年6月，民营企业江苏铁本钢铁有限公司未经国家有关部门审批，开建800万吨钢铁项目，在常州市新北区春江镇违法占地近6000亩，导致4000多农民被迫搬迁。事件披露后，国家对钢铁行业严格调控，德龙在中国香港的上市工作搁置，由于我当时年轻气盛，等不及就跑到新加坡去上市。现在来看，如果当时再等一等，市场很快就会变好，是可以在中国香港上市的。但上市的前提，一定要做一家规范的企业。

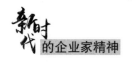

2008年达到了钢铁行业的高峰，但也发生了一系列事件：汶川地震、北京奥运会、经济危机……国家开始调控，当时全国钢铁产量已达5亿吨。其实，钢铁行业一直被高度关注，从1亿吨到2亿吨被调控，从2亿吨到5亿吨被调控，现在到了8亿吨依然在被调控，但市场的力量会大于一切，不以人的意志为转移。

2008年，钢价达到每吨6000元，俄罗斯最大的钢铁公司、切尔西足球队老板阿布（俄罗斯石油大亨、铝业和钢铁巨头罗曼·阿布拉莫维奇）要收购我们的钢厂。当时他们一年赚40亿美元，在与我见面的1个月零1天后，直接拍板以18亿美元买下德龙，他们甚至都没有来德龙现场考察。但是奥运会还没开完，我们的项目就搁浅了，发改委、商务部没有审批通过。后来金融危机爆发，这场交易就此搁置。

全球金融危机爆发后，中国推出4万亿投资拉动增长。但是我比较冷静，没有盲动，也没有跟风投资，只想着降低企业负债。因此，从2008年到2012年德龙是在内部完善、内部挖潜。

2012年起，钢铁行业发生变化了，钢价暴跌。很多企业在2012—2015年一亏就是几百亿。2014年，邢台市抓环保，包干德龙，虽然我们各项环保指标都达标，但还是面临着拆的危机。那时我真掉泪了，说：

> **"你给我一个机会，我知道尊严是靠自己争取来的。"**

随后，我赴国外考察，回来后，从2014年开始投入做环保，每天百万投入，钢铁形势那么艰难，我们一直坚持着，只邢台这一个企业我们投了十多个亿。发展到今天，德龙现在已经是AAA级景区，但事实上我们是按照AAAA级的标准去建造的。2017年，我们接待了1万人。

三、修行——三次车祸的思考

德龙，容易被认为是新疆德隆，其实那个"隆"和这个"龙"不一样。1997年前，公司叫立国集团，是以我自己的名字命名的。后来我出了车祸，在床上躺了110天，期间我思考了很多问题，也让我清楚地理解，"发大愿者必有魔考"。三次车祸更让我明白了生命的意义。所以，我们坚持做慈善。

2010年9月，我们发起成立慈弘慈善基金会，务实、理性、持续地做慈善。我们基金会规模不是很大，但却是中国的5A级基金会，是北京非公党建的党支部。我们资助了120万人，惠及1700多所学校。比如，偏远地区的图书角项目是我们开创的新项目。在城市里，我们针对打工子弟开创了"阳光之家"。我太太是慈弘基金会的理事长，每年七八月份，我都会陪着太太和孩子，一家人去偏远地区做慈善。公司的中高管也跟着去做志愿者，每个人会写心得。公司表现好的员工派去做慈善是作为奖励，表现不好的员工被派去是作为惩罚。我们一万多名员工，每年轮岗去参与公益活动。我们基金会的专职工作人员有8人，1.7万个志愿者在西部。2017年我们在黑龙江泰来做了一个图书角，那里也有我们的志愿者。

四、标杆——德龙环保，绿色经济

环保，现在已经变成德龙的名片。我理解的环保有以下几个理念。

第一，不只是完善环保项目，更是践行环保理念。

第二，用环保践行理念，用行动赢得尊重。我们环保有五化——生产洁净化、制造绿色化、厂区园林化、建筑艺术化、标准四A化，坚守与自然和谐共生，与城市和谐相处。

过去几年中，我们响应国家号召，拆除落后产能，共去除了100多万吨。我们在环保上投入没有上限，环保的吨钢运营费用是180元/吨，而钢铁行业的平均运营费用是100元/吨以下。2015年3月，第十三届全国人大常委会副委员长沈跃跃到德龙考察，到了高炉现场发现居然没有味道。她很惊讶，"你们是不是没有生产？"我让人把盖子打开，下面是铁水沟，铁水正向外流。这获得了沈跃跃副委员长的高度评价。我们立志踏踏实实地把环保做到最好。

德龙三次除尘大大改善了炼钢环境。转炉平台的三次除尘是什么概念呢？以抽油烟为例，我们在烟头处放了抽油烟机，这是第一次除尘；给抽烟的人罩上了一个罩子，这是第二次除尘；再把抽烟人的房间罩上，这是第三次除尘。宝钢的高管曾经带队去德龙，到了车间震惊了。他当时就讲，我当年在转炉车间工作的时候，就想把转炉平台清理干净，没能搞成，你却搞成了。最近，我们和宝钢计划在巴基斯坦合作项目，也是因为

得到了国企老大哥的充分认可。

此外，以往原料露天存放，风一吹、雨一下，乌烟瘴气，现在德龙建立了全封闭料仓，每个工厂几十辆洒水车定时洒水，覆盖周边十几公里。

在颗粒物排放标准方面，国家标准是50mg/㎡，河北标准为40mg/㎡，德龙可以做到12~15mg/㎡，大大低于国家和河北省的特别限定排放标准。我们已经把做环保上升到生存的高度。为了做好环保，我先后换了三任总经理，越换水平越高。我们的蒸汽、煤气被全部回收用来发电，我们工厂70%的用电量是自发电。在水方面，我们不开采使用地下水，全部使用从山区引进的地表水。工厂的水不外排，全部循环再利用。2017年1月，邢台环保局司国亮局长在德龙当着众记者的面，将一杯处理过的钢厂中水一饮而尽，记者们当时就信服了。

我们的工业固废，也就是水渣，磨细了可以添加到水泥里，变废为宝，可以减少石灰石矿的开采。厂里的冲渣水温度很高，直接供城市270万平方米的取暖。

厂区内使用的铲车、货车有一千多辆，全部为LNG（Liquefied Natural Gas，液化天然气）天然气车，我们投资的一家新能源汽车公司也正在研发49吨的电动汽车和25吨的纯电动自卸卡车。

在园林绿化方面，工厂共占地1800亩，我们在工厂内做绿化。我在北京密云旅游时，看到一种树很漂亮，远看是竹林，近看是柳树，适合放在重金属污染的地方，重金属越多树长得越快。回来就在厂区四周租了2000亩地，专门引进这种吸收重金属的树种。

此外，我们员工利用业余时间在厂区的墙体上画了很多邢台当地的旅游景点、历史文物。还建了雕塑园。

我们做环保最早的想法是为了生产、为了尊严，现在已经成了一种输出模式。

五、价值——德龙模式、德龙文化

新时代的企业家要建模式、塑文化。

> **"**我们形成了钢铁与生态城市共生共荣的发展模式。**"**

环保光讲概念不行，要靠具体行动。废水处理后全部被循环再利用、废渣用作水泥原料，所用的水泥就不用再开新的矿山了，生态得到了保护。废水、废气通到小区用作取暖，也不用烧锅炉了。这些不起眼的能源原来都直接排放出去，现在都产生了经济效益和社会效益，变废为宝。这是一个模式。

同时，我们建立了以德为核心的特色文化——德龙文化。

德龙在27年的成长中，做了很多，探索了很多，收获了很多，在环保方面走在了钢铁行业的前面，成为大家学习的标杆。我们愿意发挥更大的作用和价值，让更多的企业来推广、复制，我们要带动钢铁行业乃至更多高污染行业的节能减排，打赢"蓝天保卫战"；同时也希望引起工业企业乃至其他行业对环保的重视、对自然的尊重，真正做到敬天爱人。

聚焦"工匠精神"

工匠精神在近两年已经成为一个时髦词汇。工匠精神内涵丰富，主要指非基于利益计算的执着、笃定和韧性。敬业，对所从事职业的敬畏之心；精业，精通所从事的工艺、手艺、职业；奉献，对所从事职业的担当和牺牲精神，耐得住寂寞，守得住清贫。高速行进的发展中社会势必浮躁，工匠精神既是企业家精神的内涵之一，也是医治浮躁的良方。

在2018亚布力年会上，中国自动化集团有限公司董事局主席宣瑞国，信中利资本集团创始人、董事长汪潮涌，阳光100置业集团董事长、总裁易小迪，汉德工业促进资本集团执行主席蔡洪平，上海兆妩品牌管理有限公司董事长孙青锋就该话题展开了讨论。新浪网副总裁邓庆旭担任本场主持人。

邓庆旭：我们今天的主题是"聚焦工匠精神"。近日，《舌尖上的中国》第三季热播，遭到很多网友的"吐槽"。不过，这部纪录片里的一口章丘铁锅在节目之后火了，在天猫上的销量增长了6000倍。但品牌方随后发了一个声明，因为他们不可能走量，所以为了维护品牌的纯真性，商家关闭了线上网店，这款手工商品也已经从电商平台下架。

企业需要工匠精神，企业家也需要工匠精神，在新时代下，工匠精神将从制造行业和奢侈品传统行业中跳出来，在广度上进行延伸，在座的各位嘉宾能否用三个关键词来概括一下你眼中的工匠精神？同时结合你所在的领域和企业聊一聊你身边有关工匠精神的故事。

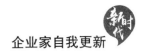

宣瑞国：我想，

> **"** 所谓'工匠精神'无外乎是精益求精，第一一定是做精品，第二是持之以恒，第三是耐得住寂寞。**"**

通常，把一个产品从0%做到99%是很激动人心的，但是从99%做到100%则是非常寂寞的。可是高手就在这1%中。

我是做石油化工和高铁装备的，周围有很多关于中国的高铁技术到底怎么样的传闻，其中谈论得最广泛的就是火车头，如中国和谐号、复兴号的火车头到底是不是完全掌握了风动、空气动力学，我们能不能根据它的运行速度、使用要求来随心所欲地改造。这一点我可以实实在在地告诉大家，我们已经完完全全掌握了高达500公里时速的高铁车辆的车头设计。这其中有我们设计人员长达十年甚至数十年的心血，当然也借助了现代化大规模的风洞实验设备。

在我自身的实践中，我们公司在2010年收购了一家国有企业，这是一家创办于1959年的国有工厂，生产工业用的流量控制系统控制阀。控制阀直径小到几十厘米，大到几米。在这个过程中，如果你想做出精品，就一定要付出持续不断的、精益求精的努力。这是我的初步感受。

汪潮涌：我对"工匠精神"的理解就是专注、专业和坚持。其实我们生活中的每个行业都离不开这种专注的职业精神，尤其在互联网时代，大家都讲究快进快出，中国的整个产业都比较浮躁，专业精神较为欠缺，很少有人愿意沉下心来做长期的、专业的事情。我们可以从创业和投资的角度来理解这一概念。我们现在不缺创业者，创新和创业非常热，也非常时髦，但沉下心来做职业经理人也非常重要。所以，在我们选择投资标的的时候，不仅要看一个团队领军人物的创新与闯劲，毕竟创业精神非常重要，但如果他身边没有一批甘愿为他长期打天下、拼市场、把好产品质量和服务关口的人，我们也不敢投。市场上有很多创业者会犯这种毛病，一个项目做到三个月、半年还不行，马上就放弃了。如果犯了这种毛病，那么他的创业就会像狗熊掰棒子一样，创一个丢一个。在这种情况下，我们特别希望看到具有工匠精神的创业者，以及创业者身边具有职业精神的团队。

关于这方面的故事，我最认同的一家公司是我四年前投的一个英国跑车品牌——阿斯顿·马丁。四年前投的时候，这个品牌刚刚过百岁生日，在英国及全球高端汽车座驾市场的口碑就是高端制造、手工打造。在考察他们工厂时，我们发现，他们很多环节还是一丝不苟地保持着百年前的工艺：做选皮、皮具的缝制，以及为顾客把个性化的家族名字或公司徽章手工绣上去。一百年来这家公司几起几落，好几次到破产的边缘，但品牌精神、工匠精神让他们绝处逢生。这家公司已经宣布要在2018年实现IPO，业绩有了巨大提升，尤其是他们的跑车，从50年前的DB5一直推到现在

的DB11，供不应求，订单已经排到了两年以后。这是让我印象非常深刻的具有工匠精神的一家世界型的公司。

易小迪：我是做房地产的。房地产行业的"工匠精神"更难，不是简单地将工程做好就是"工匠精神"，它需要全方位地做好这件事，所以要做好房地产就要加一个词——热爱，不爱这个行业是做不好的。

我举个例子，我们在柳州建一座古镇，其实盖商业街区很容易，只要肯花钱，但是运营起来很难，因为盖完以后要招商，这就需要团队来慢慢做，做什么呢？做活动吸引人。吸引哪些人？年轻人。这就需要不断地做活动，而且要做年轻人喜欢参加的活动，只有将活动不断地做起来，把年轻人吸引过来，才能再谈招商的事。有了商家，再慢慢实现商家的升级换代，再不断吸引人，吸引新的商家。

现在我们建了一个10万~20万平方米的商业区，把这个商业区中的商店全部铺满需要三年。在这个过程中人流不能断，所以要不断做活动，要跟其他团队合作。我觉得这也是"工匠精神"。如果工匠精神仅仅是把质量做好，那太简单了，其实要找到发力点更不容易。

蔡洪平：其实我在做投行之前是搞工业的，三年前我发现工业上有很多协同效应，中国的工业需要升级，德国的工业需要"走出去"。在我看来，中国工业和德国工业一个差别很大的地方就是"工匠精神"。

第一，我认为我们的教育体制出了问题，现在德国一半的中学毕业生不上大学，他们初中毕业以后就去技工学校，勤工俭学，他们会有一份工作，每周有两天在工厂，三天在学校。他们的工作不是简单的拿锉刀来做，而是通过电脑来做，已经和电脑连在了一起。

第二，我们缺乏对工艺的虔诚心态。

> **❝**德国人告诉我们，商业上赚多少钱没关系，但要把事情做得尽善尽美，像对神一样来做事情。**❞**

中国人把客户当上帝，上帝很重要，但那不是商业上的虔诚心态。没有安静的心态做不了东西。西方有些人看起来傻，两代人做一件事情，其实他们没有吃亏，因为高端是离不开精度和恒心的。

现在国家提出了"工匠精神"，我认为真正的大国崛起是工匠精神，如果没有工匠精神，我们永远浮在面上，永远成为不了真正的工业大国。

孙青锋：如果用三个词形容工匠精神，第一个是专注，第二是精益求精，第三要特别强调创新。

以我自己为例，我16年来只做了一个产品、一个品牌，就是围巾。这16年来总有人说，老孙实在是太傻了，16年就只做了一个围巾，所以我被称作"围巾男"。为什么？就是专注，16年来一直这么专注，而且我不开小摊，一定要开专卖店，并且定位为奢侈品品牌。

我们精益求精，用最好的羊绒，但最重要的是工艺改革。世界

孙青锋

上没有一个品牌敢挑战3米长的围巾，因为尾斜的问题，3米的尾斜是很难解决的。现在很多中国人出去旅游，在沙滩、草原、湖边、海边各个地方都可以用我们的围巾，可用来拍照，冷了还可以取暖，这是客户的需求。经过16年的不断打磨，我们才在客户的心中建立了地位。

最后创新，你们到我们店里一看，会发现120平方米内全是围巾，260平方米内也全都是围巾，从丝绸、丝绒，到手绣、串珠，凡是你能想象和不能想象的围巾形式我们都有。创新从何来？团队不断地探索。达·芬奇的创新理念给了我们很大的启发。马云老说生意做不好是因为缺乏想象力，其实我认为除了想象力外，后面还有五点马老师没说：联想力、思维敏捷能力、求新的能力、灵感力、批量生产的能力。你不但要有工匠精神，同时还要满足客户对产品的需求。

邓庆旭：其实中国也不是不重视工匠精神，"工匠精神"在近两年已经成为一个时髦词汇。我有两个问题：第一，你们觉得在这样的呼吁下，中国这两年的"工匠精神"有没有改善？如果没有改善或者改善不大，你们觉得应该怎么做？需要什么样的土壤，如何解决？

宣瑞国：变化非常明显。近年来我们在工业企业中对"工匠精神"的提倡，包括对人才的培养有了非常显著的变化。

你可能会发现，在德国，一个人从十几岁到退休一直在同一岗位上，因此能够对工艺时间、温度、所有的形状把握一辈子。但在中国，根据中国的管理体制，往往企业中能干的人会被提升到管理岗位，能够成为工艺大师的人都在管理岗位流失了。现在，政府提出"工匠精神"，也制定了相关措施，有专门的培养资金、空间和目标，有独立的晋升和培养体制，可以逐步改善这一问题。

我们公司有一个工人大师，是全国劳动模范，他能够把一米直径的硬密封球阀的最后一层膜用手工磨出来。这个东西在超临界的电站、核电站，包括井下1500米的地方必须用到。有了手工磨的这一道，金属球在和阀体接触时，甭管温度、压力怎么变化，它都能够很自然的回来。国内设计大师很少，也很难有原创的技术，大部分借鉴国外，这几年我们企业也在积累。

总体来讲，现在工厂里工匠、工人、技术大师的产生和培养远远跟不上企业的需求，我觉得蔡洪平点到了问题的实质，这跟我们的教育体制有很大关系。所有年轻人都去上大学，不去专科学校、技工学校。现代企业往往在招聘专业岗位的时候也非常注重学历，从学历水平上就有划分。

所以我认为整个国家要改变人才管理和培养的方式，整个社会对工匠精神和能工巧匠社会价值的认同感要有一个根本性的改变。这些高级技工、高级匠人的工资待遇就应该达到总工程师、厂长，甚至是更高级别的水平。整个社会有了这样的氛围之后，才能产生更多的能工巧匠、更多巧夺天工的技术人员，真正的工匠精神才能在社会上涌现出来。

汪潮涌：我非常同意宣瑞国和蔡洪平的观点。核心骨干、技工非常有价值，升迁、激励、社会地位就是一个非常重要的工匠精神的承载体。

我姨父以前是南京机车厂的八级工，在"文革"期间甚至作为重要人物被保护起来。他工资非常高，比大学教授还要高。所以中国还是有一定技工基础的，改革开放40年，外资企业也为中国培养了一批非常敬业、具有高度专业精神和专业技能的工人。

另外，中国还有一些专业技校，尤其在大型工程领域，中国也有一些专业的技工团队。那么多高铁、高速公路的建设，大跨度的公路桥、隧道、高层建筑都是中国自己的工人建起来的。例如，蓝翔技校就是中国培

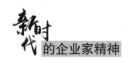

养工匠精神的一个很重要的摇篮。所以在很多领域我们还是有很多具有专业精神、敬业精神和工匠精神的人。

我比较担心的是现在90后、00后，他们可能没有多少人愿意去蓝翔技校，愿意戴着安全帽到工地、摩天大楼屋顶上去干这些非常艰苦但具备专业和精细技能的工种。我希望未来我们可以靠工资、激励的方式解决这些问题，否则无论未来有多少创意人才，有多少企业家，如果没有这样一批具有工匠精神和高技能的产业工人，未来的产业升级就是一句空话。我相信我们各方面都在努力。

这几年在传统手工业中开始出现一批工匠的传承，很多非遗产品是从我们老祖宗一代一代传承下来的工艺、做法中发掘出来的。我参观过东阿阿胶企业，他们的传承人告诉我，几百年前他们是在清朝政府所设衙门的监督下生产阿胶。现在我们到国外旅游时会发现那些有历史传承，有文化底蕴和工艺流程的产品越来越多，这是一个可喜的现象。

除了刚才咱们讲的产品以及工程领域外，服务业其实也非常需要工匠精神，比如我们在北方去餐厅吃饭就和我们在江浙去餐厅吃饭的体验不一样。北方的农家乐很粗犷，浙江的农家乐则精细、干净、讲究。在中国，服务业的工匠精神需要大力提倡。现在很多年轻人不愿意干服务业，也没有受过良好的培训，这对中国人的生活水平和服务质量的提升会有严重的影响。

另外，投资行业也要强调工匠精神。像德国、瑞士乃至欧洲的一些老字号金融机构，都有几百年历史，他们的流程是一丝不苟地传承下来的，这方面值得我们学习。信中利2018年发展到了第19个年头，加上在华尔街的12年时间，我干这个行业超过30年了。回想这30年，我发现其实有很多东西是需要坚持和精细打磨的，比如做投资，无论多么忙，项目再热、再赶，我们也一定要按部就班地把该走的流程走完。我们要做法律尽调、财务尽调、估值报告、财务预算模型、风险分析、法律条款……这些流程一环都不能少，这也是服务业的一种工匠精神。我认为，工匠精神现在被中国政府提到国家战略的高度非常有必要，我也非常欣喜地看到，这种提倡在各行各业都发挥了很大作用。

易小迪：我的看法稍微有些不同。现在哪个年轻人还愿意当八级工？

所以我认为这还是激励机制的问题。对于一家企业，客户首先感受到的是产品，产品后面是战略，战略后面是激励机制，而激励机制后面是企业文化，企业文化或价值观不是正面的，那么激励机制就不敢往下推行。

就像海底捞的总裁张勇说的，他们公司服务做得好，不是管出来的，而是员工发自内心地愿意去那么做，这就是激励机制的效果，包括分配、对员工的关心等。用他的话说就是，跑堂的没有不把鞋跑坏的，接客的没有不把嗓子喊哑的，所以回去之后得有人给你洗衣服、给你泡脚、给你换鞋。所以他把服务做得非常到位，其实他是先服务好员工，发自内心地爱员工，这个服务就能够传递下去。

邓庆旭：我想问蔡洪平一个问题，现在人工智能比较热，那么在人工智能面前工艺的价值是不是会弱化？

蔡洪平：越是人工智能越要强调工匠精神，这是两个极端但相辅相成的关系。在人工智能中，以远程医疗为例，可能手术台在美国，而医生在比利时操作，由机器人完成整个操作，所有的导航都要求非常先进，这时恰恰要求手术刀要非常精细，不能出任何差错，所以人工智能的服务归根结底还是人的服务。

再比如种牙，中国大约有2亿颗牙齿需要种植，市场非常大。在种牙的时候，需要有一个打入骨头的像一根针一样的东西，它是钛金属的，目前在国内贵一点的需要500至600美元，便宜一点的也要200多美元。中国牙齿种植协会的会长是我的好朋友，他在德国待了9年，在美国待了13年。他说，他没有别的本事，就擅长种牙，但种牙所需要的这根针我们造不出来，我们使用的或是德国产的，或是瑞士产的，或是以色列产的，几乎被这些国家垄断。其实它所使用的材料很便

宜，难就难在工艺。

不过我认为，我们还是有希望的。

> 一个民族从数量转到重量，从重量走向质量，从富走向贵，说到底要有民族自信和贵气，要有工匠和匠心。

我很自信，中国历史上就有"独具匠心"的说法。中国传统中还有一句古话，"只要功夫深，铁杵磨成针"。我们从古至今就有这种传承，手工业也发达。也许今后在很多产品上不需要传承工艺，但匠心不能少，越是智能化的东西，越是要求匠心。

匠心可以用在很多方面。刚才汪潮涌说服务需要匠心，我很同意。此外，包括对待家庭、对待妻子，也要有匠心。德国很多人一辈子都当工人，但其实他们的生活和价值观与我们不同，他们虽然做这份工作，但他们工作以外的生活太灿烂了，他们可以去滑雪、去听交响乐。他们并不像中国的产业工人一样，认为自己没出息。想要真正实现"行行出状元"，转变观念，这需要社会发展到一定阶段，需要一个民族有贵气、有匠心。

孙青锋：其实讲到工匠精神，我有一个话题要讲。汪潮涌投资了阿斯顿·马丁。阿斯顿·马丁是一个奢侈品品牌，大家都爱追求奢侈品，但说实话，中国目前还没有自己的奢侈品品牌，在奢侈品领域是欧洲人在一统天下，直到此刻都是这样。

今天我们所处的行业发展到了一个转折点，大家都说要实现消费升级，那么要升到哪里去？精神消费的时代已经来临，这其实就是我们今天谈的工匠精神。

> 工匠精神有两层含义：一方面是材料、工艺、设计都要做到最好，但另一方面也需要将人文的东西渗入其中，精神文化和艺术的成分才是最重要的。

一条围巾凭什么卖那么贵？其实卖的不是围巾，是故事。因为这条围巾是专门为这个人定做的，这个世界上只有你有这条围巾。到了今天的新零售时代，人们都讲究精神层面的东西。所谓新零售的"新"，其实是我们心脏的"心"、心灵的"心"，是要求我们用心去服务。

汪潮涌：孙青峰的公司我们关注了很久，我们把中国有匠心、有工匠精神的制造品牌都看了一遍，非常认同孙总的理念——要打造中国的奢侈品，可惜在最后投资的时候慢了一步，被红杉资本抢先投资了。但是我非常高兴看到孙总坚持了下来，从当时的小规模做到现在的30多家店，这是非常难得的坚守。我们也看到这家公司的价值在成长，这个品牌的价值在成长。

邓庆旭：孙总的围巾是有故事的围巾，有故事的围巾最贵。中国企业家要有扩张力、组合力、整合力，但是规模和质量之间会有一个矛盾——要质量就会没有规模。请各位用一两分钟来说明一下。

宣瑞国：我想我们这样的工业企业，实际是企业的战略、扩张和匠心、精益求精之间的完美结合。

> **"**一个企业在社会上的根本价值，就在于你给社会生产极有价值的产品和商品，这一点就聚焦在我们自己的工匠精神上，再强大的战略归根结底都落实在我们自己给社会贡献的价值上。**"**

汪潮涌：在奢侈品行业，大家经常会碰到一种矛盾，就是量和价格之间的矛盾。最后，全球的奢侈品品牌都采取了一种分众品牌、不同品牌的形式来形成一个控股公司，这样才能保证每个品牌都在细分领域里做得最好，但是量不能大，这就是工匠精神和价值之间的关系，要保证小众，价值和价格就会提升。

蔡洪平：质量和数量之间的确有一个矛盾，但不完全是这样。工匠精神首先是对质量的把控。比如现在的半导体芯片不可能用手工去做，因为目前无论是光刻机和封装机都很智能化，但要做一定标准的半导体芯片，仍要花很多心思，这不是我们传统意义上的手工艺品，其中消耗的也不是时间。花费大量的心血和成本，有时甚至需要做一些看似很傻的事，就为了达到一定的标准和水平，这就是一种工匠精神。

> **"**工匠首先是一种精神的标准而非时间的标准。**"**

孙青锋：用工匠精神做出极致的产品，同时企业还要用高效的精神把量做到一定的级别，所以企业的根本还是高效。

邓庆旭：听了五位的讨论，我认为这个社会上就应该让有匠心精神的人赢，让追求匠心精神的企业成为商业社会的主角，每个家庭和每个人都会因为匠心精神变得更加美好。

引领文化自信

企业家精神是种"能力"，比如远见、洞察力、想象力，企业家精神也是种"气质"，比如冒险精神与韧性。但企业家精神首先是种行为准则和规范，应该做什么、不应该做什么。企业家精神是稀缺的，合理配置与否，将影响一个经济体的效率，因而，倡导真正的内涵和行为准则尤为重要。

在2018年亚布力年会上，华谊兄弟传媒股份有限公司创始人、董事长王中军，IDG资本合伙人李建光，中华全联农产商会会长、均瑶集团总裁王均豪，四川发展纯粮原酒股权投资基金董事长、中国酒业协会固态白酒原酒委员会理事长谢明，正和岛创始人兼首席架构师刘东华，复星国际执行董事、首席执行官汪群斌，纵横文学创始人、CEO张云帆就企业家精神的内涵和行为准则进行了深入讨论，亚商集团董事长、亚商资本创始合伙人陈琦伟主持了该场讨论。

陈琦伟：本场论坛的主题是"文化自信：内涵与准则"。20多年来，我自己一半做教授，一半做亚商，从接触第一代企业家到现在，结识了1000多位企业家。我认为，企业家95％的时间是在做自己的事情，而5％到10％可能是在与周围的社会环境"勾兑"。文化自信是内在的。我自己经历了中国至少三四代企业家，很多第一代的企业家，他们当时不谈文化，但自信本身就是一种文化。到了第二代、第三代，这种自信和文化也在一点一点演进，现在已经融入自己的血液，逐渐形成了一种气质。

中国近代以来，特别是过去七八十年来，有一个大问题是重建上流社

会。上流社会不是指阶层问题，而是人群中榜样力量的体现。这种榜样的力量、气质非常重要。改革开放40年来，民营企业家对财富的创造和国家业绩的贡献，是非常醒目且无法被忽视的。企业家阶层所创造的财富和贡献，企业家群体在社会中的影响力越来越大，向社会传递正能量。

那么，现在请各位谈谈企业家文化自信的内涵是什么。

刘东华：我从邓小平南方谈话那年开始到现在一直为企业家服务，已经26年了。有人会问，作为一个媒体人天天为那些最成功、最有钱的人服务，是不是能够从他们那儿得到很多好处？不对，其实我是看到了这个群体对社会的作用、对社会的价值。我帮助他们，是间接地为社会做贡献。在这个过程中，我们一方面帮助中国企业和企业家做强、做大，另一方面又代表媒体，代表民众，甚至代表社会对企业家提很高的要求。

很多老朋友都知道我交朋友的两句话——欣赏你的灵魂，批判你到骨子里。在不同阶段，我们经常对企业家提一些很高的要求。实际上我们为企业家服务的第一个阶段，就是如何帮助企业做强、做大。中国近代100多年落后挨打怕了，所以一定要国富民强，国富民强首先经济要起来，经济起来首先是企业要起来，企业起来首先要靠企业家，这是毫无疑问的。因此，只有帮助企业做强、做大，让中国企业家向全世界学习，中国经济才能发展起来，中国才能富强起来。

第二个阶段，就是用什么方式做强、做大？做强、做大之后干什么？能不能找到一种内有尊严、外得尊敬的方式做强、做大？

企业家这个群体，其实是一个英雄主义的群体，他从来不怕高的要求，只怕你提荒唐的要求，只怕你提让他啼笑皆非的要求。中国的企业家群体经常面对各个方面的荒唐要求，让他们啼笑皆非、捶胸顿足、欲哭无泪。我们在思考怎么能够让企业家们觉得真有人懂他们，能够用合适的方式抚慰一下那些颗受伤的心，但同时又能够对他们不断提出更高的要求。比如，我们提出做中国绿色标杆企业，这个绿色不是简单的环境之绿、自然之绿，是人文之绿、价值观之绿。当我们提出这个要求的时候，很多人说我们是民营企业家，我们能够活着就不容易了，你为什么还要提这么高的要求？我说这些要求只是给英雄提的。因为企业家群体都觉得自己是英雄，既然是英雄，就必须面对英雄的要求，这样的话你才能够有进步。

在新时代下，现在到了企业家精神升级的时候了。中国从改革开放开始有了企业，有了企业家，但是没有企业家精神。西方有企业家精神，在西方"道"和"术"是一致的，但西方企业家说得更多的是"术"，即创新、提高效率等，但"道"说得很少。我觉得新时代的企业家精神首先应该明确使命。有一次我们在法国巴黎商学院探讨企业家领导力时提出了一个观点，所谓企业家的领导力，就是善于在为什么中找到怎么办的强大动力，并带领团队对最好的结果负责。这就是企业家的领导力，有多么了不起的为什么，就有多么强大的动力去解决怎么办。

陈琦伟：东华的感受是，他非常崇尚企业家的英雄主义气概，这可能是企业家的一种文化内涵。那这是不是文化自信的内涵的全部呢？坐在你对面的群斌，他在你眼中是第一代的企业家，还是第二代的企业家，跟你看到英雄主义的企业家有没有什么区别？

刘东华：群斌比较特殊，他一开始就在一个英雄主义的群体中。

汪群斌：从复星来看，我们确实是团队创业，也是受改革开放指引的。在大学的时候，我们确实是有英雄主义梦想的。但是个人的力量不如团队的力量，我们从内心深处认同团队之间产生的力量能解决巨大问题。

> **"** 不仅仅是作为企业家的使命，有时候讲到人的价值、人生的价值，我觉得很重要的还是要创造价值。创造价值的一个重要方式，就是解决问题。**"**

当然解决问题有很多种方式，尤其是邓小平南方谈话就给我们提供了一条差异化的解决问题的道路、一个方向。这个方向产生了很多企业工作者，我们也在其中。慢慢地，工作越来越多，我们越来越擅长在复杂的环境中解决复杂的问题，从而为这个社会、为客户创造价值，这时我们才能被称为企业"家"。当然这个"家"也不是一成不变的。我们一直讲企业家精神，实际上是要求企业家永远处于这种状态，处于创业、拼搏的状态。

陈琦伟：这么多年下来，你觉得气质上有什么不一样吗？

汪群斌：这是一个很好的问题。我觉得还是有些不一样，虽然我们现在取得了一点小小的成绩，但仍然有一种越发展越感到战战兢兢、如履薄冰的感觉。现在世界变化很快，客户的需求变化也很快，竞争对手非常强

大，越发展对产品竞争的考验也越大。所以我更加觉得，要有这样一种创业的精神。组织大了很容易官僚化，离一线越来越远，跟客户越来越远。但越脱离一线，就越可能被市场淘汰。我们一直认为，学习能力和实干精神非常重要，所以我们一直努力要求自己在产品决策、创新决策、项目决策的时候一定要做好。

陈琦伟：请中军谈一谈你的感受，到底企业家跟商人有什么区别。

王中军：我从美国留学回来创办华谊兄弟至今24年了，其实开始创业时也没有那么远大的理想。我从美国回来的时候刚开始是做广告，后来从1998年开始拍电影到现在，拍了一两百部电影了。我觉得这20多年来我自己的生活中电影痕迹非常重，我也应该是最早规模化地做对中国有影响力的电影人。

因为性格关系，我在公司20年前几乎就不太管细节了，公司依赖团队，我对团队也有超强的依赖，我相信他们做的细节一定比我好。而我赋予公司的更多是想象力，就是做事情的时候突然向团队提一个方案。团队有时候也比较惊讶，但通过几年的实践，这些想象力最后都蛮成功的。

开幕论坛上，主持人提出一个设想——如果回到30岁想做什么。台上

的每位嘉宾都在说做企业，我觉得特别惊讶。如果30岁我有那么多钱，肯定会做自己喜欢的事，不会为了做企业而做企业。

但既然选择了做企业，那当然就要努力做一个优秀的企业家。我觉得企业家精神最重要的就是坚韧。企业家确实都比较坚韧，在遇到困难的时候，知道如何积极地处理自己的心态。我这20多年也不是一帆风顺的，也有过困难，很多时候压力也很大，但是对于这些困难和压力我忘得都很快，然后继续朝前走。这是一种很重要的优势，就是内心足够强大、足够坚韧。

我们自己拍过这么多电影，我不是所有电影都直接参与。但是我有自己的文化情怀，所谓文化情怀就是有自己的生活感悟和情感追求。我们公司这些年除了拍很多商业电影以外，还拍了很多像《可可西里》《士兵突击》等带有个人情怀的作品。《士兵突击》拍了一个农村士兵，当时很多人都奇怪这部剧怎么可能会火，但我就是为那个人物感动。还有冯小刚导演的《芳华》，现在票房已经超过14亿了，得到了市场和观众的高度认可，我觉得电影一定要有打动人心的能力，这是好电影的基本前提，也是必要条件，这就需要企业领导者要有自己的判断和坚持。与其他公司比起

来，我们更加独特，因为身处创造性的行业，没办法进行流水线式的批量生产。

> 遇到困难的时候坚韧一点，给团队树立一个积极的榜样，并且能带领团队始终坚持一种精神、坚守一种情怀，让团队同心协力地前进，我觉得这就是企业家精神。

陈琦伟： 中军有一种浪漫主义精神跟情怀。对企业来说，当这艘船漂流在世界大海中时，企业家重要的是能够带领这个航船往前穿透风浪、持续前行。均豪谈一谈，你的使命是什么？

王均豪： 改革开放40年，我做企业也做了整整30年。我是温州人，从温州的文化历史角度来讲，温州人不是做生意的料，但读书很厉害。我开始做生意的时候，国家对温州的投资不到宁波的1/40。所以温州没有任何国有企业，温州人做生意也都是被逼出来的。但是我觉得每个企业家都是在摸索中成长。我1988年出去创业时其实就想赚点钱而已，到了20世纪90年代，我想，到了这辈子钱都用不完的时候，我还要做什么？我才提出来做一家企业，做一个百年老店。

　　1992、1993年的时候，我们三兄弟就提出做一个品牌出来，从物质追求提升到精神追求。后来我们渐渐越想越明白，企业家的使命或者说做一个好企业的标准是什么？就是怎么让顾客、员工、股东、社会这四者都满意。

　　我们中国历史实际上也有企业家文化，从子贡、白圭到范蠡。而且范蠡是赚完钱就散尽，然后重新赚了又散，我们中国不缺少企业家和企业家文化。我们温州人将"经商"叫做"生意"，我查了一下字典，很有意思。字典里这个词的解释有几种，其中一个指生活，还有一个指生机。生活，有文化的追求；生机，有生机的交易。所以中国企业家要做一个生意人，学学子贡，学学白圭，学学范蠡，内涵准则就都有了。

　　陈琦伟：我很喜欢研究企业家，就是企业的领头人。建光是投资界的大佬，你来谈谈。

　　李建光：我们投资行业赖以生存的根本就是能不能从人群里找到所谓的企业家。IDG是典型的一拨秀才创业，从某种意义上说都是属于知识分子。这个时代给了我们创业的机会，当时风险投资行业进入中国，赶上了改革开放，还赶上了整个技术创新的大发展。这些新技术、新机会，有很强大的作用。刚才讲到合伙制，我们的的确确是中国实现合伙制的第一个机构，在1999年就实现了。当时我们的第一个原则就是争取把权利平等化，因为大家都不懂投资，出了问题都要一起担，说得好听点，我们都是单翅膀的天使，绑在一起就有了两个翅膀，就能飞了。第二个原则是平均主义，不管做好、做坏，你挣的钱，他挣的钱，大家平均分配。当时资本还是比较稀缺的，大家不会为了自己的利益去抢资源，不会为了个人的追求把资源浪费掉，相对来说我们的风险控制做得还是很不错的。

　　合伙制另外的一个好处是大家的互相认可、互相包容、互相支持。我个人也有切身体会。2005年我们第一次开放基金，然后吸收了全球60多位LP（Limited Partner，有限合伙人）团队。当时我个人头脑发热要投资体育，在2006年花了6000万把英超的转播权拿回来，结果到2010年整整亏了6000万美元，颗粒无收，把刚刚对全球开放的一个基金的1/5都亏掉了。当时我们机构，第一没有开我；第二，大家说当时投的时候都说YES（同意）了，所以这个责任要一起担。最使我感动的是，虽然亏得血本无归，

但我就不信，因为我看好了这个方向，看好了这个行业，我说还要做、还要投钱，机构仍然支持我做。最后，亏的所有钱都回来了，还有几倍的回报。从这个角度讲，合伙制除了让大家在一起壮胆，还需要大家的认可和鼓励。

我所在的这个行业是替人管钱、替人消灾。

> **"** 我从来不认为我们自己是企业家，而认为我们是站在企业家身边的人，用最好的心态、最善良的信贷期待别人更好，没有任何嫉妒。**"**

应该说在企业家系统，我们是心态落差最大的人。像腾讯、百度，跟人家比我们的成就、社会地位、财富，差得不止一个等级。但我们还是觉得非常幸福、非常高兴，这恰恰是我们这个行业的好心态——永远相信机会在未来，永远相信我们有机会在未来找到可能比马云、马化腾、李彦宏更优秀的企业家，这就是支撑我们前行的所谓的精神力量吧。

陈琦伟： 建光刚才讲的，其实我觉得折射出这样一个事实，企业的成功和企业家的内在文化没有一个刻板的模式。还有，无论合伙人算不算企业家，IDG肯定具备企业家精神，因为你们是靠自主性决策做投资，而不是按一个规定的程序。你们的主动判断起了很大作用，这就是一种创造性的做法。

至少可以非常确定的是，越往后中国企业越知道该怎么去做，知道该怎么去控制风险。其实中国在过去的二十几年中，除了民营企业家阶层成长以外，资本市场也在成长。总体上来说，中国资本市场帮助中国企业提出了"治理结构"概念，帮助解决商业模式选择的问题、风险控制及诚信的问题等。所以，中国企业在各种方式的带动下总体趋势肯定是往前推进的。

云帆，你是怎么看的？

张云帆：企业家精神，我觉得首先是创造。我做的东西都是创造性的，像文学。原来出版图书很麻烦，要联系很多出版社，现在只需在网上注册一下就可以当作家了。如果你写得还不错，达5万字，点一个按钮我们就有编辑帮你评估，如果做得好就可以往影视和游戏方向发展了。我们有一本书叫《剑王朝》，那个作家就是我在茫茫人海当中寻找到的，一个月本来挣几千块钱，后来版权卖给了爱奇艺，价格是3000万，他的新书刚刚又被优酷买到了。现在所有人都可以通过很简单的途径成为作家，所以我认为企业家精神确实是有创新的，他解决了某些问题。

其次，我觉得投资人应该去教育我们担当责任。例如做区块链的人，他们没有募资过，只是做了一个交易所，所有人可以把自己的虚拟货币放在上面交易。他们没有借钱，没有集资，现金流是正值且没有负债。我有一个朋友是一个区块链交易所的CEO，企业利润小半年就有100多个亿，后来他说他被限制出境了。他完全不觉得自己有问题，也没有违反现行法律。我认为其实只是因为交易所里面涉及的钱太多，国家觉得他们随意离开风险太大。所以我认为其实他需要担当的就是责任，他也认可我的观点。

一旦叫企业家了，就要愿意承担社会责任。"企业家"这个词来源于法国，最早是指具备冒险精神、创新了某些东西或者提高了某种社会效率的人，这里面的含义包含了冒险、创新、责任、效率等。其实互联网、大数据、人工智能等领域的企业家们，往往都是有效率、有创新、有冒险精神的，但可能少了那么一点责任感，所以我认为这个应该是一定要传承下

去的内涵。

陈琦伟：谢董是老一代企业家，请跟大家分享一下你的见解。

谢明：第一，从文化自信的角度来讲，普遍有一个共性。这个共性大家谈得很多，我认为应该从两个维度来说明。一方面强调企业家的精神和气质，比如在具备冒险精神的同时要有洞察力、想象力，这是一个维度。第二个维度，就是要有责任感，要有善良的本性，如果没有这个维度，企业家精神就容易因为过于自信造成自负、自满，所以这两个维度合二为一才是企业家精神。我认为在普遍中找出规律性的东西，就是文化的自信内涵。另外，从个性的角度讲，文化自信，应该是对我们生活方式的自信。在中国你强调文化自信，如果是按美国人的生活方式就不一定对，这还包括对企业发展未来的自信和对企业文化梳理的自信。因为只有人的文化和生活的属性自信了，才能真正体现文化自信。

第二，从企业来讲，没有发展目标，企业家就把握不住企业发展的规律，梳理不出这个企业发展的文化。从这个角度讲，中国有几大传统产业，纺织、陶瓷、丝绸、白酒与茶叶。

謝明

> 中国产业中最能体现文化内涵和文化自信的，就是在中国土地上诞生并且生存下来的东西，比如说茅台，"国酒茅台，喝出健康来"，喊了几十年；五粮液，"中国的五粮液，世界的五粮液"，也被叫了几十年。

我认为企业应该有这样的文化自信，这样才能引领这个企业和整个行业的发展。

第三，我认为中国的强大是软实力的问题。我们强调"一带一路"倡议也好，搞孔子学院也好，很多企业到美国时代广场搞LED投屏也好，这不是文化自信，是完全强加于人的，中国的文化自信一定是中国人的生活方式走向世界。这是我的观点。比如说我们了解美国，并不是他的飞机、军舰多先进，而是他的好莱坞、他的麦当劳。这些生活方式对我们的影响更深刻，所以我认为中国的软实力是中国人的生活方式，像中国茶文化、酒文化这些东西。

从行业角度讲，目前中国白酒行业是中国传统产业未来的一个方向，但并不是说茅台卖得越贵就是文化自信越强。未来中国白酒行业肯定要做到三个方面的和谐。

第一，传统产业也要重视传承和现代消费观的和谐。国际上，葡萄酒是液态发酵，把葡萄榨汁发酵，而中国的发酵全是在开放式的固体状态下。在坚持传统的同时，如果不适应现代年轻人的口味，这个行业还是发展不起来。

第二，就是品牌的塑造要和大众消费品结合起来。未来的和谐，是品牌塑造和大众消费的和谐。

第三，就是与电商和谐起来，与新的消费零售和谐起来，要扁平化、去渠道化。中国品牌走向国际化和区域发展，是我们从文化自信的角度，对未来行业做出的一个判断。中国白酒，一个茅台，一万个亿的市值，相当于中国多少行业的市值？从这个角度讲，

> 中国的白酒产业走向世界是可行的，中国人的生活方式走向世界是可行的，但是必须要有文化自信的引领。

刘东华：今天这个社会有多少问题，有多少难题？我们用办企业，用商业的方式为社会解决问题，但是方向在哪呢？在自己最擅长、最有兴趣的方向上。你解决的问题越大，你这个英雄就越强，承担的责任就越大。所以其实我们对企业家精神进行升级，给企业家定义了一个新词，叫社会财富的受托人。人类世界最尖锐、最对立的矛盾之一就是贫富分化，这个世界的少数人掌握着越来越多的财富。但实际上如果企业家从内心认为自己只是社会财富的受托人，那么他在为社会解决问题的过程中，财富向他集中的越来越多，责任也就越来越大。

2017年4月在乌镇有一个"互联网+"的学习会，我在学习会上提出，在互联网世界出现了一批"巨婴"，什么叫巨婴呢？人长大了，像个大人，但是智力没有发育。在企业界更可怕的是，你有巨大的能力，但你不知道怎么驾驭这个能力。如果一个企业、一个企业家能力越来越强，但是没有责任感，不知道他的强大会给别人、给社会、给未来、给环境带来什么，这个巨婴就可能成为大家的噩梦。

陈琦伟：新时代已经来临了，企业家很重要的一点就是要实干，不同于教授坐在那里去总结东西，他们主要还是要实实在在干事的。以后企业家这群人会被历史沉淀出来，中国企业家在真正变成一个社会最大的阶层后，他们对社会的贡献就已经在那里了。

艺术匠"心"之美

　　张祜诗曰"精华在笔端，咫尺匠心难。"匠心之难既在于"匠"，更在于"心"。这对从事艺术创作的艺术家们来说更是如此，"匠"与"心"的融合与平衡关乎作品的鲜活度、价值乃至生死，更是艺术家之所以成为艺术家的关键。

　　在2018年亚布力年会上，中央美术学院雕塑系教授隋建国、著名导演孙周、著名导演张杨、好利来董事长兼总裁罗红、南非钻石集团董事长陈达冰及MAD建筑事务所创始合伙人马岩松就艺术家的情怀与匠心这一话题进行了深入讨论，中国嘉德董事总裁胡妍妍主持了本场论坛。

胡妍妍："情怀"和"匠心"是这两年比较热门的词汇，非常遗憾的是，当我们想到"匠心""情怀"这些词的时候，人们可能会自然地想到日本的茶道、花道，甚至是日本的寿司师傅，却无法举出多少中国各行各业的相关例子。这两年，大众意识到了我们的情怀和匠心的缺失，这也算是一种回归吧。

今天请来的这几位嘉宾都是各行各业的佼佼者。情怀和匠心不仅是他们成功的源泉，也是他们追逐的梦想。

我们都知道，北京798艺术区进门的地方有一个非常巨大的红色雕塑，这个雕塑是20世纪90年代中国当代艺术的标志性作品，作品名为"中国制造"作者就是隋建国教授。当然，我们也知道"中国制造"这个词一度被认为是中国制造业廉价和粗糙的代名词。其实隋教授创造了不少以"中国

制造"为名的作品。我想请隋教授谈一谈他的想法。

隋建国："中国制造"是我二十多年前的作品，当时我觉得中国制造已经成了世界上一个不可忽视的事情。那时实行改革开放，中国经济正在腾飞，而这些令人瞩目的成绩其实是靠中国制造来完成的。但是随着中国制造的强大，出现了欧美等国家拒绝装满中国产品的船靠岸的现象。我就是在这样的背景下做出了这个作品，是想向人们传达：一方面中国确实是通过吸引外来资金让经济强大起来了；但另一方面，中国的劳动力和产品也让全球资本主义完成了升级。没有中国制造，这是无法完成的。中国获得了发展，世界资本主义也得到了升级，这是一种双赢。

这两年，我将这个作品的恐龙肚子上的Made in China又单独拿了出来，做了一个新的"中国制造"，因为我认为今天中国制造其实代表了中国的品质。中国制造最早可能代表了地摊货、廉价，后来所有名牌都到中国来代工，中国制造慢慢升级了。

> **"中国制造其实也代表了中国自己的品牌、自己的实力。"**

前些年，很多知识界和设计界人士提出了一个想法，说要搞一个"中国设计"。可是我觉得中国设计不能代替中国制造，中国生产的所有东西都是中国制造。如果中国制造好了，中国就有了工匠精神。而且事实上从过去到现在，中国一直都有工匠精神。

胡妍妍： 工匠精神是指我们在做事时所追求的精益求精和一以贯之的精神。所以，我认为匠心离不开坚持和情怀。我想请问马岩松先生，中国现在是全世界城市化发展最快的国家，可发现我们的城市建筑千篇一律，您作为一名建筑设计师，怎么看待这个问题？

马岩松： 我们的城市千篇一律、粗糙，而且不可逆。我认为这个跟发展速度有关，速度过快，就缺乏思考，缺乏自我批判精神。这不是一个匠人个人的事，这跟政治环境、社会环境包括文化环境有密切关系。

日本匠人很注重细节。他们不只是陶醉于自己的情怀和追求，而且很多时候懂得为他人着想。他们把建筑、艺术或者城市，当作社会中人与人交流的一个工具。所以他们**所谓的情怀不只是发挥自己，而是跟别人交流**。如果一个人在感情层面很丰富，愿意去与别人交流，这种情感就会出现在所有的细节中。这不仅仅源于设计师、艺术家，还包括了整个时代的情感，人和人之间的真诚。

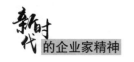

如果建筑师的理想能够很幸运地在一些作品中实现的话，我觉得它也许是一个反时代的，甚至有点不合时宜的、啰唆的、多余的作品，甚至看起来有些低效。比如在城市里修一条路，如果大家都认为解决交通问题是最重要的，那城市规划者不用考虑别的如情感方面的因素，就会越来越简单粗暴。以北京为例，从景山公园到角楼之间有一座非常古典、非常美丽的桥，桥旁边设置了一个红绿灯。如果大家都目的性很明确地想要快速通过，那就无暇欣赏这座桥的美了。而不在乎审美情感，在建筑上也会缺乏情感的考虑。在中国古代，匠人们不仅是从工艺上、技巧上，更是从深层出发，认为情感对于生活非常重要，超过了效率，超过了那些我们现代人热衷追求的东西。我觉得这是我们这个时代更应该去追求的。

隋建国： 作为艺术家，**我认为匠心还有一部分含义是物尽其用、因地制宜。这其实是中国的一个优良传统，中国很早就提出了人与自然和谐相处的理念。**

胡妍妍： 建筑会受到多方面的制约，同样商业和艺术也会碰到这样的问题。最近我去罗红在北京的摄影馆，还有黑天鹅旗舰店。美术馆和旗舰店完美地结合在一起，这是一种创新，也确实获得了很多人的赞赏。罗先生是一名成功的企业家，同时也是一位追求艺术的摄影家，所以我们想请您谈谈如何将艺术和商业结合在一起？

罗红： 我理解的匠心代表一种技能和技巧，但是我觉得后面的"心"很重要。以我自己为例，当我第一次看到照相机的时候，觉得它是一个很神奇的设备，可以把瞬间变成永恒。我觉得这可能是我以后人生的梦想，因此我很执着地想要成为一名摄影师。成为摄影师之后，我拍的最多的是一些西部风光，挂在自己家欣赏、陶醉。

2001年我去了一次非洲，那片大地给了我不一样的感受：那么多鲜活的生命在非洲的大地上奔腾，加上自然的光和影，实在太美了！这对我的冲击太大，这种心灵的震撼让我的心瞬间被打开。我对摄影的热爱变成了一种信念，我决心一定要把全世界最美的瞬间带回去和更多人分享。

这种信念支撑了我20多年。一路走来，我花了很多时间和精力，也花了很多的金钱。但是我的信念更加坚定，我觉得我对摄影的坚持是对的，也会是让我感到一生自豪的事，发现美和创造美是我生命的意义。

> 只要你有一颗发现美的心，能被美感动的心，你就会源源不断地产生艺术灵感，去创造更多作品，让更多人感动。

我的艺术馆也是如此。当有更多对大自然、对人生的感悟以后，会产生一种敬畏之心。我的艺术馆建了整整六年。我那时候忙于做企业，在设计、建筑方面没有很高的审美意识。我请了一名国内的普通设计师帮我设计，效果图我觉得还不错，但建成的时候，我第一眼就觉得这不是我想要的东西。所以，我把它全部推倒。然后又找设计师重新设计，不满意，再推到。再找设计师，我依然不满意。那时已经快开业了，我心想算了，就这样吧。

临开业前一个月，一场意外的大火把艺术馆烧了。很多人都觉得这几千万一下又烧没了，但是我到了现场以后内心反而挺感动的，心想前两次是我不满意，第三次连上帝都不满意了。

后来我又请了澳大利亚和美国的设计师。我说我想设计一个全世界最美的艺术馆，美得让人看第一眼就懂得这是艺术，让人感动。设计师问我，你的预算是多少？我说，没有预算。设计师上前给了我一个拥抱，说你是最好的老板，我一定会给你设计出你想要的。他看了我的摄影作品，有很多触动，也理解我想要的东西。两个月后他拿出了第一稿，我看了之后觉得这就是我要的。我真的是一个为美而感动，为美而存在的人。

在建艺术馆的花园和景观的时候，每一棵松树、每颗石头应该放哪儿，种什么样的花草，怎么配色，我都参与其中。我当时觉得自己就是一个顺义的花农，炎热的夏天每天穿着短裤待在园子里，但是心里觉得很美，因为我在整个美的设计中投入了太多的心血。

设计的时候我就想好了，这个艺术馆建成以后就是一个温暖大家心灵、让所有人感动的地方。我记得当时我的财务总监告诉我，这样永远不会挣钱。我说，这是我安放灵魂和梦想的地方，不是挣钱的地方。

做企业也是这样，在大家都买不到蛋糕的时候我做了好利来。但是很多年以后，突然有一天我在北京的第一场大雪中拍到了黑天鹅。晚上整理照片的时候，这张黑天鹅照片把我自己都感动了，顿时觉得黑天鹅的优雅、高贵也应该变成一种艺术品。随后我就带领团队，又创造出了一个新

的品牌。

艺术没有老不老，只要有一颗能感受美的心，就永远可以创造更多的美、更多的感动。

胡妍妍：下面我们请张杨导演来谈谈《冈仁波齐》这部电影的创作理念。我们知道这部电影自始至终贯穿了您内心一种非常强大的追求和理想。

张杨：这部电影拍摄花了一年的时间，从西藏东边一直到冈仁波齐，一路走一路拍。这个电影的创作本身就给我提供了一个全新的认识电影的过程。刚才马岩松先生提到，所有的艺术都离不开大环境，我相信电影也是如此。尤其是这两年的电影市场很好，票房突飞猛进，电影真的到了一个非常好的时代。

但是实际上这种所谓"最好的时代"的概念，从资本角度来说，是工业角度上的蓬勃发展。但是从电影艺术本身来说，其实并没有太多的提升，甚至很多人认为中国现在的电影跟20世纪80年代相比还有相当的差距。因为20世纪80年代更多是从精神层面进入电影，但是今天的电影大部分是以娱乐、消遣为主，或者说从一开始就是投资电影，甚至包括导演去做电影的时候，都可能更多的是从利益最大化的立场出发的。

当然，资金的投入确实提升了中国电影整体的制作水平。可以说，我们今天的电影从技术和投资规模的角度来说已经非常接近好莱坞的水准了。在这样的大环境下，一个导演可以去拍投资一个亿、两个亿的电影，去追求回报率。但是对于我来说，其实我年轻的时候或者说开始拍电影的时候，这种商业片都已经尝试过了，票房也都挺好，但是我总觉得那并不是我特别想去追求的。实际上我还是对电影本身有自己的基本要求，总希望在

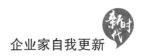

艺术上还能走得再远一些。

曾经有两三年我在电影方面很犹豫，犹豫到底往哪儿去？是去拍商业片挣钱，还是说干脆别想这事了，去想点跟艺术有关的东西。我心里确实有过摇摆，最后自己决定放弃所谓的商业诉求。当然能走到哪儿去我也不知道，不知道自己的水平到底有多高，可以走多远。

所以在这时才有了《冈仁波齐》的创作，这个创作完全是随兴的。当然想法不是随兴的。这个想法十几年前在我脑子里就已经产生，后来才慢慢地一点一点将它实现。当你要抛开商业的时候，就要抛开很多外在的东西，用最少的投资，最简单的设备和最少的人。确实这两年我也看到非常多年轻导演的作品，投资非常小，有的一百多万，甚至还有五十多万的，也都拍得很好，因为有他们自己内在的精神在里面。虽然我已经算成熟导演了，但是我希望回过头来去拍一些这样的电影。

《冈仁波齐》剧组只有30多人。我们用了一年的时间在这条路上慢慢地拍，把成本压到最低。反过来，我突然在这部电影中找到了快乐。实际上过去拍电影给我压力或者压迫很大，比如明星的档期、时间、调度、磨合等都需要考虑和协调。这样的电影对我来说，在整个制作过程中有点费劲，有点过于工业化了。

反过来《冈仁波齐》是一次完全不同的创作。每天都慢慢地，走着走着想起来就拍点，没得拍了就休息。一年的时间像流水一样，这个电影就这样流出来了，其中又有自己独特的精神气质。

现在到了电影的大工业时代，但是我想能不能回过头来做一部手工艺的电影？这可能跟今天所谓的"匠心"概念比较契合，也是考验导演的很重要的部分。

所以，在《冈仁波齐》之后，2017年我在大理还是用同样的方法，用一年的时间拍了一部新的电影。我现在就喜欢把周期拉长，用时间去磨合，投资也很小。在拍的过程中，它自己就生长出了一部电影。等到这一年又只剩一个月的时候，我们又拍了第三部电影。这三部电影投资都非常少，但是它确实激发了导演的想象力。在这个过程中，没有人干涉你、要求你，我感觉很自由，创作完了有时间就再创作一部、接着又创作一部。

这段过程给了我非常大的启发，也提供了一种可能性。当然这种方法

可能别人很难复制，只是一个导演自己找到了适合自己的方式。我现在陶醉于此，我觉得好像一下子找到了拍电影的初衷。拍电影最后是要干什么？是去找到真正对应的观众。但是我认为最根本的还是让自己的内心得到满足，真正解决内心的问题。我觉得现在这部电影就跟我的内心产生了越来越紧密的共鸣和关联性。

孙周：对于拍电影来说，进入一种自由的状态很难得。我当年拍《周渔的火车》实际上就是那种状态。因为那时候有一位企业家给了我一大笔钱，说你拍电影，这钱归你。我就自己去找题材，随着自己的心在走。实际上说得自私点，导演站在导演的角度出发，这才是最佳状态。在这种状态中，我们总能让自己和作品发生关联，因为考虑更多的是个人感受。

但这种状态是不是谁都能有？不一定。因为电影实际上已经进入了工业化时代，靠盈利、靠在庞大的市场中获利而存在。或者说，商人们充分利用了电影的功能，把它变成了市场化的状态。在这样的背景下，能不能找到自由创作的状态要因人而异。张杨现在找到了，我也曾经找到过，冯小刚也许找到了，因为他的市场影响力很大，他在选择题目的时候可能可以相对自由一些。但是除了我们这些已经相对比较成熟的导演，年轻导演可能就没有这样的条件，他们可能会很苦闷。

作为导演，可能会始终在市场和个人需求间纠结。当然

> **"** 我一直坚持，电影是一个独立的生命体，有它自己的命运。**"**

我们选取一个题材去拍它的时候，能不能拍得好它，我们并不知道。有时候投资人说，你必须要达到什么样的标准。我说，我怎么能让我的心愿与那么多人碰在一起，恰巧那么吻合，让大家都喜欢？所以对于这个要求我永远不会答应，我只能尽心尽力去做。在导演手里，它是艺术，当它从我们手中脱出去，实际上它又成了商业。电影有它独立的命运，有的时候我们没法控制。如果它恰巧和很多人的喜好发生关联，我觉得这是电影的运气，而不是我的运气，因为它已经从我的手中作为独立的生命脱离出去了。我不知道它之后的命运是什么样的，我只能把我手里的这部分尽量做到最好。

其实我越来越觉得我无法对未知的东西做出判断，这个世界变化太

大。现在的艺术还是不是我们学习艺术时的概念？我觉得已经发生了变化。机器人模仿艺术家作画的场景，我相信这一天不久就会到来。艺术是什么概念？很难判断。我觉得情怀可以很大，也可以就在我们身边，也可以是一种执念，是我们能够坚守的执念。当大家都奔着钱去的时候，除了钱之外是不是还有什么别的东西？无论怎么变化，情怀就是守住一些我们必须守住的。

胡妍妍：刚才两位导演实际上都提到了一点，现在很多高科技已经可以把艺术做得非常完美，但是没有情感、没有情怀，艺术依旧是空心的。陈董是成功的企业家，也有自己的博物馆和美术馆，情怀与匠心实际上是一种传承问题，而收藏一定是传承中非常好的一站。请您谈谈建立美术馆、博物馆的初衷。

陈达冰：艺术家讲匠心，我作为一个企业家和收藏家讲的是情怀。情怀对我来讲首先是一种感觉。我们小时候对待自然的一种观察和崇拜，应该是我收藏的初心。小时候我们在田间，看到鸟、蝴蝶在云雾里飞，于是就有了我第一次做收集，当时还不能称为收藏，英国叫收集标本。后来会在日常生活中进行一些收藏，比方农村有很多各种各样的水烟袋，那个年代的水烟袋是铜制的，做得非常精致。等我再长大一些，就开始收藏烟盒，烟盒上的画非常精美。所以

> ❝ 对我来说，艺术收藏是从感觉开始的，慢慢就培养了一种感情和情怀。❞

我正式地把收藏作为业余爱好，是我1985年第一次去非洲的时候，在尼日利亚的大市场见到一个非常美的木雕，爱不释手。当时我们出国是公派出去的，每天住房25美元，伙食8美元，那时候就想着一定要省吃俭用把这个小木雕买到手，我在那徘徊了两天，最后走的时候把这个木雕买回来了，那是我正式收藏的第一件艺术品。这件事引起了我对于非洲的爱好，每次我到非洲都会到旧货市场淘一些东非、西非、南非的古董，就在街边艺术家那淘，因为20世纪90年代初非洲还没有很多成型的画廊，但有很多街边艺术家，我也收藏了不少当地青年艺术家的当代艺术作品。

2010年，我在湖北武汉建了一座私人博物馆，我想把过去收藏的艺术

作品呈现给武汉市民。我的收藏包含了过去30年的藏传佛教艺术、非洲部落艺术、少数民族艺术，还有一些摄影艺术，定期向市民做推广和宣传。至今已有约八年，这八年中我们也从收藏品展览延伸到了中非艺术交流，每年请非洲的青年艺术家到中国，时间从三周到三个月不等，让他们根据自己的兴趣爱好在中国的西安、景德镇、上海、北京写生。写生的作品在他们离开中国之前进行展出，回到南非又在南非的展览空间做一次交流。

我们每年也选一些中国的青年艺术家到非洲去，国家由他们自己选定，在那儿写生创作，在回国之前在我们的艺术空间里做一个与当地的交流展览。我们这个驻游计划，现在已经延伸到了英国、格鲁吉亚、美国。2018年2月份，我们又在开普敦与法国一家艺术机构签订了驻游合作协议。同时我们还设立了新锐艺术基金，专门收藏南非和非洲本地艺术家尤其是青年艺术家的艺术作品，现在已有5000多件，它也是第一个向开普敦当代艺术博物馆捐赠的基金。我们收藏的艺术作品，也经常在这里展出。

前段时间，南非一位艺术家画了一幅《我的祖国》，把南非历史上的政治人物描绘得淋漓尽致，作品非常有争议。在全国巡回展出后，他受到了死亡的威胁。最后基金会收藏了这幅作品，如今南非人都不知道这幅作品在何处。这是一段很有趣的收藏经历，也是一种情怀。我们将这位艺术家请到中国，并在博物馆展出了他那些对非洲生活描写比较深刻的艺术作品和装饰。

我也希望通过这种交流机制，能够邀请更多的中国艺术家走向非洲，在非洲这片土地上，感受非洲的艺术作品。

走向质量中国

　　“ 如何实现质量中国？第一，必须是标准中国，标准必须更改、更新、统一，不能再碎片化了；第二，必须是法治中国；第三，必须是文化中国，我们都是企业家，创新来自于刻苦的研发精神，研发精神来自于专注，而专注来自于大爱，工匠精神就是大爱的精神。**”**

建设质量中国三要素

文 | **刘明康** 原中国银行业监督管理委员会主席

  习总书记提出，我们要前进，要发展，一定要坚持问题导向。那么今天就从问题导向来看未来我们为什么要聚焦在从速度中国转变到质量中国上。

  其一，现在中国已经成为全球第二大经济体，仅次于美国，在全世界GDP（Gross Domestic Product，国内生产总值）中所占的比例，我们和第一还有10个百分点的差距，所以我们也不要太骄傲。全球金融危机以后，我们的GDP增速已经开始下滑，这个趋势十分明显，已经从双位数变成了单位数，而且我们的不平衡不仅表现在质量上，还表现在供给端上。这从

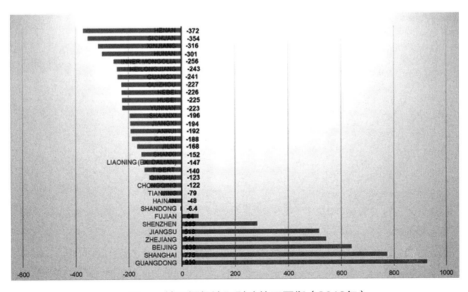

图一　地区间经济和财政的不平衡（2016年）

2016年财政收入上看得很清楚（图一），全国只有6个省及3个城市在赚钱，在养活着24个省，这个局面在未来的5年、10年不会改变，但依靠挣钱的省份养活全国是否真能做到？这中间整整差了1万亿元。

其二，我们每年都要用1倍以上甚至两倍于GDP增速的速度来发放货币，用以保障GDP的增速。整个金融业的敏感性全部聚焦于GDP增速上，一旦GDP增速放缓，不良贷款率就会迅速爬升，而且爬升的速度比GDP放缓的速度还要快。

其三，固定资产投资仍然是中国GDP增长的主要动力。进出口所贡献的力量已经微乎其微，消费的占比虽然在增加，但并没有起到决定性的作用。而且在固定资产投资领域，它的增速也正在逐年下降。更有甚者，我们民间固定资产投资的增速，从原先高于平均速度，到2015年开始低于平均速度，并且一直没有增长上来。在众所周知的原因下，2015年它甚至出现了巨大的下滑缺口，增长率跌到2%。2017年习总书记在两会上喊话，要求保护企业家精神，保护非公有产权，民间固定资产投资率才回升了一点，但是仍然低于全国平均速度。

其四，外商直接投资从两位数的增长，变成了连续3年负增长，2017年

又回到了正增长，但增长率只有4%。在高速公路建设方面，中国取得了足以骄傲的成绩，全球1/3以上的高速公路网出现在中国。但是道路安全问题仍需要重视，车毁人亡的数字居然是其他国家的几倍、十几倍，乃至于几十倍。航空事业发展迅速，全世界客流量排名前十的飞机场中，中国占了2席——首都国际机场和上海浦东机场。同时，我们大约有250个民用机场，这是全世界任何一个国家不能比拟的网络。但是换个角度来看，根据国际旅客流量统计，全球前四中没有我们的身影，第一是迪拜，第二是伦敦希思罗，第三是中国香港，最后一名是我们台北的桃源，其客流量都比北京首都机场多了2000多万。而且在民航正点率上，大家也都有过亲身体验。

其五，国有企业占有我国80%的资源，但国有企业的总利润始终在零线上匍匐前进。

其六，十六大以后，在党和国家的努力下，我国基尼系数有所下降，但是最近两年（2016年、2017年）又出现了反弹。

其七，在我们打响"蓝天保卫战"以后，中国二氧化碳排放的增速第一次变得缓慢起来。我们也非常高兴地看到，从2014年以来，中国每年的GDP单位能耗和二氧化碳排放量破天荒地都在下降。如果按照这样的趋势坚持下去，我们有望在2028年到2030年提前20年进入拐点，做到能源消耗和二氧化碳排放绝对总量的下降。二氧化碳排放增多和气候变暖的主要原因是冶炼，其中炼钢又是重中之重，每年生产8.3亿吨的钢。

> **"** 污染的数据是对速度中国的一个生动的描述，那么是什么原因造成我们只有速度没有质量呢？我认为一个非常重要的原因是：我们没有与时俱进的标准。**"**

关于炼钢的排放标准（表一），第四列是国家的标准，最后一列是一家钢铁企业（德龙钢铁）自己制定的标准。从表格中，我们可以看到，德龙钢铁执行的标准中烧结领域是国家标准的一半左右，在炼铁和炼钢两个重要的环节里面，它的标准约是国家标准的1/3。从中我们可以看到，我们国家的标准有多么的滞后，需要与时俱进，随时更新。当一个人要拼力干活才能吃到果子的时候，他绝对会输给坐着或躺着就能吃到果子的人，这就是我们的根源所在和问题所在。我们的水资源丰富，但是由于技术上的

表1 炼钢的排放标准

Production Processes	Key Pollution Points	Emission Factors	National Emission Standard	Hebei Provincial Special Emission Standard	Actual Emission of Company A
Sintering（烧结）	Sintering Machine Head 烧结机机头	Particulate Matter（PM）颗粒物	$50mg/m^3$	$40mg/m^3$	$\leq25mg/m^3$
		Sulfur Dioxide 二氧化硫	$200mg/m^3$	$160mg/m^3$	$\leq100mg/m^3$
		Nitrogen Oxides 氮氧化物	$300mg/m^3$	$300mg/m^3$	$\leq200mg/m^3$
	Sintering Machine Tail 烧结机机尾	Particulate Matter（PM）颗粒物	$30mg/m^3$	$20mg/m^3$	$\leq10mg/m^3$
Iron-making（炼铁）	Blast Furnace Cast House 高炉出铁场	Particulate Matter（PM）颗粒物	$25mg/m^3$	$15mg/m^3$	$\leq8mg/m^3$
	Blast Furnace Bunker 高炉矿槽	Particulate Matter（PM）颗粒物	$25mg/m^3$	$10mg/m^3$	$\leq8mg/m^3$
Steel-making（炼钢）	1st Converter Gas Cleaning 转炉一次烟气	Particulate Matter（PM）颗粒物	$50mg/m^3$	$50mg/m^3$	$\leq20mg/m^3$
	2nd Converter Gas Cleaning 转炉二次烟气	Particulate Matter（PM）颗粒物	$20mg/m^3$	$15mg/m^3$	$\leq8mg/m^3$
	3rd Converter Gas Cleaning 转炉三次烟气	Particulate Matter（PM）颗粒物	$20mg/m^3$	$15mg/m^3$	$\leq8mg/m^3$

问题，接近62％的水资源浪费在粗放的农业灌溉上，22％的用于工业用水，很可怜的14％不到的水才留给了我们自己饮用。

这就是我们的问题导向，而问题的导向也是我们机遇存在的领域，是我们企业家可以奋斗并且取得迅速成效的地方。

其一，这几年，我们的创新举世瞩目，这不仅体现在对创新的投入上，也体现在创新比例以及专利数量上。但是按照各行业在岗工作人员的比例来看，从事研发的人员占比仍然非常低。我们对研发的总体投入不输给世界上很多国家，投入最多的是美国，但是我们的产出和投入的比例不平衡。这两年，我们对知识产权的保护有了很大的进步，但是还是有一个很大的空间需要我们进一步改进。资本市场对创新来说非常重要，无论是资金的筹集，还是市场的退出和兼并、收购等，但目前中国资本市场的功能还不够完善。我们股票市场里退市的比例不如英国和美国，也不如跟我们文化概念相似的日本和韩国。我们的破产程序和清盘程序还比较落后，还需要进一步完善。

其二，在很多领域里，我们已经在全世界领先。比如在移动支付领域，我们远远地把美国甩在了后面，2011年我们移动支付的金额就达到了150亿美元，而美国只有83亿美元，到2020年我们可能有47万亿美元的移动支付总量，而美国只有2000多亿美元。比如在五大品牌手机中，我们占据了3席（华为、小米、OPPO）；现在有一个流行的词叫"FAANG"，就是Facebook（脸书）、Apple（苹果）、Amazon（亚马孙）、Netflix（奈飞）、Google（谷歌），如果把他们的市值加在一起，作为一个独立经济体来看，它已经超过了排在第五位的英国。在中国也是一样的情况，谁都没有想到BATJ（Baidu、Alibaba、Tencent、JD，百度、阿里巴巴、腾讯、京东），有一天它们的市值总和竟然会比我们的五大银行——工农中建交，加在一起还要多。

其三，人工智能、大数据、区块链这些新技术的出现及运用，促使金融科技迅速发展，而较早抓住这一机遇的金融机构获得了更快的发展，也让更多的投资者用脚投票。数字的经济时代和信息时代已经到来，我们能做的就是抓住机遇。

2017年已经过去，2018年也已悄然到来。在新的一年里，我们面临的

金融形势将会如何？

其一，2017年我国在境外发行的美元债券创历史新高，几乎是2016年的1倍。这么多离岸债券，买家都是谁？美国所购买数量不超过总量的9%，欧盟加在一起，包括英国，也没有超过9%，亚洲高达80%。分行业来看的话，基金占比42%，银行32%，加在一起差不多达到了2/3。通过这些数据，我们可以看到，中国在境外发行的美元债券的主要买家是中国人自己。日本也是一个高负债的地方，日本人也都买自己的债券，但它是日元债，而我们的是美元债。

其二，目前国内债券开始出现违约情况，所有评级公司都有一个教训要吸取，那就是所有违约的债券在评级上都是两个A，评级只有一个A的几乎没有，为什么评级这么好，却都出现违约的情况？这是给我们的一个很好的警示。我们的银行业正在面临着净利润从接近3%急速下降到2%的局面，今后要过什么样的日子，有没有准备好我不太清楚。

其三，在人民银行和监管者的共同努力下，主要上市银行都从资产和负债两个方面收缩影子银行业务，但进展有点缓慢。时间不等人，几个月内，三个月期美元LIBOR（London InterBank Offered Rate，伦敦同业拆借利率）已经上升接近1倍。我们回看30年，每一次美元加息都会带来一个大缺口，而这个缺口又会引发危机的产生。比如第一个大缺口造成了墨西哥的财政危机，两年以后亚洲金融危机爆发；第二个大缺口的导火索是格林斯潘的17次25个点的升息，现在第三个大缺口来了，到目前已经有5次加息，每次加息25个点，如果2018年再来3~4次加息，2019年仍然继续的话，我们会面临一个什么样的状况？历史不会简单地重复，但是历史经常会回音余荡。两年期美国国债的收益率，在短短6个月当中上涨了一倍，正在向2.4逼近。这是一个什么样的信号，大家可以判断。

有鉴于此，希望大家认真思考可能的三个风险：第一，货币政策的转向会给我们带来什么风险和问题；第二，全球性的竞争性减税对中国会带来什么样的问题；第三，全球的民粹主义和狭隘的民主主义的崛起，对我们主张的全球化有什么样的影响。国内的三大风险也值得我们关注：第一，习主席所讲的"不充分和不平衡"的发展模式；第二，市场配置资源中出现的重大包袱；第三，新旧动能转换时间和我们实际情况之间的协调

情况。

　　未来，在改革开放40周年的基础上，希望我们能进一步深化改革，扩大开放，迎来我们新时代的新景象。习近平主席讲到，我国经济发展的基本特征就是由高速发展转向高质发展，质量第一，质量强国。那么

> **"**如何实现质量中国？我认为，第一，必须是标准中国，标准必须更改、更新、统一，不能再碎片化了；第二，必须是法治中国；第三，必须是文化中国，我们都是企业家，创新来自于刻苦的研发精神，研发精神来自于专注，而专注来自于大爱，工匠精神就是大爱的精神。**"**

　　最后送给大家三句话。第一，谋求自己过得好，必须让别人也过得好。第二，企业家的想象力和学习知识的能力同样重要，想象力可能更重要。知识是有限的，想象力可以环绕整个世界。第三，能把欣赏一种思想和接受这种思想分开，是一个人受过良好教育的标志。

答案变了

互联网正改变着个体与组织的关系，传统的"雇佣与被雇佣"正逐步被"联盟"所取代。组织的内、外部边界正逐渐被打破，组织更需要外部导向，个体和组织之间更像是孪生的关系，激活个体的创造力和能动性比以往任何时间都更为重要。移动互联网时代的组织管理正发生着深刻的变化，我们需要激活它。

在2018年亚布力年会上，北京大学国家发展研究院BiMBA商学院院长陈春花就新时代下的个体与组织的关系问题发表演讲，并与正略集团董事长赵民，创合汇创始人、上海交大SIPA经管中心主任邵钧进行了深入探讨，高风咨询公司董事长谢祖墀主持了这场论坛。

谢祖墀：今天这场论坛的议题是"管理与实践——激活个体与组织"。我们非常荣幸请到了这一领域的专家、学者，北京大学国家发展研究院BiMBA商学院院长陈春花教授，与我们分享她关于这方面的观点与想法。

陈春花："激活个体与组织"是我近六年来较为关注的一个话题，因为在过去的六年中大部分企业都面临着一个巨大挑战，就是外部环境和技术的挑战。我们都像孩子一样，知道前程很光明、未来空间很大，但其实充满了疑惑，这就使我做组织研究时更侧重这方面。

六年前我们说得最多的一个词就是"变"。当时我告诉大家，如果我们能够与变化共舞，我们就会有机会。可到了三年前，我们开始不能只讲"变"，我们还会讲另外一个词——"不确定性"。"不确定性"与

"变"的差异到底在哪里？就体现在三个方面：更加复杂、更加多维、更加不可预测。所以在很多情况下，我们就不能用"变"来表达，而要用"不确定性"。比如美国总统选举、英国脱欧、各种产业被调整，这时我们好像连预测都无法去做，只看到"黑天鹅"满天飞。那么，假如我们理解了"不确定性"是不是就足够了呢？还是不行。从2017年开始，我们讲的最多的一个词是"数字化生存"。我们在观察这个时代时，理解"不确定性"似乎已经不够了，而要去理解"数字化生存"。

"数字化生存"最大的可能性是什么？它到底调整了什么？主要有两个。

一是技术。今天各种技术层出不穷，我们还在谈互联网的时候，人们已经在开始谈论物联网；等我们开始谈物联网，人们又开始谈AI；等我们谈AI时又落伍了，人们已经开始谈生命技术了。

二是速度。技术不仅更新速度快，普及速度也非常快。所有的新技术，在我们谈论它的时候，它其实已经不知不觉改变了我们的生活，在日常生活中呈现出来。

这样的变化导致了今天我们在做任何商业活动时，都要加入"时间轴"。为什么？因为当前有三样东西正以不可思议的速度在缩短。

第一，企业寿命。我自己过去10年专注于做中国管理杰出奖的评选，2016年以前我在评中国管理杰出模式时，发现入选的八个企业基本上都超过了15年、20年的生命周期。2017年我遇到了一个巨大的变化，入选的八个企业中有五个创业时间没有超过5年，但它们成了最好的企业。我们今天看到的企业寿命其实与我们想象的不太一样。以前，一个企业品牌的建立需要50年、100年，但今天一个品牌在全世界闻名只需要两年，甚至一年，比如共享单车、滴滴。

第二，产品的生命周期。最典型的是手机，它的生命周期非常短。

第三，争夺用户的时间窗口。我们今天讲得最多的一个词叫作"碎片化"。我自己是知识工作者，我们当前最大的挑战就是怎样与碎片化做组合。

这些都在以前所未有的速度缩短。因此我们要清楚，

> **"** 今天任何行业和产业之间都出现了"断点"。在整个工业化时代和数字化时代、现在和未来之间存在一个巨大的鸿沟，任何产业都是一个非连续的概念，正因为如此，今天大部分的商业底层逻辑都是变化的。**"**

以前的底层逻辑源于工业逻辑，我们甚至会认为增长一定是线性、可预测的。但是事实上在今天我们没有办法预测。如果你的绩效无法被预测，这是一件挺可怕的事情，更多的危机、更多的不可能、更多的东西你可能都不知道。在这种情况下，我们会发现技术使得跨界和增长发生了改变，这种改变正如比尔·盖茨所说，"我们总是高估在一年或者两年中能够做到的，而低估5年或10年中能够做到的。这是因为技术的力量也正呈指数级增长，而不是线性增长。所以它始于极微小的增长，随后又以不可思议的速度爆炸式地增长。"

我们一定要特别注意和小心爆发式增长，因为在技术力量下所看到的变化其实超乎我们的想象。

底层逻辑的改变使得价值创造和价值获取的方式发生了变化。

比如零售。以前零售关心三个最重要的核心价值：货、场、人。开店一定要选在人流中，一定要有琳琅满目的货，一定要把现场管好。但是

"断点"出现后，新零售关心的并不是这三样东西，那是什么？

第一，物流。新零售围绕的不是人，而围绕物流的概念去做。第二，体验。它不关心场，而关心体验，所以很多新零售都有餐饮，原因就在于有更多的体验。第三，方便。新零售不关心货，关心的是怎么提供方便。货没有边界，如果能够把所有货无边界地提供给客户，向他们提供这种"方便"时，其实就改变了零售最核心的三个要素。

当改变了人、货、场这三个要素的时候，你会发现数字化无比美好，零售这个行业被"断点"打开、重新定义后，焕发出的爆发式增长超乎我们想象。新零售带来的新价值，使这个历史最悠久的行业发生了全新的革命，在技术的帮助下焕发青春。这就是我所说的，价值创造和价值获取的方式完全改变了。如果用传统零售的目光去看，你就没有机会。今天无论是阿里、腾讯，还是京东，他们以全新的方式进入，整个零售市场被全部调整了。

所以大家需要理解，你所在的领域和行业重新定义的是什么？这个重新定义会使得最重要的四个要素——产品、市场、客户和行业全部改变。产品方面，我们以前关注交易价值，所以非常在意价格，但是今天最关注的是使用价值。市场方面，以前我们最关注的是大众市场，今天是人人市场，每个人都是市场。客户方面，我们以前关注客户的个体价值，今天关注他的群体价值。行业方面，以前行业是有边界约束的，今天是跨界协同的。这就使得你对所有行业的认知需要做很多调整，否则就跟不上。如果我们还在用原来的逻辑，就会被淘汰。

在今天的管理中，我们遇到的最大挑战就是你原有的核心竞争力对你而言是个陷阱。我在新希望集团有过三年任期，带这个企业转型，当时我跟他们讲得最多的一句话是，我从不担心你们有农业经验，因为你们在农业领域深耕了30年，我最担心的就是你不知道明天农业是什么样，如果不知道就会被淘汰。

在这样的变化中，虽然商业本质没有变，但交互方式和获取价值的方式变了，这源于技术的帮助。技术使人的生活变得更加容易、更加美好。如果还守着原有的经验和核心竞争力，这的确会成为你的陷阱。这就使我们必须在管理上进行重构，重构源于两个要素的彻底改变。

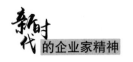

第一，领导者的思维模式。作为一个领导者，愿不愿意去挑战，这非常关键。第二，知识将驱动组织持续成长。整个组织是不是能够真正地用学习、知识驱动，而不是靠原有资源去做驱动？

这两个要素的根本改变导致组织在变。比如评价系统，以前在做组织评价时都是评价投入，有没有缺勤、投放了多长时间、是不是忠诚于这家公司等。但新的组织变化，不用管投入，而是管产出。评价产出，只需看结果，结果就决定了它是不是真的投入了。这是一个很大的调整。

再如，很多时候新的组织形式会混乱，这是我们一定要接受的，新组织一定是混乱、有压力的。原来的组织虽然不乱，但它最大的风险是僵化、互相依赖，最后导致无法变革和革新。所以，我们常常会看到，那些新兴企业很乱，但充满活力。我有时候去企业办公室走一圈，感受氛围，基本就可以下结论。新型企业员工走路都是用跑的，讲话大声，经常拍桌子，没什么规矩，但我认为这是一个较好的组织。如果组织中很规矩，恭恭敬敬，声音很小，不敢说错话，老板说一绝不说二，这基本上是一个传统组织。从传统组织到新型组织，这才是真正的变化，要实现这种变化，组织中管理的最大挑战就不仅仅是绩效和目标的实现，更要驾驭不确定性。如果组织不能驾驭不确定性，仅仅完成了绩效指标，那还是会被淘汰。在今天大部分情况下，组织在绩效良好的时候被淘汰，就是因为面对未来和不确定性的能力不够。

> **"** 如果我们要驾驭不确定性，核心就是员工是否有持续的创造力。**"**

其实老板的创造力我是不担心的，因为你们能成为老板，就是因为你们能不断地冒险、创新。中国改革开放40年的发展有各种各样的原因，其中一个很重要的原因是出现了一个新群体，叫"企业家群体"。有了企业家群体之后，我们才能把改革开放推到现在的程度，核心就是企业家精神。

所以，对于企业创始人、企业家、老板，我从来不担心他们的创造力，但我最担心的是老板们不在意自己组织成员的创造力。怎样保证组织成员有创造力？很重要的是能不能让组织变得有柔性。根据2017年的数据，60%的应届大学毕业生想去创业，20%的人喜欢去新兴企业，想进成功大企业的人只有18%。这个数据其实很能说明问题。为什么年轻人不愿去大企业？就是因为大企业组织刚性太强，去了一定要从底层做起，被固定在一个角色中慢慢爬起来。但失去年轻人，企业就失去了未来。单从这一点而言，要想保持持续的创造力，就一定要保证年轻人和员工能够真正在企业中获得发展。

企业竞争的下一个最大议题是什么？我认为是人力资源与企业战略之间的协同效率，也就是想做的事情是不是有人去做，创新是不是有人能帮你实现，想实现梦想是不是有人愿意追随并把它变成商业模式。比如阿里要做新零售，不到两年就做出了盒马鲜生。我们要做的一件非常重要的事情，就是在员工和组织间创造一个共享平台。

怎样才能真正建立一个共享平台？第一，统一三个价值定位，即员工到企业要干什么，工作产出结果是什么，企业获得的价值是什么。我们遇到的最大挑战就是员工需的和企业需要的东西不一致，这时你就无法建立真正的共享平台。

第二，契约。传统上，企业与员工之间是经济契约关系，但其实应该还有两个契约关系——心理契约和社会契约。只有将这三个契约合起来，才会形成真正的共赢模式。

在这方面，华为做得非常好，它有两句话——以奋斗者为中心，以顾客为中心。这其实就是华为整个契约的原本。华为当下的竞争力和在全球的影响我们有目共睹，领先其他同行。它为什么能做到？就是因为它将契约关系设计出来了。

整个组织管理中最大的变化就是从管控转向赋能，一定要给大家赋予能量、能力、平台、机会，让更多人有持续的创造力。

当能够实现赋能时，是因为有三个东西发生了根本改变。

第一，效率来自于协同而非分工。部门之间的墙要打掉，企业与企业之间的边界要打破，这来源于协同。

第二，激励价值创造而非考核绩效。如果仅仅只做考核不会有未来，也无法预测"不确定性"，但激励价值创造可以做到。

第三，新文化。在中国文化中是不允许犯错的，但如果想拥有一个具有创造力的组织，就必须鼓励大家试错，而且必须包容错误。新兴的互联

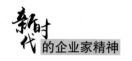

网企业都是试错迭代。我特别喜欢任正非说的一句话，他说，在华为，把创新做出来的人叫天才，这样的人很少；努力做创新但没做出来的叫人才，这是我们公司需要的。拥有这样的对人、对创新的认识，这个企业一定具有非常强的创造力。

这三个根本性的改变使我们必须做两件事。

第一，把个体激活。2015年我写过一本书——《激活个体》，在书中我告诉大家，组织与个体之间要形成一个共同的价值观，而不能只讲组织的价值观。组织要有新的属性，必须有平台性、开放性、协同性和幸福感，不能只讲服从、等级，也不能只谈绩效。更重要的是，要有新的能力，这种能力要求有三个最重要的改变：一是领导者要成为变革的管理者；二是激活的文化；三是选对的人，而不是选能人。

第二，把组织激活。2017年我写了《激活组织》这本书，书中我告诉大家，一个好的组织有七项工作要做——打破内部平衡、基于契约的信任、设立新激励、授权各级员工、创造可见绩效、合作主体共生系统、领导者的新角色，这七项工作做出来时，这个组织就被激活了。

在这里我重点讲讲领导者的新角色。如果想激活一个组织，就必须改变领导者的角色。首先，必须是一个布道者。你要给予员工明确的价值观、明确的选择、明确的未来指引。当前时代信息多元，你必须成为一个布道者，把价值观讲清楚，让员工清楚地知道什么是对、什么是错。其次，你要会嵌入梦想。要在产品和组织中嵌入梦想。如果不能把梦想嵌入产品，你无法跟年轻人在一起。如果组织设计中没有梦想，无法提供共同成长的事业平台，你也找不到优秀的人。最后，你要学会当伙伴。要尊重专业性比你强的人，要学会做被管理者。以上就是我们对于领导者角色的要求，如果这三点无法做到，在今天想做一个激活的组织将非常困难。

如果你们想这样做，那就要做两件事。一是你得有目的的放弃，放弃过去的经验、核心竞争力，放弃一些习惯，甚至放弃你在公司中不可撼动的领导者地位。二是你得持续理解外部环境。外部环境会不断变化，不要用经验去判断，而要融入环境，也许美好会超出你的预期。

这里，我举两个更有说服力的例子。

彼得·德鲁克一句话对我影响非常大："无论在西方还是东方，知识

一直被视为'道'（being）的存在，但几乎一夜之间，它就变为'器'（doing）的存在，从而成为一种资源，一种实用利器。"过去我们认为很多东西，比如知识，可能离我们很远，或者很多人认为那是一个独特的东西，但是今天我们会发现并不是这样，我们普遍都必须拥有它，且必须有能力驾驭它。

阿尔伯特·爱因斯坦1951年时还在普林斯顿大学教书。一天，他刚结束一场物理专业高级班的考试。在回办公室的路上，他的助理拿着学生的试卷跟随其后，小心地问："博士，您怎么能给同一个班连续两年出一样的考题呢？"爱因斯坦的回答十分经典，他说："答案变了。"

> **"**我们今天就是这样，所有的市场、行业、顾客可能还是原来那个，但是答案变了。**"**

因此，我们现在要解决两个问题。第一，个体。现在的确是一个英雄辈出的年代，很多年轻人非常强大。第二，一定要集合智慧，我们要让更多人在一个更强的组织中发挥作用，才可以应对不确定性和拥有美好的未来。

谢祖墀：陈教授的分享非常精彩，谢谢。

赵总从事管理咨询行业已20年，也是这方面的专家。请发表一下你的观点。

赵民：陈教授的演讲中提到一些著名管理大师，如德鲁克等。中国在过去40年主要完成了工业革命，这些生活在工业化时代的管理学大师对改革开放这40年来的贡献巨大。但中国现在正迈向以互联网、人工智能、生物技术等为代表的互联时代，这个新时代完全可能伴随着中国经济的崛起，诞生中国式的管理大师。

我认为，今后中国会有一批优秀的企业家，同样中国也会诞生一批优秀的管理学大师，在信息时代和新一轮技术革命的时代，像美国的德鲁克等人一样，对整个世界的管理产生巨大影响。

谢祖墀：接下来请邵钧主任发表你的看法。

邵钧：听了陈老师的演讲，我确实感受到当前时代是推动一系列组织变革的重要原动力。但所有的组织变革是为了什么？不是为了变革而变革，而是为了更好地适应我们的战略，使战略目标得以落实。那么，什么

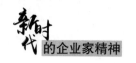

是当今时代最好的战略？对此，我很欣赏张瑞敏先生的观点，当今时代最好的战略是创造企业的第二条曲线。非连续性也好，复杂性、不确定性也好，都需要企业不断创造自己的第二条曲线，不断重生。这种战略需要新组织形式的支持和配合，互联网就为这种新组织形式提供了基础。互联网在横向维度上将企业切割成了一层一层的平台，在纵向维度上把组织分成了一个个社群。首先，当前时代最明显的变化就是原来的规模经济、范围经济变得平台化、生态化；其次是社群，海尔曾经也提出把电器变成网器，把网器变为网站，把网站变为社群。但目前并不是所有企业都适合一步到位走向平台化，还要看企业的资源基础、理念文化及其他现实因素。

最后我想请教陈老师，传统组织具有结构稳态、管控稳定的优势，但新时代的组织富于创造力和活力，随着新技术的演变，是否有可能使组织实现传统组织优势与新组织先进性的耦合，使未来具有活力的组织高效而不陷入混乱？

陈春花：谢谢两位。有两点需要我们特别注意。

一是个体。现在的个体与以往不同，自我认知强，不会简单局限在某个架构和角色下，他明确知道自己要什么。我们将要面对的年轻人和个体有三个明显的特点：个性化、追求自由、有责任感。这三个特点组合在一起，既有创造力又能完成绩效，所以把年轻人用好，机会会更大。

二是技术。技术可以提供更多帮助，但在管理中始终要解决四对重要关系——个人与组织的关系、组织与环境的关系、组织与变化的关系、个人与目标的关系，这是组织管理的四大命题。要解决这四大命题，就要不断寻找适合的组织形式。所以，未来的组织形式一定是多元的，有些企业2B（To Business，对企业）端强一点，其组织形式可以稍微刚性，而2C（To Customer，对用户）端的企业必须柔性，因为用户端的人变化非常快。所以，不会有固定形式让我们去学习，只能不断调整从而找到最合适的方式，前提是要关注人，只要回归到人身上，事情就可以解决。

谢祖墀：我也有一个问题。一个组织在新时代中其边界是什么？

陈春花：以前的组织边界较为清晰，如我们所处的行业是什么、擅长的核心能力是什么、拥有什么样的员工、有多大规模、产出价值是什么。但现在我们面临的一个挑战就是，组织边界被打破。很多行业被重新定

义，生产者与消费者、企业与企业之间的边界都被打破。那么，现在的组织边界到底在哪里？

简单而言，

> **"顾客在哪里，边界就在哪里。"**

我去新希望的时候，新希望的主要业务是生产饲料，但我们突然发现这个行业不仅需要饲料做得好，更要提供安全可靠的食品，这时我们的顾客从养殖户转向了城市中买肉的消费者，企业的边界就随之改变。我们打开边界与食品生产者合作，这样就拥有了生产食品的能力，企业边界也随之延伸至终端买肉的消费者，如此反过来我们可以给养殖户提供更多帮助。所以我们要跨界，与他人合作，这样边界就会被打开。

谢祖墀：新的组织形式必然会一定程度的混乱，但又不能过度混乱，作为一个领导者，如何判断混乱的程度，从而达到平衡？

陈春花：的确如此，这也是2017年我写《激活组织》的原因。《激活个体》从员工出发，让员工发挥自身的能力和作用，但员工过度的发挥确实会带来混乱。所以这种情况下，对管理者要求更高，需管理者有能力做三件事。

第一，平衡当期业绩和长期之间的关系。不输掉当期，才能接受这种创新和混乱。输掉当期，所有的混乱和创新就无法带来未来。我们要做出当期，同时应对更大的挑战。

第二，学会在管理和执行中做试点、划小单元。很多时候混乱是源于我们把它全部打乱，中国是一个大商业实验室，我们在内部要做实验，一定要划小单元来实验，在实验中保证成功。

第三，任何员工的绩效都可以被设计出来。管理中混乱是因为没有明确到底要做什么，如果清楚要做的事情，就不会乱。这就要求管理者对绩效很明确，员工"乱"很正常，但自己要有定力。

谢祖墀：因此混乱不是绝对的混乱，混乱中必须有序，达到动态平衡。赵总你在与客户接触时，是如何帮他们解决这类问题的？

赵民：为什么《激活个体》这本书具有很好的社会价值，因为中国当前绝大部分公司从未想过激活个体。内部有明确创业政策和创业战略的公

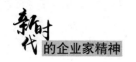

司很少，而如果公司最高管理层或董事会没有明确的战略和政策，内部的创业机制和真正的颠覆性变革机制是不可能存在的。

人类在社会演变过程中，从来都有组织。中国目前的主要问题和挑战就是激活个体的缺乏，当中国企业家们想激活个体时，中国的新兴产业和创业创新就会进入一个新阶段。

谢祖墀：谢谢赵总。邵钧主任与很多小微企业合作过，你如何看待陈教授的观点？

邵钧：陈教授有一点讲得很好，客户在哪里，边界就在哪里。同时我也想提两个观点。

第一，关于组织边界问题。我认为组织边界的延伸取决于是否能够打造出一种降低交易成本的机制。科斯定理表明，组织边界取决于交易成本。现在如果能够打造一种机制降低交易成本，比如内部市场化，那么组织边界就可以延伸。否则，扩充边界过程中交易成本逐渐增加，最后我们将无法驾驭这种状态。

第二，关于组织混乱的问题。我们首先要区分混乱、混沌、灰度之间的区别，如果纯粹是一种无法管控、各方面目标都不统一的混乱，我们谁都不希望看到。但如果是在大方向明确基础上的一种混沌、灰度状态，这是可以容忍的。

区分这三个词后，有一点很重要，就是共识度。对目标的共识度，对核心价值观的共识度，甚至对评价考核体系的共识度，这些共识度最终决定了组织是混乱还是充满活力。

谢祖墀：现在"行业跨界"的现象越来越多，这种跨界的规律是什么？怎么来判断公司是否能从某一行业跳到另一个行业？其核心竞争力是什么？

陈春花：第一，今天我们看事情的维度增加了。例如餐饮行业，今天我们看待餐饮行业需要增加两个维度。一是空间，以前只需把菜做好，但现在得加空间概念。二是时间。很多餐厅会在桌子上放沙漏，告知上菜时间。这就使得我们如果要跨界，必须找一个懂时间、空间的人一起合作，而不是指将原本的行业抛弃。

有一次我参加论坛，现场一位嘉宾问我说，我在纺织行业做了20多年，现在活不下去了，你告诉我应该全面拥抱互联网，我应该去哪个行

业？我说，你现在拥抱别的行业估计也活不下去。互联网只是一种技术和思维方式，是对原有行业的重新定义，并不是指扔掉原有的行业。举这个例子是想说明，跨界在更大程度上是增加新能力，没有新能力的增加是跨不过去的。

第二，今天新的核心竞争力来源于什么？学习、与顾客在一起、寻找合作伙伴。曾经有一家企业用资本进入了另一个行业，对方希望我为他推荐一位总裁，要求在他所进入的行业做过20多年。我说：恐怕不能这样，因为你进入后要用新方法来做这一行业，所以你要选的不是拥有资深行业经验的人，而是过去成功过并有极强学习能力的人。他按照这一方式选人，果然使企业两年内成为行业第一。

第三，要有产业或行业的生态合作伙伴。现在各个行业的边界都在打开，我们并不知道它可以延到何处，最好的办法就是与它组合在一个结构里。我很喜欢哈佛商学院的一份讲重新定义行业边界的PPT。讲的是拖拉机制造，起初将拖拉机生产出来就能销售出去，不久人们发现要加上"移动"，变成"移动拖拉机"。后来发现还要加"智能"，这样才能实时获知天气、土地情况，因此变成"智能拖拉机"。再后来，还需要将种子公

131

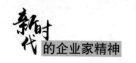

司、种植公司、收割公司组合在一起，将拖拉机放在一个结构里才能卖出去，这叫"综合解决方案"。

所谓生态，不是指自己建一个生态，而是指必须在一个生态逻辑里，这样才有机会获得新机遇。

【互动环节】

问题：我在信托行业工作。对于一个传统的金融企业，要实现您刚才所说的激活组织、激活个体，可能会面临几方面的挑战。第一，路径依赖。团队会老化，正如俞敏洪老师所说，年龄每增加10岁，理解新事物的能力会下降1倍。第二，现有的激励机制还是以短期利益为主，这个模式走下去会越来越难。第三，如何释放自我，让每个人都能坦诚面对自己。

我们是一家市场化的公司，有一定的高绩效，在短期内挣钱。但您刚才谈要能容错，进行内部试点创新，可能短期内不挣钱，而我们作为一家现金流单位又有相应的绩效。请问这应如何实施？

陈春花：传统企业或成熟企业需要了解其存量，要解决其激活问题，要做三件事。第一，调整成本结构，让当期盈利明确表现出来。所有转型和调整，只要有盈利和增长支撑就不会出现难题。所以，要调整成本结构，通过原有经营业绩支撑转型。第二，在原有存量部分划小单元。第三，把整个组织打开。

具体实施有三步：首先，将存量和增量分开，两组人做两件事，而不能同一组人做两件事情。我们大部分人做不了增量就是因为用同一组人做两件事情，做新东西的人就会因为没有业绩而被淘汰。

其次，一定要董事会达成共识和接受，既然决定要做，就要拿出耐心、资源、力量去做。

最后，设计分配制度。如何设计激励制度？对存量和增量的激励设计完全不同。在新希望时，我要在三年内实现转型，于是设计所有做新事业单元的人第一年只有达成的战略和预算，没有考核。一年后即使做不成，存量业务的所有平台仍对他们开放，且被提拔，因为他们是主动尝试的人。当时我设计了四组，到年底四组人都成功了，因为他们没有后顾之忧。因此，对存量和增量的激励要分别设计。

直面"不均衡"与"不充分"

怎么才能抓住国家治理的"牛鼻子"？如何在制定规划时提纲挈领？答案取决于如何认知"主要矛盾"。主要矛盾决定大政方针，决定如何最优化配置稀缺资源。主要矛盾的变化，决定了新时代的特征，决定了新征程的路径。十一届六中全会36年后，十九大报告指出，我国社会主要矛盾已发生变化。如何理解"不均衡"和"不充分"？中国企业如何参与改进"不均衡"和"不充分"？

在2018年亚布力年会上，哈佛大学费正清中国研究中心主任宋怡明（Michael A. Szonyi），全球咨询主席彼得·曼德尔森（Peter Mandelson），中诚信集团创始人、董事长毛振华，中银国际研究公司董事长曹远征，银河证券前首席经济学家左小蕾就上述问题进行了深入探讨，《第一财经日报》副总编辑杨燕青主持了该场论坛。

杨燕青：今天我们主要讨论十九大之后的宏观经济，中国所面临的新的国际变化背景，以及当前中国所面临的挑战及应对方法。

十九大在很多方面给中国的未来框定了一个非常重要的全面愿景，尤其是从改革开放40周年的大背景来看更凸显了它的重要性。十九大中特别提到，我们的主要矛盾发生了改变，这也是今天我们要讨论的主题之一；提出中国的经济增长从过去的高速增长转变为高质发展；同时给中国未来的发展框定了三个阶段：在2020年我们要实现小康，到2035年基本上实现社会主义现代化强国的目标，到2050年最终实现这个目标。在改革开放40周年的大背景下，十九大给中国未来的几十年做出了非常好的愿景规划，

也包括了一个大的具体策略推进。

今天我们主要讨论的就是这个话题，但不局限于我刚才提到的方方面面。首先请经济学家从中国的视角讲讲怎么理解十九大，以及十九大之后的中国经济。我们先从曹老师开始，您怎么看待十九大的一些重要提法？除了主要矛盾的转变之外，您认为还有哪些重要点？

曹远征： 非常有幸，我全程参与了改革开放的过程。我曾在国家体改委工作，做过三个第一：第一个工农兵，第一个硕士，第一个博士。回顾改革开放40年，经济上的短缺是当时的主要矛盾，还有人们对物质文化的追求和落后的生产力之间的矛盾。当时的政策是以经济建设为重心，举措就是改革开放。经过40年的发展，中国经济成为第二大经济体，仅从物质水平上来讲，甚至有过剩之嫌。随着生活水平的提高，人们对于生活的需要不再仅仅局限于物质，而是转变成了其他方面的需求。十九大说就是对美好生活的需要，而从"美好生活的需要"解释来看，除了物质文化以外还有民主法制、公平正义、安全环境等。从这个需要来说，说明供给是不充分、不平衡的，从不平衡这一点又看到了城乡发展的不平衡、区域发展的不平衡、工业和服务业发展的不平衡。不充分则是中国虽是制造业大

国，但产品的供给质量和供给品种还是不充分的，否则不会出现马桶生产过剩，人们到日本采购马桶盖的问题。这就构成了一个新的矛盾，而如何解决新的矛盾则是我们下一阶段最重要的任务。以上就是十九大提出的，人们对美好生活的需要和供给不充分、不平衡之间的矛盾。

十九大也提出，要解决这个矛盾是下一阶段最重要的任务，并规划了三个部分。要实现这一规划，首先是在未来这几年的历史交汇期内达到全民小康的同时，为下一步的现代化奠定基础，即从高速增长转向高质量的发展。这是一项艰难的工作，因此国家规划了三大战役：防范风险、精准扶贫及治理污染。同时要通过改革使经济体制现代化，建立一个实体经济、科技引领、现代资源和人力资源相协调的现代产业，这是未来三年最重要的任务，也是21世纪中叶以前的行动规划，因此具有指导性和框架性。

杨燕青：好的，非常感谢曹老师。接下来请毛老师从经济学家和企业家两个角度来为我们进行分析。

毛振华：

> ❝ 从企业角度的判断来看，我认为十九大所反映的另一种精神就是要重视企业家精神、创新精神。❞

从过去的历史来看这是非常特殊的事情，相较于那些宏大的规划目标显得不那么重要，但是这是企业家非常关注的。在这之前，党中央在2016年发布了一个文件，之后2017年又以中共中央和国务院的名义发布了一个有关企业家精神的文件，这两个文件精神的贯彻都体现在十九大的决议里。

党中央高度关注的问题，也反映了社会的另外一面：在过去的一段时期内，人们的思想模糊，在社会实践过程中出现了较多的问题。而十九大正是回答了这些问题，也为这些问题的解决提供了精准的基础性方案。这对企业的发展来说是非常有利的，现在的政商关系和反腐改革配套对企业家有了多层面的保护。所以从这个层面上讲，企业家们的胆子更足了。

杨燕青：刚才毛老师讲了重要的方面是营商环境，实际上世界银行对全球国家的营商环境有长年的跟踪和非常详细的评估。在这个评估之中，

中国的地位似乎上升得并不快。但今天毛老师讲了很重要的一件事，十九大之后营商环境是有可能改变的，同时我们也看到上海和很多其他省份也提出了营商环境的问题，这确实是十九大之后特别重要的一点。接下来请左老师谈谈。

左小蕾：今天的话题设置得非常好，中国社会主要矛盾的转换是一个非常重要的话题。因为首先我们今天谈的是经济形势，所以要通过矛盾范畴的界定来规划讨论范畴。十九大中提出的是社会矛盾的转化，也就是说，中国人民不断增长的需求与发展不均衡、不充分之间的矛盾，是社会的矛盾。我们今天讨论的是经济问题，那在经济范畴中这个矛盾体现在什么地方呢？

从我个人的理解来看，在经济领域当中，所谓发展的不均衡、不充分，就是严重的结构性失衡，就是我们原来提出的中国经济的突出矛盾是严重的结构性失衡问题。严重的结构性失衡就体现了这种不均衡、不充分的发展，不论是东西部的发展不均衡和城乡差异，还是我们的收入分配差异和区域性差异，从经济学的角度来看，这些差异都体现了我们不充分、不均衡的矛盾，这是我想陈述的第一个观点。

　　第二个观点，我们要正确地确立经济发展中的矛盾，这是非常重要的。近几年来，我们有过很多讨论，我们的经济存在很多的问题，包括高杠杆、过剩产能、金融风险、房地产泡沫等一些问题，造成这些问题的原因是什么呢？是过量的货币流动性，而过量的货币流动性则是因为过量的货币发行。从2008年经济危机到现在，近10年的宽松货币政策，中国从40万亿的货币供应量上涨至现在的160多万亿，货币供应量每年的增长率甚至达到了14％，超过经济增长率一倍以上。这样宽松的货币发行带来了这一系列问题，也包括我们的汇率贬值。那为什么这样大量的货币发行得不到遏制呢？我认为最重要的一点是对主要矛盾的判断有误。前几年在讨论货币宽松问题时的观点一直是认为总需求不足——消费需求不足、投资需求不足、进出口受到危机的影响，总需求不足则靠货币发行来解决，这是凯恩斯理论最基本的内容。所以说我们把危机时的货币宽松政策变成了常态化的宽松政策，带来了非常严重的问题——这是我们的判断有误。

　　那么，今天如果要扭转这种被动局面，我觉得对发展不充分、不均衡是我们社会的主要矛盾在经济上体现为严重的结构性失衡这一问题的准确判定是非常重要的。那么如果我们判定经济中严重的失衡是结构性的问题，那么所有的宏观调控和财政货币政策就会发生变化，之后的产业政策和发展思路都要发生变化。以前我们说发展是硬道理，现在我们还是认为发展是硬道理，不过发展的内涵随着矛盾的变化发生了根本变化。过去我们发展是硬道理的内涵就是高速增长，所以前30年的高速增长是没错的，因为中国那个时候有充分的条件要推动高速增长，是符合规律的。但过剩产能到了一定阶段的时候，增长如果还不从速度中解放出来，就会出现盲目投资和过度的货币发行状况，会出现一系列金融风险。当我们确定主要的矛盾以后，硬道理的内涵就不再是高速增长，所以会提出绿色、创新、协调、分享的理念。

　　杨燕青：我们都知道高速增长的衡量特别简单，看GDP的增长率就好了。那高质量发展我们用什么指标来衡量呢？

　　左小蕾：十九大经济工作会议已经提出来了，未来一段时间我们所有的政策都要围绕着高质量增长进行。高质量发展是第一次提出来的，目前

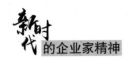

我们没有指标体系和统计体系，甚至也没有业绩考核体系。所以在未来一段时间内，在我们推动高质量增长的同时会制定标准。什么是高质量的增长？我相信无论是宏观结构还是增长结构都会发生根本的变化。举例来说，我们可能要从投资增长为主转变为消费增长为主，要在第二产业一直作为支柱产业的背景下发展成为第三产业突出的增长结构，当然最终主要落脚在企业身上。如果说企业没有高质量增长，经济就谈不上高质量增长。企业的高质量增长有很多的标准：是不是创新发展；有没有持续增长力的问题；是不是在做品牌；是不是注重竞争力；经营的行业是不是给投资者带来回报……这些都是标准，所以说企业要注重自身的发展。

曹远征：我认为高质量发展有两个指标：全要素生产指标，即TFP（Total Factor Productivity）；满足不均衡的矛盾。十九大有三大重点：第一，效力变革，动力变革，质量变革，提高增长率；第二，实体经济应形成由科技引领、金融创新和人力资源相协调的产业体系；第三，对体制提出要求、建立市场经济有效、微观有活力、宏观调控有度的现代市场经济体系。我们现在特别强调宏观调控有度，但这不是政府干预、政府刺激，不能依赖政府干预、政府刺激这种手段。

毛振华：我同意远征的解读，十九大提出框架，就是目标化。我认为还会有一套考核和指标体系出来，因为我们在过去的几十年里，不管是企业家还是政府，都是在这种考核机制下发展起来的。我期望未来能有一套科学的指标体系来进行引领，这一问题也是经济学界讨论的一个话题。

宋怡明（Michael A.Szonyi）：谢谢三位对十九大做这么清楚的总结。我很荣幸担任了哈佛大学费正清研究中心的主任，在场的各位都知道费正清研究中心，是哈佛大学乃至全美国很重要的研究中国的智库，积累了几十年甚至几百年对中国的研究。虽然我不是经济学家，但可以稍微介绍一下西方学者和研究者，尤其是美国学者对十九大的一些分析和理解。

刚才听三位的介绍，印象很深刻的一点是，美国学者对十九大的理解和中国的学者存在很大的分歧。最典型的分歧是什么？中国的很多分析家，包括学者和企业家，非常重视主要矛盾转变的话题，而美国研究十九大的学者重视主要矛盾转变的可能不到1%。

　　杨燕青：我感觉国外的学者会很难关注这个话题，关键是我们怎么去翻译"矛盾"，外国人很难完全理解。

　　宋怡明（Michael A.Szonyi）：中国的不平衡发展，不是2017年才发现的，温家宝早在十年前就提出过类似的概念。即使是在中国旅游的观光客，几天之后也会意识到中国的不平衡发展现象。关键问题不在于领导层和基层承认不承认这一现象，而是为了解决这一问题采取怎样的措施。对一般的美国学者来讲，中国未来主要的不均衡、不充分的矛盾，还是老一套的矛盾——计划经济和市场经济的矛盾，还是政府和市场的矛盾。

　　杨燕青：Peter，能不能介绍一下你对中国十九大报告的解读？谢谢。

　　彼得·曼德尔森（Peter Mandelson）：我不是经济学家，也不是历史学家，只想着重强调几点。

　　中国的企业家应该加入"走出去"行列，进行贸易投资、出口，对其他国家给予贷款，并成为其他国家永久性的外商直接投资者。但要成功做到这一点，中国和中国的企业家必须要弄明白：世界其他国家会如何看待中国，这种看法将带来哪些变化？西方的政策及政治局势在变化，这也会为他们对中国的看法带来影响。当前不平等的现象在加剧，无论欧洲，还是美国都是如此，这将给政治带来了深远影响，造成了人们的一些怨恨情

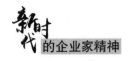

绪，也滋生了不稳定性和不可预测性，其规模已经达到了西方战后时的程度。这会影响到公众和政策决策者，以及政策决策者如何看待中国。

杨燕青：你是说民粹主义在抬头吗？

彼得·曼德尔森（Peter Mandelson）：是的，我来解释一下这到底意味着什么。很多西方国家的经济增长趋势在下降，相对来说，中国和东方在上升。此外还

> **" 有一个重要的现象，就是增长带来的利益越来越集中在那些已经最为富有的人群当中。"**

在美国和加拿大，收入底层的那一部分人口从20世纪80年代开始只获得了增长中2%的利益，而最为富有的1%的人口却获得了增长利益的2/3；在欧洲，最底层的一部分人口获得了14%的增长益处，而最顶层的2%的人获得了绝大部分的利益。而这种不平等并不只是西方独有的现象，在一些快速增长的新兴国家也出现了，在中国更是如此。

更重要的一点是，人们如何看待这种不平等？不平等对社会和政治的态势以及稳定性方面将带来什么影响？随着增长的收缩，人们的平均生活水平并不像以前那样获得了增长，这一后果可能带来更多的经济悲观主义和焦虑。81%的中国人认为他们的子女会在经济状况上比他们更好，美国只有37%的人这样认为，而在法国只有9%的人认为他们的子女会过得比他们更好。由此看来，东西方国家的差别非常之大。中国在经济上还是保持着这种乐观主义、幸福、积极的态度，这一点与美国、欧洲的对比十分强烈。

还有一些技术上的革命正在发生，随着人工智能和自动化的普及，对就业的焦虑愈发突出。在欧洲，有一半的人处于担忧状态，认为他们的工作非常脆弱，尤其是在这样的技术趋势和转型背景之下。那么在政治上的反映就是焦虑和悲观，外资企业对资产的收购是否会吞掉他们的午餐，加速他们的失业，使他们变得更为贫穷，抑或是影响他们未来的就业，这都是西方人在思考的问题。因此说整个西方有很明显的悲观主义思想，对经济转型的悲观思想则会带来政治影响。人们变得愤怒，想要拿回对生活的控制权，这种风气在欧洲已经开始生根。而一些精英人群也可能因为这样

的经济变革而丧失一些本应属于自己的权利。因而，在这之后是更加具有敌意的氛围——对外商的直接投资更加敌对，比如在法国、澳大利亚、美国等国家对外商投资的政策已经发生了改变，不仅仅影响了外商的投资规则，还影响了投资框架，他们希望通过这种变化来延缓不喜欢的外商投资或者鼓励本国企业家收购外商企业。因此我们也可以理解为什么中国会受到针对，这正是西方国家不愿看到中国崛起所进行的管控。虽然他们在经济、政治和生活方面宣称不干扰，但还是希望随着对中国经济的管控，能够提高在政治方面的影响力。

中国的企业家在这样的环境下可以做些什么呢？重点就是关于"一带一路"的倡议，这不仅仅涉及基础设施的投资，也是重塑中国外部环境、建立多维生态系统的重要一步。"一带一路"倡议的规模非常之大，几乎相当于创建了平行的全球秩序。在新的全球理念当中，中国位于核心位置，中国和中国领导人也决心推出长期计划来确保中国未来的安全。这也是令人羡慕甚至嫉妒的一点，在西方没有这样类似的长期愿景和计划，而它将在中国未来40年的改革开放当中出现，会对国际体制、现有的经济、政治秩序带来极为深远的影响。

十九大报告所做的事情，在我看来是非常明确的，在政治决策者和公众的眼中也是非常明确的。我一生当中从未见到过一个政治会议受到这么多的关注，受到西方人这么多的分析。西方对于中国国家领导人的理解也逐渐清晰。从很多角度来讲，邓小平都是一个非常伟大的领导人，他所做的工作为中国设定了一个道路或轨迹，并带来了巨大影响。但是邓小平并非在一个有着技术平台、大媒体和互联网的时代，当今我们可以通过互联

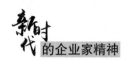

网和社交媒体便知道习近平主席讲了什么，但在邓小平的时代，西方人几乎无法了解中国政治领导人的个性。

杨燕青：你感觉反应是被夸大了吗？

彼得·曼德尔森（Peter Mandelson）：不是的，是合理的而不是夸大的。我个人认为习近平作为最伟大的中国领导人之一，他的行为和政策不仅仅影响到了中国，而且还影响到了世界其他的地方。

宋怡明（Michael A.Szonyi）：中国走出去也好，"一带一路"倡议也好，中国都不得不参与一些以往不太参与的事情，其实主要是分配问题。在全世界范围内的某些社会、某些国家，谁因为"一带一路"倡议得了好处，谁因为"一带一路"倡议受害了，在东南亚地区我们已经看得非常清楚了。中国崛起，当然对整个东南亚地区的经济有好处，但是不是所有东南亚的老百姓都得了好处呢？邓小平早就说过，要让一批人先富起来，这是中国人能接受的一个概念，因为他知道最后大家都会富起来。但是到了其他国家，你说让缅甸、泰国因为"一带一路"倡议先富起来，让其他国家耐心等待，这是难度比较高的。我觉得这就是发挥中国软实力最大的困难，不是全世界的所有人因为中国崛起都得到了好处。所以我对中国崛起可能没有Peter这么乐观。

彼得·曼德尔森（Peter Mandelson）：重要的一点是要理解环境，然后细致地去理解你所进入的每一个国家、每一个市场，了解那里发生的事情。因为"走出去"需要内化，只有内化才能适应、调整，调整自己的反应和做法，这是一个动态的过程。

杨燕青：那你觉得中国应该如何应对这样充满敌意的环境呢？

彼得·曼德尔森（Peter Mandelson）：简单来说是两点。

第一，要做得更好、做得更快，对中国过剩的产能要快一点去处理。虽然中国已经做了很多了，但是这种过剩的产能太大了，现在仍有很多。需要中国领导人做出一个非常困难的政治决定，因为一个人的过剩产能就可能是另外一个人的收入或者工作，不可能在一夜之间就进行改变而又不引起社会动荡。

第二，补贴，对中国经济的补贴。整个中国经济体制的基础，是中央计划体制，是基于对土地的补贴、对资金的补贴，这是另外一种资源分配

的方式。

杨燕青：我们进入最后的总结阶段，请各位老师最后回答一个问题。按照十九大报告，到2050年我们要实现现代化社会主义强国的目标，这个目标就是中国成为一个高收入的国家，同时中国的社会治理，包括民主、民生、环境等方方面面都达到一个比较高的阶段。中国要实现这个目标，你们觉得在未来这些年，中国最需要避免的事情应该是什么？

左小蕾：应该是按照经济规律办事，按照老百姓真正的需求去进行增长，不要犯错误，不要走上歧途。

杨燕青：哪种是不能容忍的错？

左小蕾：不按经济规律办事，是最不能容忍的错，不按老百姓的需求而是按某些利益的意愿是不行的。

曹远征：其实我想把这个问题反过来回答，中国最需要做什么。要坚持改革开放，根据中国过去40年改革开放的全部经验，最核心的一点就是调动人们的积极性，激励机制的设置是非常重要的。

毛振华：这个话题很宏大，是一个长远的问题，我现在关注的是很近的问题，我们需要把最近的问题解决掉。

> 经历了长时间的积累，一方面我们获得了很大的成就，另一方面也出现了一些问题，到了爆发点的边缘。这个问题便是化解金融风险，这是整个经济的重中之重。

中央也关注到了这个问题，所以一直在做金融风险的缓释工作。其实我们在2008年的时候就看到了金融风险，但是出于保增长的需要，累积了一些风险。所以说现在的攻坚战是把金融体系的风险除掉，从这一点出发，我

们应该建立一个现代的金融体系、市场体系和监管体系，这是迫在眉睫的问题。如果说这个坎迈不过去，我们积累的问题就很大了。曹老师说了要改革开放，改革开放才能解决问题，不改革开放是解决不了问题的。

彼得·曼德尔森（Peter Mandelson）：中国一定要避免掉入修昔底德陷阱，这也是可以做到的。同时还要避免贫穷陷阱和不平等陷阱，这在西方已经是完全不能接受的问题了。我们必须要找到一种方法使中国的经济和企业增长，让中国的企业家在国内和国外都能蓬勃发展。当然要基于一定的规则，如果企业按照中、西方都遵循的规则去操作，西方的抱怨便会减少，也不会对中国的崛起过度忧虑。

宋怡明（Michael A.Szonyi）：我也反过来回答你的问题，刚刚曹老师说最主要的是要继续改革开放，他可能主要说的是经济的改革，我要强调的是政治体制的改革。中国已经成了一个非常多元化的国家，接下来的30年，我认为最关键的问题是中国的政治体制能否处理好一个如此多元化的社会中的内在问题。

高科技转型之路

文 | 丁　健　金沙江创业投资董事总经理

从十八大、十九大到今天，中国都在不停地谈一件事情，就是转型，向科技转型、向创新转型、向创新型国家转型。而在转型的过程中，我们最需要领军型的企业、领军型的高科技人才。因此，今天我来谈谈中国高科技转型的机遇和挑战。

中国高科技转型有四大优势。第一，机遇。我们处于一个非常好的时代，"好"不仅指中国经济发展到了一个相当大的规模，成为全球第二大经济体，更重要的是：国家特别是政府，以习总书记为首的最高领导层对高科技领域前所未有地重视。大家都知道，现在高科技最前沿的焦点是人工智能。因此，我想引用一个数据：中国人工智能的资金投入总量已占到了全球的48％，领先美国，而且在部分重点领域甚至超过了美国在这些方面的投入。并且，中国人工智能的资金投入来源除了大量的民营企业外，国家政府的资金也起到了非常大的作用。前不久，中国建立了几个以BAT（Baidu、Alibaba、Tencent，百度、阿里巴巴、腾讯）为首，涵盖人工智能医疗、无人车、金融等领域的以国家为后盾、民营企业为先导的一种新体制的人工智能国家队。

第二，国家在政策上对新技术和新经济的高容忍度和高度支持，确实比许多国家都领先。这样说并非在唱高调，而是作为投资人的我们真正的切身体验。比如我们投资的滴滴、ofo小黄车，其实从刚开始到今天，仍然还有各种各样的问题，甚至有些问题还比较严重。但就像汤敏教授所说的，今天政府的眼光是向前看的，凡是新技术、新经济出现问题了，不是急于封杀它，而是让"子弹"先飞一会儿，给企业足够的时间去找到解决

问题的方法。正是这样的态度使得中国诞生了微信支付、互联网金融等。

第三，中国市场年轻活跃，敢于冒险，乐于接受新事物。如微信支付、电竞、映客等，都是新的模式、新的需求，而中国市场一直都给予了非常大的热情去拥抱这些新事物。共享单车也是这样，在中国共享单车已有它自己的特色，而在国外才刚刚开始。

第四，中国的数据丰富、集中，而且国家现在也在制定很多政策，积极、主动地将数据进行集中共享。如最近刚刚成立了一个包括BAT和各大银行在内的金融数据共享平台。金融数据共享平台建成后，接下来就是人才层次的丰富，虽然中国的高科技人才有着先天的数量优势，但这其实也是一个很大胆的尝试。

虽然有这么多机遇，但其实在高科技转型方面，我们面临的挑战也是前所未有的。

第一大问题，最近让许多海归和华裔科学家感到忧心忡忡的，就是国外特别是美国对中国的高科技发展表现出的担心。这种担心已经不是简简单单地体现在贸易逆差或者是战术层面，如我们的专利是不是侵犯到了他们的价值链或专利保护等，而已经进入了战略层面。

布鲁金斯是美国最大的智库。2017年11月份美国新上任的布鲁金斯总裁约翰·艾伦，是一位曾经的美国四星上将，同时也是伊拉克战争的总司令。他和一位人工智能计算机科学家合写了一篇文章，主标题是《人工智能是下一个太空竞赛》，副标题是《美国正在输掉这场竞赛》。文章重点提到了中国在人工智能领域的重视程度和领先程度，甚至用了一句话，说美国必须要用当年对待冷战的那种精神去对待人工智能这场竞赛。

美国把中国当成一个最大的竞争者。最近，两位研究人工智能的华人科学家在美国相继被判刑，罪名很简单，就是兼职。在美国政府看来，研究人员一般都会申请政府基金，而如果兼职，就相当于既拿着美国政府的基金，又拿着其他国家的学术基金，如中国，这就违反了美国法律。这两位华人科学家确实违反了美国法律，但美国高调地将这些案例公布出来，其目的就是想要遏阻尖端智能人才继续向中国流失和帮助中国发展人工智能。而未来，在这方面所遇到的封阻度和挑战会越来越大，因此我们需要更多中国自己的资本，来发展人工智能领域。

第二大问题，虽然我们在应用领域看到了很多人工智能做得较好的企业，但是在尖端，特别是科研尖端领域，与国外仍有非常大的差距。这一差距不仅体现在尖端人才上，也体现在科研进程上。虽然中国对人工智能的投资超过了美国，数额占到全球的48%，但同时我们也应看到该领域的投资存在着严重的盲目追热点和跟风的问题。就像著名的斯坦福大学教授李飞飞所说："我不认为人工智能有泡沫，但我认为它外面包了一层泡沫的壳。"这个"壳"其实就是那些盲目投资的估值。

> "中国的人工智能正处在一个可能被"割韭菜"的高风险处境。"

目前，中国人工智能重点投资领域是面部识别和芯片。而据媒体报道，麻省理工学院的研究人员开发出了一种可用于神经网络计算的高性能芯片，该芯片的处理速度可达其他处理器的7倍之多，而所需的功耗却比其他芯片少94%~95%，未来这种芯片将有可能被使用在运行神经网络的移动设备或是物联网设备上。该芯片会将结点的输入值转化为电压，然后在进行储存和进一步处理的时候，再将其转换为数字形式。这将会使这块芯片

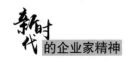

在一个步骤中同时对16个结点的点积进行计算，而且无须在内存和处理器之间移动数据。这就说明整个芯片结构发生了颠覆式变化。我们国家也有很多企业在做芯片研究，但如果还是在做一些简单的改良性、重复性的劳动，很可能会在一夜之间被灭掉。

近日媒体报道，微软的联合投资人保罗·艾伦个人拿出了1.25亿美元投入到他所管理的计算机实验室，只做一件事情，就是给计算机教授"常识"。现在人工智能面临一个巨大挑战，即虽然它们在一些特定问题的处理上超过了人，但在人类的一些基本常识方面，它们却是非常痴呆的，甚至连小狗等小动物都不如。因此，现在人工智能有一个非常重要的学派，专门研究如何把这些人类常识逐步转移到未来的人工智能上。现在至少有三四家企业在做，虽然会很艰难，可能要走5年、10年，甚至50年，但是这条路一旦走通，就会使人工智能产生新的变化。

我讲这则报道并不是想说这些技术有多强，而是想让大家注意到，是成功的民营企业家拿出自己兜里的钱来支持人工智能的科学研究、做长期投资。之所以是个人而非企业，是因为企业没有办法做这种投资，没有人知道这项研究会持续多久才能见效。目前其实很多企业家已经看到了这个问题的迫切性，并积极与国家政府联手支持最尖端的科研。

两年前，我们成立了未来论坛，论坛的绝大多数捐赠人都是亚布力论坛的理事，如李彦宏、张磊、沈南鹏和我等。我们现在最重要的工作是如何才能携起手来让民营企业的力量和资源合力支持下一代的一系列长期科研。像教授计算机"常识"等类型的项目，其实我们也一直在筹划，并联合几所大学策划建立了测试平台。而企业家也真正意识到了高科技转型所带来的机遇。

我在这里强烈呼吁：

> **" 下一代的竞争，要想真正强化竞争力，高端人才和尖端人才是最核心的。"**

而如何进一步改善民营企业和民营企业家的营商环境，提升企业家信心，真正把自己的资源长期投入到对中国、对世界具有战略意义的领域，是摆在我们国家面前的下一个最重要的任务。

148

打响"蓝天保卫战"

雾霾关乎每个人的呼吸和生存。除了警醒大众和观念启蒙，在探寻雾霾成因和解决之道上，凝聚起了巨大的社会力量。企业是污染的来源之一，同时，企业和企业家也是污染治理的重要力量。参与公益特别是在环保上的行动，是企业家精神生动而具体的体现。

在2018年亚布力年会上，武汉当代科技产业集团股份有限公司董事长艾路明，华远地产股份有限公司原董事长任志强，时任亚布力论坛轮值主席、德龙控股有限公司董事局主席丁立国，广东长青（集团）股份有限公司董事长何启强，阳光印网董事长、CEO张红梅对企业家和保卫蓝天的关系展开了深入讨论。正略集团董事长赵民担任本场论坛的主持人。

赵民： 这场论坛的主题是"蓝天保卫战"。我是正略集团创始人、董事长赵民，是本场会议的主持人。下面有请亚布力论坛轮值主席丁立国先生开场。

丁立国： "蓝天保卫战"这个词是总理2017年3月5日提出来的，可见中央政府对整个环境治理的期望和决心。作为德龙钢铁，我们首当其冲，尤其我们所在的省份、区域、地市，压力更大。从2012年十八大以来，全社会提倡"美丽中国"，提倡新的发展理念，提倡绿色经济，德龙压力颇大，因为我们要生存，这是最基础的。但发展到一定程度以后，我们认为除了社会责任和担当以外，我们也找到了很多降本增效的渠道。举个例子，比如水，"南水北调"从我们公司门口经过，但我不敢用它的水，因

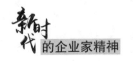

为太贵了。我们自己接管道，从山区的地表水库引水过来，处理到可以直接饮用的程度。我们的废水经过处理可以循环利用，也就可以不外排了。

面对整个行业的治理，我们走出了一条新的模式，我们在推动行业治理的环保模式，推动城市的"共生共融"模式。我曾经去往全国、全球的钢铁厂考察，包括宝钢和韩国的浦项等，取各家所长，包括脱硫、脱硝颗粒物的排放等，在各个环节上做了很多尝试，虽然成本很高，但走到今天我们终于走出来了。

"蓝天保卫战"，德龙有幸能参与其中，又经过几年的时间摸索出了一条道路。我认为，德龙的模式是可以复制的。

赵民：下面有请任志强。

任志强：我认为"蓝天保卫战"这个词，其实提晚了。阿拉善SEE协会2004年就成立了，也就是说企业家公益组织对环境保护的认识要远远早于国家的决策机构。

2004年的时候，发改委参加国际会议，还在国际上为争取发展中国家有更多的排放指标而努力。这样一对比就说明，从那时开始，企业家的认识已经是远远早于国家决策机构或者说管理结构。在他们认为我们仍处在

发展阶段，排放可能是必然的时候；认为经济的高速发展可能需要"先污染后治理"的时候，企业家们已经对环保有了充分的认识。应该说，企业家对环境保护的重视程度和认识程度要高于或者先于国家决策者，他们更多地还是考虑经济发展问题，但企业家们已经认识到了环境对社会生存和子孙万代的严重危害。

我们这些企业家在最初决定要进行荒漠化治理的时候，并没有想到荒漠化治理会和全国各种各样的环境保护联系在一起。但是企业家们有一个最大的特点就是善于学习，所以我们在全国各地进行各种各样的环境保护和治理活动。这个发展过程就说明企业家具有公益精神。我们不仅仅要生存在这个社会上，生活在这个地球上，更重要的是还要保护这个地球，让人类继续依赖于地球。因为企业家们知道，如果仅仅为了经济发展而不顾环境的保护，我们无法继续生存下去。

现在国家已经充分认识到环境保护的重要性，我们不仅仅要守护一片蓝天，还要维护整个环境，因为只有蓝天是不行的，保护水资源、土壤和动物等，都和自然循环紧密地连在一起。

> **"** 为什么企业家要承担起环境保护的责任？因为企业家是动用和占用社会公共资源最多的人。我们强调企业家的作用，就是因为在环境保护中，企业家是对自然掠夺和垄断权力最大的群体，**"**

因此要从企业家做起。实际上，把每个企业家的问题解决了，其他的问题也就随之解决了，企业家可以把巨大的能源消耗转换成环境保护，因此所有企业家都应该在环境保护中起带头作用。如果企业家不能对自己、对社会污染的严重危害性有充分认识，且不做自我努力，那么他们对社会的危害性要远远大于每一个普通群众。

赵民： 在中国企业家中，有像丁立国这样做制造业的会去减排，去保卫蓝天；还有像何启强这样的，直接做清洁能源，将农业的剩余物、废弃物转化成清洁能源。

何启强： 因为我自己就投身环保事业，所以我更知道环保有多麻烦。我做清洁能源不是为名或者为利，而是出于一种良知、一种责任，这一事

业要耗费大量的精力和时间。前两年我获得了一个较大的河北项目。保定有一个很大的造纸工业园，号称"华北纸路"，估计东北和华北地区的纸生活用品都在该地生产。在环保管理还没有抓紧的时候，当地每个厂都有燃煤锅炉，污染非常严重。我每次去那，一下火车，烧煤的味道扑鼻而来，直冲咽喉，呛得让人受不了。后来当地抓环保，要把几十个小烟囱都拔掉，但拔掉以后蒸汽问题如何解决？我们就投资了一家工厂，把几十根烟囱变成一根烟囱，使用超低排放技术和高效节能的燃烧技术替代原来的小煤厂。这是一个非常好的项目，但在这过程中遇到了巨大的困难。所以，我深切体会到环保这活儿不好干。

这场论坛的主题非常好，叫"蓝天保卫战"。为什么要"战"？因为保护蓝天，不是顺顺利利就能把事情做好的，你还得去"战斗"。当然不仅是蓝天，还有青山绿水都需要保护。

赵民：我总结一下何总的发言。环保事业从大方向上来看一定是对的，政府也鼓励去做，但是真正做起来却充满艰辛，有时候必须忍受亏损，忍受各种规章制度的约束。但是我相信，何总的付出不会白费，一定会有好结果的，它可能会迟到，但是决不会缺席。下面有请艾路明会长。

艾路明：我们从何总的清洁能源产业中看到，环境保护一方面需要我们

所有人共同的付出，另一方面也恰恰说明在这一领域中有重大的商业机会，这是两种角度。其实我们今天在座的发言嘉宾中有五位都是阿拉善SEE协会的会员，加入阿拉善SEE协会，我们能够充分运用企业家的资源来推动环境保护工作的开展，并且取得了很多意想不到的成果。

以房地产行业为例。中国总排放量实际上占全球的20%左右，在中国的总排放中，与房地产相关的行业约占到40%，包括钢铁、水泥和建筑材料等。也就是说，在全球整体排放量中，仅中国房地产就占8%。那么，这一问题该怎么解决？中国的企业家们想出了一个非常有价值的法子，就是绿色供应链。全国的房地产企业联合在一起，共同提出：凡是给我们供应原料的产业和企业，无论是钢铁企业、水泥企业、建筑材料企业还是装饰企业，如果达不到国家公布的环境保护的标准，那就不是一家绿色企业，会被拉进黑名单。所有房地产企业只采购白名单企业的材料。

我们从2016年开始推动这项工作。到2017年，已经有200多家供应商进入了这个白名单，至今已有500多家企业进入白名单。这份白名单给全国的所有建筑相关企业带来警示：如果达不到环境保护的要求，房地产的企业就不会采购你的原料和产品。这倒逼行业相关企业提高标准，达到环境保护要求。这种做法比政府的规定和制约要求更高，也更自觉，因为这是市场的导向。我想未来我们还可以推出绿色名单，不仅要求企业达到要求，而且还要求他们做得更好，这样我们才会优先采购。

> **❝通过企业家的作用，制定一个市场引导方案，来推动绿色保护、环境保护，这是中国企业家的一项创举。❞**

今天尽管还只是开始，但我相信随着行业供应链的不断推动，我们会给全球同行企业带来一个中国的示范，这是一方面。

另一方面就是企业家自身能够得到改变。王石曾经出任阿拉善SEE协会的第二任会长，他到今天依然还是我们企业家的楷模。他在推动环境保护的过程中发生了改变，他说，他学会了两个字——妥协。他在外面从来不妥协，自己搞房地产，该怎么干就怎么干。所以，这对企业家个人素养的改变是非常重要的。环境保护要通过每个人一点一滴的行动和改变来达成，而我们去做环保的同时，也通过环保改变了自己，这是一件非常值得

做的事情。

所以，企业家群体共同来推动中国的环境保护事业，实际上一方面是通过企业家的力量来使环境保护工作做得更好，另一方面，也在这个过程中，企业家自身也获得了改变，这种改变反过来一定会为企业的发展带来重要价值。当然，这种价值不是靠语言获得，而是靠具体的实践。

张红梅：我是在广东开始创业的，我亲眼看到广东企业是怎样发展起来的，怎样通过跟环境"较真"、破坏环境生长起来的，所以我也有责任去做一些环保工作。

近来我一直在思考，怎样用互联网平台打造一个绿色生态的产业链。我们平台上有一万多家加工企业。说到绿色环保，自然就会联想到大量的中小加工制造企业，它们排污、排废，一塌糊涂，生产环境糟糕。而平台的另一端是许多高大上的互联网平台，包括电商和消费品等。我通过平台把大量的订单接来，重新整合，有效地提供给一万多家供应厂商。这其中就有一个好处，平台在获得订单后，会进行拆单和分单，然后将订单标准化地给予某家工厂，其最大的利处在于节省能源，让生产资源高效利用起来。长此以往，我们就能够打造印刷产业的互联网绿色生态平台。

我们都知道，印刷行业是有绿标的，即贴了绿标的厂家有环保资质。而平台可以给供应商打分，供应商分数越高，抢单时得到单的机会越大。因此，2017年年底，我们平台开始推行一项制度，有绿标的工厂可以加分，他们可以优先获得订单。这也是对环保事业的支持。从打造产业生态角度来说，互联网平台是一个非常好的工具，因为它掌握了订单，现在平台上很多工厂40%~50%的订单都从平台上经过，它们越环保，平台对其打分就越高，这对推动整个印刷行业的环保事业具有很大作用。

根据国家邮政总局统计的数据，我们一年使用的快递胶带量可以绕地球425周，要知道胶带是不可被降解的。还有其他几个数据更是触目惊心：我们一年使用的快递贴数量是315亿个，纸箱68亿个，塑料100多亿个。到2020年，随着电商的发展，预测这个数据会呈四倍以上的速度增长，这非常值得我们思考。环保问题谁能买单？环保胶带成本高、价格贵，各大物流公司都无法保证做到只使用环保胶带。这些都是问题，都需要我们去思考，需要企业家、个人以及环保部门一起努力。

另外一点我有深切体会，我们平台上一万多家供应厂商其实对环保的认知很缺乏。印刷行业不环保，并不是指整个行业，而是说其中某些细分行业不环保，但印刷用纸、造纸等环节是环保的。政府的态度是一刀切。这就出现了一个情况，只要北京空气污染指数高，所有印刷厂必须全部停工，现在我们一看空气指数，都不需要等政府通知，就知道印刷厂会不会停工。

不过从企业角度来说，污染是逐步形成的，十年后当你猛然抬头一看，原来的蓝天都去哪里了？这是很令人痛心的。这也是我之所以打造现在这个平台的强大愿景之一，就是希望用互联网的方式去提高和优化整个产业的效率，能够通过平台甄别更好、更具有绿色环保意识的工厂，让他们在平台上获益，这是当前我们平台可以做到的事情。

打好"蓝天保卫战"，作为企业家，我们都有职责和责任。我相信在座的每一位企业家都有一个蓝天情怀，我们一起为蓝天而奋斗。

赵民：五位企业家分别从自己的行业、社会职务和认知等方面谈了各自对"企业家与'蓝天保卫战'"的认识。

下面我们开始互动。我先向丁主席提一个问题。从经济效益和社会效

益角度来说，您的企业变成了旅游区，工业旅游是当地的一大名胜，那么你的企业改造投入和回报产出如何？每天有多少游客？

丁立国：旅游收入没有，倒是有支出，还得管饭。2017年我们接待了1万人，行业内有130家企业来看过，地方政府尤其是高耗能所在区域的政府，包括河北省环保部门、黑龙江以及四川等省份的政府都来过。

但是抓环保有很大好处。企业与人一样，只有在困境和压力的情况下才能激发出巨大的潜力。以前我们的水、气、渣、尘直接排放，也没有重视，但现在基本上全部回收。以电为例，我们一吨钢约用电400度，一年生产300万吨，需耗电12亿度，其中70%是自发电，约8亿度。而煤气回收发电，成本是一吨3毛钱左右，但共计能产生2个多亿的利润，过去都浪费了。现在我们将铁水、残渣全部回收。压力让我们挖潜增效，节能减排的同时创造效益。现在我回去都会在周边溜达散步。我们工厂占地共1800亩，绿化率达到了36%，还在工厂外面租了两千亩专门种上从北京买的美国柳，专门吸收重金属。

我还想提三点建议。第一，现在中央政府、省市政府应该做一个针对环保容量的规划。比如在河北，钢厂确实多，但不是今天才多的。河北应该有多少钢厂？产业容量是多大？其实单个企业的排放可能都达标，但是一桌子只能放10个瓶子，非放30个肯定就会掉下去，容纳不了。所以我认为，各地政府部门在进行招商引资时，需要对整个容量做出规划。我也建议在座的企业家，如果是耗能的企业，就要看该地区类似企业多还是少，如果多就别去了，因为迟早都要被治理整顿的。

第二，要去产能，包括停产、限产。刚才听张红梅说印刷企业也停产、限产。对于污染企业停产、限产，政府部门没有科学规划，都是一刀切，也没有真正地鼓励先进，我认为还是应该鼓励先进。

第三，无论政府部门是否合理规划，是否一刀切，在座的企业和企业家都要做好自己，相信环保这条路一定是对的。我相信，没有担当的企业家不能参与到"蓝天保卫战"，这种企业也不会走远。苛求外部的环境很难，但我们可以做好自己，只要做好自己，机会和前途都会涌来。

何启强：我也借这个平台讲讲对政府的一些建议。我认为，

> "搞'蓝天保卫战'，要落到实处，不能只在宏观层面提倡，要出台一些限制性的政策，一方面要堵，另一方面还要疏。"

以清洁能源为例。众所周知，清洁能源好，但为什么它一直就发展不起来呢？主要因为它成本高，那么补贴能不能及时到位，就决定了新能源的占比能不能越来越高。

新能源电价，无论是风电还是光电，都比燃煤费高，尽管国家为了增加清洁能源给予了一定的补贴，但是补贴必须及时到位。我们现在每天消费的电里有1分9是国家提取来补贴新能源的，但是1分9是年前定的，这几年光电和风电大量增长，补贴的钱就不够了。

所以，我们企业家要有环保意识，要投入环保，同时，政府的承诺也必须及时兑现，否则会打击大家搞环保的积极性。

任志强：从整个"蓝天保卫战"的发展过程看，任何时候企业家永远会走在政府的前面，这就是基本的企业家精神。因为企业家能发现机会，发现机会的时候他就会去冒险，一冒险他就一定走在政府前面，如果不能走在政府前面，还叫什么创新呢？"新"是什么概念？就是把旧的打破，把现有的打破。企业家永远要突破现有的规则。所有的规则、法律，都是约束现在，因此一定是企业家推着政策往前走，因为他们在不断地革新。任何一个企业家，只要你想当企业家，就一定要突破现有的法律规定，创造一个新的东西，但是破坏法律规定和突破法律规定是两个概念，不是违反而是带动它往前走，这才叫突破。

环保也一样，我们所有的环保行为，大约都是突破法律规定的。例如，三江源从不是国家保护区到成为国家保护区，这就是突破。所以企业家只要想把自己定位为一名企业家，要是不想突破现有的国家法律规定，提升和推进社会进步的话，你就成不了真正的企业家，因为你不敢创新。

> "任何创新，无论是环境保护还是其他方面，一定要打破现有的规律，通过创新推动社会进步，这个概念应该充分体现在我们的环保事业和所有的企业家精神中。"

　　赵民：我们亚布力论坛2018年的主题是叫"新时代的企业家精神"，刚才任志强从另外一个侧面回答了这个问题，就是新时代的企业家精神，一定要突破规则，成为"蓝天保卫战"里的积极参与者。总而言之，企业家是蓝天保卫战的先锋队和主力军，是"蓝天保卫战"的践行者。

爆发的"大健康"

在美国，大健康产业占GDP（Gross Domestic Product，国内生产总值）比重超过15%，加拿大、日本等国占比也高达10%，而我国仅仅占到GDP的4%左右，说明中国大健康行业"不充分"；中国的"大健康"尚在襁褓中，在稳增长的同时也须调结构，如医院医疗服务及医疗商品占比过大，达到95%以上，结构不均衡。大健康的主要矛盾依然是"不充分"和"不均衡"，需要更为精细的行业对策。

在2018年亚布力年会上，辉瑞大中华区总裁吴晓滨，和美医疗控股董事局主席林玉明，江苏恒瑞医药股份有限公司高级副总经理兼全球研发总裁张连山，九州通医药集团股份有限公司副董事长刘兆年，上海建信股权投资管理有限公司总裁苑全红，岗岭集团董事局执行主席、联合创始人于刚，春雨医生CEO张琨，人和未来生物科技有限公司创始人兼CEO袁梦兮就如何实现大健康的充分、均衡展开了讨论。亚布力论坛创始人、主席，元明资本创始合伙人田源担任本场论坛主持人。

田源：2018年大健康论坛的主题是"实现大健康的充分与均衡"。这个题目跟十九大关于我们国家主要矛盾的描述相关：中国特色社会主义进入新时代，我国社会主要矛盾已经转化为人民日益增长的美好生活需要和不平衡、不充分的发展之间的矛盾。这个判断突出反映在教育和医疗方面，特别是医疗领域。

对于拥有13亿多人口的大国，实现医疗健康的充分和均衡是一个长期

的任务。但也不会太久，我觉得未来5~10年基本就会有大的变革，一是因为社会有紧迫的需要；二是经济发展到了一定阶段，中国有这个能力和机会来解决这个问题。大健康论坛从设置到现在已经有四年了，从医药投资角度来看，这个行业有了翻天覆地的变化，正处于爆发式的增长。

辉瑞站在整个生物链的高端，能看到全球的情况，我们先请吴总谈谈，相信他独特的视角能够给大家带来很多的收获。

吴晓滨： 首先我讲讲大卫生。所谓大卫生，就是平时定期锻炼身体，注意饮食健康，定期体检并做一些疾病预防工作。当前中国人在这方面很缺乏。比如在酒店，早晨去健身房基本看不到中国同胞，而在美国的健身房，这个时间段基本排不到位子。再如抽烟，我房间里放了一盒会议赞助商送的精装烟，这在美国是不敢想象的。在大健康领域里，我个人认为机会非常多。现在很多人开始请私人教练健身了，他们已经养成了健身习惯，哪天不健身就浑身不舒服。如果全国人民都养成良好的健身习惯，这将是一件不得了的事情。

其次，医疗。中国医疗方面需要颠覆的事情太多了。其实不只中国需要颠覆，美国甚至西方国家也都存在很多问题。因为医生和助理以及技术人员之间的职责没有明确区分开，医生做了很多不需要自己做的事，医生

最应该做的事就是找出病因进行精心诊断，后续的事助理就能处理。

中国还有一个领域相对欠缺，就是康复。每年我国心脑血管疾病患者几百万人，这些人即使到最好的医院动了手术，出院后也有可能不能说话、不能站起来。其实手术后的半年是最佳恢复期，如果能获得很好、很到位的康复训练，这个人就有可能重新站起来、重新说话，甚至重新走上工作岗位。但在我国，患者出院后根本不知道去哪里进行康复训练，因此这些人后半辈子基本都被耽误了，对家庭和社会造成了巨大负担。这其中有很多问题值得我们去思考，有大量的机会值得我们去探索和把握。

我再说一下制药。以前我们国家没有创新药，但是目前的情况大有改观。首先是政府支持，其次是平台发展得很快。国内的创新药平台已经好到什么程度？你跟实验室签合同后若有一个好的想法，实验室就能帮你做。实验成功后就可以去融资，分一部分股份或者一次性支付费用给实验室就行了。

中国国际医药类创业的门槛如此低，在国外无法想象。所以我预感未来5~10年内，我们国家在创新药方面一定会做出几种全球性的药物出来。

张连山：我个人认为大健康其实更应注重慢性病的预防和治疗，这非常重要，因为慢性病的预防牵涉整个健康的产业链。

中国创新药领域发展如此迅速，除了国家的创新支持和政策调整外，我认为在座的很多投资人也都做了很大贡献。虽然投资人需要看到回报，但总体说来，这个行业肯定是一个惠及民生的行业，是一个非常高尚的行业。

不过我认为，政府其实还应当在利税方面提供更多支持。在中国做创新药，我们还是要一步一步地走。当团队积累到足够的经验以后，即使我们有大量海归进来，人才还是不够用，因为企业不可能去做一些自主研究，只能去做真正的靶点发现。所以从国家层面来说，应该在利税上投入更多支持。

国内的研究者也要将过去应用性的研究变成真正自主性的研究。我想在今后的5~10年里，如果中国能有自己发现的靶点药上市，那将产生巨大的价值，能给投资人带来很多回报。制药是一项长期投资，但回报率要比IT、软件等行业高十几个百分点，所以投资人一定要有耐心。

　　另外，我们国家医疗领域中有一种现象：很多小医院没有病人，但大医院非常拥挤。中国人特别相信名牌，喜欢到名牌大医院去看病，而且大医院也不愿意把病人分离到下面的小医院，因为这也是它们收入的一部分。国家应该多鼓励民营医院加入竞争行列。我认为国家政府层面也应该花大力气在医疗行业，因为这关系到国家安全和社会稳定。美国每年有超过17%的财政支出投在健康和医疗领域。2016年，美国政府在大健康领域的投入为平均每人1万美元，与他们相比，我们还有相当大的距离。

　　国家也会慢慢意识到这个问题。我们怎么从政府、个人和社会三个方面来组建医疗保险系统，怎么能够让中国人真正得到他们应有的治疗，这是我们在座的各位要好好思考的问题。

　　苑全红：我重点谈一下制药。以前中国都是生产仿制药，竞争比较激烈。近几年来中国的创新药开始得到政府的鼓励，获得风险投资，发生了历史性的变革。

　　目前我国做创新药的公司效率越来越高。创新药和仿制药围绕一些重大疾病，解决重大临床需求，其所带来的价值可能是我们投资的一个最核心的原因。当然创新药很难，因为药物研发周期长、花费多、监管多、环

节多，所以需要政府、VC（Venture Capital，风险投资）、监管机构及各行各业的共同努力。

在这个过程当中，我们有些环节已经通畅，有些还是遇到了瓶颈。其中第一个瓶颈是临床。中国临床研究的水平，特别是在创新药的临床研究水平整体来说并不是特别高。第二个瓶颈就是好药上市以后谁来买单？第三个瓶颈是如何吸引VC资金的进入。在美国，创新药企业在临床阶段就上市了，他们通过资本市场的机制就能把创新的技术、产品不断往前推。而在中国只有赢利的企业才能够上市，而且还要求有连续的业绩，这样就无法吸引大规模的VC资金进入。这些瓶颈都是创新药企业所必须面对的。

张琨：我认为，传统医疗下一步会发生很大变革。持续用传统医院大规模实体体量，重资产、重资本、重人力资源的方式运营，恐怕不是未来的方向。我最近在研究发达国家医院模式变迁的时候，也发现了这样的趋势，就是传统医院未来会受到几个冲击。

第一，流量的冲击。80后、90后、00后等互联网原住民大规模兴起，他们很多是通过互联网首次使用医疗，而像我们这种60后、70后还是以医

院为中心。新一代主流人群慢慢会把互联网作为就医的流量入口。过去传统医院流量入口的竞争通常是通过软广告或挂号，但现在挂号渐渐都在网上进行。百度在医药领域的搜索已经证实了这种巨大的行业变化。

第二，医院模式冲击。传统医院有几个关键的成功因素，即好的医疗器械，好的检查设备，好的专家，这是传统医院的几把"斧"。但是现在的疾病由原来的疑难杂症更多地向慢性病转变，甚至连肿瘤也都在慢性化。在欧洲，医院需要构建的模式是长期维护患者的关系，持续为患者提供服务。而在我国，传统医院都是等着患者上门，这种模式未来也会受到很大的冲击。我来"春雨医生"后做了很多调整，其中有一方面的调整我认为具有颠覆性意义，那就是自身定位的调整。原来我们把自己定义成一个线上平台，现在变成以线上和线下融合为一体的创新服务模式。

我们并不是一个纯线上平台，医疗也不应该是纯线上的，医疗应该是线上和线下融为一体。如很多科室、操作、流程都无法线上化，但能够线上化的部分又可以极大地降低成本、提升效率，所以未来的医疗一定是融合的。

为此，我提出了四个"新"：以新的服务内容、新的服务形态，创造新的价值，将以新的医疗解决某种医疗的交付模式提供给患者，这是医疗服务未来的一个形态，也是医院未来发展的方向。

> **"** 未来不会再有什么"互联网医疗"的概念，因为"互联网医疗"概念生生地把传统医疗跟互联网两方对立起来了。我们认为，未来两者一定是融合的。**"**

我们目前所做的业务，未来会变成整个正常的医疗服务交付过程当中的一部分。

其实保险也是我们一直在研究的内容。前两天我还在银行与一位研究医疗经济学的教授讨论整个美国的医疗发展历史。美国医疗的GDP比重有一个爆发点，这个爆发点来自于保险，包括商业保险。如果完全靠患者自付，患者的承受能力非常有限，不可能产生非常大的规模性市场。而保险的崛起能够极大地提升整个行业的支付能力。

2016年中国卫生总费用总计7000亿美元，占GDP的比重为6.2%，而一

个国家医疗卫生领域总费用占GDP总费用的10%左右是一个较为健康的状态，我国还有很大的空间。其中，医疗保险会起到很大的刺激作用。

袁梦兮：政府在大健康行业的投入以及制度不是我们所能够左右的。那么我们能做的是什么？对此，我有几点看法。

第一，国家提出了"健康中国2020"战略，那么我们可以沿着这个战略往预防和筛查方向前进。

我自己从事基因检测工作，因此，我了解我们行业中一些新的技术变革，它们能够让筛查手段变得更加简便、便宜，也更加普世化。以前一名患者要做肠癌筛查，就必须去做肠镜，肠镜很难受，毕竟是一种侵入式的检测方式。而现在的技术通过粪便就能够检测出来，这种技术的变革，可以让预防和筛查工作做得更好。

同时我们也会做优生优育的防治工作，实现"出生零缺陷"。"出生零缺陷"在未来5~10年内一定会解决，国家目前在这方面也投入了大量的人力、物力和财力。

除治病外，在健康管理方面应该怎样推进？现在也有很多新的技术变革可以解决。比如，公司每年都要给员工购买健康体检，但其实可以通过智能问诊，精细化健康管理来降低费用，或者让这些费用花得更有效。这也是我们每天反复思考，并试图用技术解决的问题。

第二，我们怎么能够让医疗资源下沉到基层去？现在基层最大的问题是医院没有足够的医生，医生都不愿意下到社区去。我们在研发人工智能和智能问诊这一领域的技术，已经研发出检测骨质疏松的机器人以及发现精神类疾病的机器人，2017年我们发现，这些机器人其实已经超越了三甲医院医生的诊断水平，且诊断率已经达到95%，三甲医院的诊断率也才92%。在这种情况下，我认为将机器人下放到社区，服务人群将会更广，使很多慢性病在基础医院就能够被筛查出来，如果有严重的再做转诊。这也是提高效率的一个重要方法。

第三，不管是健康管理还是诊断，整个大健康行业是一个需要数据归拢的行业。医疗行业的数据都掌握在不同公司、医院和研究机构手里，无论是基因检测、病历，还是生活环境的数据，每个数据都只是一个维度，很难汇聚到一起做精准化研究。这个行业的数据十分分散，在这种情况

下，信息流就非常重要。如果真的有一天能够实现数据大融合，我相信整个行业会有更多、更新、更好的技术来推动行业发展。

目前国家也成立了三大医疗健康数据集团，他们的目的是把所有的医疗健康数据集中在一起，由国家管控，从而方便更多人使用或者做相关的衍生工作。我们当时跟第一、第三大集团都有合作，我们发现，其实跟医疗健康大数据直接相关的行业就有100个，间接行业的有900多个，这真是一个极大的产业链，也是一个巨大机会。

如果能够做好以上三点，我相信这个行业将来的发展能够更加充分和均衡。最后，我也希望国家能够有更多的投入和支持，能有更好的体制去推动该行业的发展，能够让我们所有人的工作做得更加顺利。我认为大健康的春天已经到了，也希望用技术来助力精准健康，让它能够更加有效。

于刚：我认为自己很幸运。幸运之处，第一，我们在中国，中国拥有着千亿万亿的巨大市场，当然要想在这个市场立足，就要有足够的根基；第二，我们都处在互联网时代，可以见证人工智能时代发展的过程；第三，我们都处在医药健康领域，它可以说是当前最大的风投领域，几乎没有之一。

现在互联网正冲刷着每个行业，无一幸免。医药健康这个行业属于较晚的，原因很简单，因为行业特殊，又有政策壁垒和行业壁垒。政策壁垒方面，国家对医药管理非常严格，线上不能够卖药。所有的医保都是区域化和行业化的。行业壁垒方面，比如你去买一瓶水，作为消费者，买单人和决策者一致，而医药行业则不是，三者分开，消费者是病人自己，决策者是医生，买单人是医保。

有了这些壁垒，医疗行业受到互联网的冲击较晚，但迟早会来。

智能时代到来了，它在各个领域替换人类，不只是劳动密集型岗位，一些高智能重复性的工作也在被机器替代。我们处在这样伟大的时代，同时肩负着历史使命。我认为只靠政府的力量是不够的，还需要跨界。比如，医药流通行业非常落后，中国零售药店有44万家，且非常零散。未来一定会整合，但是靠什么来整合？这需要我们用跨界思维、智能思维。

我们已经拥有大量的数据，非常清晰地知道每一位客户的渠道、行为习惯，我们就可以为每一位客户做精准营销和个性化服务。这些服务还可以延

伸到上下游。对于上游流通商，这些数据可以帮助企业精确获知所有药的流向、流量和价格管控。对于下游医药销售者，这些数据可以很好地指导药店等卖药，通过不断试错，精确地知道每一个客户的IP地址、送货地址，哪些药在哪些区域内比较受欢迎，什么药是顾客喜欢的，还有顾客对价格的敏感度。

我们现在首先要把大量的数据利用起来做商业智能，让决策更准确，让这个大生态圈里面的各个不同环节更高效，再一步一步往前走。

刘兆年：目前我们国家最关心的医疗问题，一个是看病难，一个是看病贵。为什么会有这些问题？我认为还是机制问题。医疗、医药、医保三医联动，我从这三个方面来谈谈我的看法。

第一，医疗问题。前段时间卫计委说，民营医疗机构超过了国有医疗机构，实际上这种说法不全面，一个小诊所怎么能与一个三甲医院相比？两者明显不对等。目前我国医疗机构还是公立占主导，国家给予医疗机构的定位是非营利性和公益性，即不以挣钱为目的。但如果医疗机构不以挣钱为目的，它就不会去改善医疗条件，医生的待遇水平也很难得到提高。这其实是一个很大的问题。

另外，国家对公立医疗机构的管制非常严，包括人、财、物。现在很多公立医疗机构的医生总是抱怨国家的投入不足、医疗费用少、医生工资待遇低。我就和他们说，你们不要老想着国家给你们钱，你们要让国家放权，这才是最主要的。那么大的医疗机构，那么多病人，难道你们还自己养活不了自己吗？国家给你们钱的同时，也会给予们你监管和审计，医院受到很多限制。再就是价值管制，以前卖药还能挣到15%，现在是零差利销售，医院也有成本，这对医疗机构来说非常不利。

第二，医药问题。首先是政府招标，这是一个很大的问题。政府招标为什么不好？比如，某个产品10元钱中标了，那么你就不能谈价，买一盒药是10元，买100箱药也是10元。但政府招标的价格没有考虑到回款情况，是不符合经济规律的。还有一个问题是政府结算，这也制约了整个医疗体系的发展。

第三，医保问题。虽然我国有95%以上的人口都有医保，但老百姓自付比例很高。当前的医保管理有很大问题，政府以拨款的方式给医院统一拨款，但并不能落到每个病人的头上。至于医院怎么去花费这笔钱，却没有严格管控。

所以，我认为现在的商业保险发展是一个趋势，而且发展非常好。前段时间我们去泰康人寿了解到，2015年全国投保人寿保险的有10万人，到2017年达到150万人，2018年会达到400万，呈现几何式发展。人一辈子最重要的就是健康，别的保险可以没有，但是健康保险一定要有。我国因病返贫的人不少，最需要保险的人就是他们。我想

> **"** 未来最有前途的就是商业保险，如果商业保险发展成熟，我们整个社会的医疗体系就会有非常大的改变。**"**

林玉明：医疗确实是一个非常大的行业。医疗健康包含各大医药企业，民营医药企业目前占的份额约为57%。移动互联网的兴起和成熟，包括医药创新、人工智能和大数据，为大健康产业带来了巨大的挑战和机会。

不过，医疗行业投资金额大、回报慢。我一直做专科医药，也需要6~8年才能得到明显的回报。医疗行业是需要不断创新、不断改变的行业。下

一步，这一行业需要结合物联网、人工智能，使传统医疗跟现代医疗充分融合、发挥作用。民营医疗要着眼差异化经营，逐步切入创新服务领域，坚持做专、做精。这将是实现"大健康"的充分与均衡的策略。

重构分配体系

以数据为例，数据是人工智能时代最重要的资产，但它更可能高度垄断在互联网大公司手上，比如我们目前的出行数据，造成新的"赢家通吃"。"赢家通吃"很可能是未来社会的常态。传统分配体系需要改进，以适应新的社会形态。可能的悖论在于，除了政府的合理作为，改进传统分配体系最重要的工具，很可能还是互联网技术。

在2018年亚布力年会上，金沙江创业投资董事总经理丁健，联和运通控股有限公司董事长张树新，物美集团总裁张斌，优客工场创始人、董事长毛大庆，友成企业家扶贫基金会常务副理事长、国务院参事汤敏，时任诺亚控股有限公司首席研究官金海年，中泰信托董事长吴庆斌就上述问题进行了深入探讨。中泽嘉盟投资基金董事长吴鹰主持了该场论坛。

吴鹰：这场讨论的话题很有意思，主题是"互联网与传统分配体系"。现在很多人愤愤不平，说互联网抢了传统行业或者其他行业的收入。我们今天就来讨论收入和分配问题。分配本身有企业之间的收入分配和利益分配，还有个人的分配，我们都可以展开讨论一下。

丁健：这个话题是我最早在亚布力年会题目讨论会中提出来的。

我想，随着特朗普的当选，大家把矛盾的根源都归结于全球化。2016年10月份我在麻省理工上课，有一位教授用非常清晰的数据指出，过去的四五十年来，对于贫富不均、分配影响最大的是高科技。因为技术加剧了

"赢家通吃"现象的出现，尤其是到了互联网时代，造成了财富的聚集速度比以往快很多。包括像《反垄断法》等，针对的都是20世纪四五十年代的垄断，在今天已然跟不上高科技的变化。我从事的行业让我对此非常关注，我们是中国最早的互联网建设者，因而对互联网的发展高度敏感。而且我们现在做创投又是专门在制造垄断和所谓的"独角兽"，亲身感受到了这种财富聚集效应的强烈，特别是资本在其中扮演的角色。所以我认为这个话题对企业家群体来讲非常重要，需要我们现在就开始思考，等到这个问题慢慢侵蚀整个行业时就为时已晚了。

吴鹰：张斌现在有一千多家店，开一千多家店这件事本身就很辛苦，货物进来进去，收入却都被互联网抢了，这是否公平？从另外一个角度讲，互联网公司确实占有大量数据，如BAT三家公司拿走了行业内50%的数据，而数据又可以通过各种方式变现。所以就从数据开始，请丁健讲一下他的观点。

丁健：从这个角度来切入话题确实非常好。当今是大数据和人工智能时代，数据所起到的作用非常大，远超我们的想象。而数据反过来对我们每一个人来讲，也变成了具有价值和财富意义的新东西。

> **"** 在掌握数据，特别是掌握大量数据甚至比较有垄断性、全方位的数据之后，在竞争方面就出现了很强大的壁垒，这种壁垒就相当于过去对于资本、土地占有的垄断，或是对大机器生产资料的垄断。**"**

新数据方面的占有，确实造成了新垄断现象的出现。而这种数据的垄断又恰恰是最强的，因为并不需要遍布各地。每一个个人能不能通过把自己的数据变现从而分享到财富，这是各个国家目前都在研究的。中国在这方面相对还比较弱，我们在这方面还有很多可以做的事情。

像滴滴，在现有的情况下它的所有操作都是合法合理的，BAT也是一样。银行、中国电信拥有各种各样的数据，很多大企业都会有天然的数据优势。最近我们联合斯坦福大学和国内的几所大学在研究能否把这些大的数据开放给科研机构，让它们能够更快、更好地应用这些数据，发展中国的高科技。但怎么能更好地让社会分享到这些财富和数据，是一个很大的课题。

吴鹰：树新，你认为"赢者通吃"的形态会不会出现？请树新讲讲你的观点。

张树新：我觉得这一问题一定会越来越凸显，因为数字化行业天生具有递增效应，一旦突破了瓶颈便是强者愈强，在达到某个平台规模之后就是递增效应和倍速增长。问题在于我们今天讨论的是一个社会学问题，很重要的一点假设是在原有的工业社会秩序之中。现实是：我们有政府，有

很多组织和企业，他们用各种方式做了很多监管。在新的原子星球和数字星球的迁徙中，我们面对的是第二个地球，在这里已经长出纯粹未来的生命。对于它来讲，资本驱动、市场驱动、攻城掠地是完全正常的。但是在这种情形下，实际也进入了无人之地，什么监管都没有，这样的事情在整个互联网行业一直在发生。新浪开始做新闻的时候是不用牌照的，由于中国传统媒体不发达，新浪才把媒体做大，但是现在可能要面临监管。但这一监管是滞后的，是传统模式的。而互联网天生是反中心的，是无中心秩序的，在这样的情形下未来的监管和公共区域怎么形成？未来的伦理和法律都是一个特别大的问题。这是一个全世界都要面临的问题，而中国可能面临的问题较为不一样。

吴鹰： 张斌，你们有一千多家店，但利润被挤得很薄，这是因为互联网公司的冲击吗？有很多电商也没有赚钱，阿里巴巴也主要是靠广告收入赚钱，你怎么看这个问题？

张斌： 其实目前电子商务公司真正靠电子商务赚钱的非常少，从起步上来讲，和一般商业企业比就是不公平的竞争状态，为什么这样的状态能形成？因为它给了人们一个非常大的预期，让大家觉得能够在获得大部分的市场和数据之后，通过这些资源可以做到"赢者通吃"的局面。

现实中电子商务的到来给传统行业的各个方面都带来了巨大压力，从竞争上来讲，如果说现在开设一家电子商务的实体店，以获得数据入口和客户为目标，可以不计成本地进行操作，那这对消费者来讲是非常现实的，他们肯定会选择价格更低的一方进行消费，这会给传统行业带来非常大的压力。但是从另外一个角度来讲，这样的趋势是势不可挡的、不可逆的。互联网不是一般的技术，一般的技术在形成技术壁垒之后可以保护自己很多年。但互联网是底层的物质结构，产生的都是具有颠覆性的东西，传统企业继续严守传统是不可能生存的。因为底层物质结构在未来就会像电一样深入人们的生活当中，生硬地拒绝显然是不可行的，必须要在心态和行动上积极地去拥抱，这样才能把线上、线下业务混为一体，才会有生存的可能。

未来的5~10年之后，阿里巴巴或者类似的大企业会是什么样？我想目前也没有人能够定义清楚。比较有意思的正是这种不确定性，如果都是确定性的东西，大家的奋斗也没什么价值。

汤敏：应该说互联网包括现在的一些新科技，把整个经济学的基本假设给推翻了。传统经济学是建立在边际收益递减的条件之下的，所有经济学原理强调边际效益递减，多了之后成本会变高。因此规模效益越来越大，用政府的《反垄断法》可以控制住，各行各业都是如此。而且我们的法律、制度、社会体系是建立在这样的经济学基础之上的，因此在未来会发生一个巨大的、我们从来没有面临过的变化。

在所有的收入分配问题当中，现在最值得担心的是就业问题，因为未来会有大量的人口失业。首先遭遇这一问题的是那些脆弱群体，比如农民工和贫困人口。现在无人机送货已经出现，自动驾驶技术也在快速发展，未来的汽车可以24小时在街上跑，只需要目前1/10的出租车数量，这肯定会出现大量的失业。当然未来可能会出现新的产业，但这些人能否迅速转向这些新产业我们并不清楚，因为当前的社会和经济发展速度实在太快。我们也不能过早地进行管制，否则会使我们在和世界其他国家的竞争中落后，因此在我们没有看清楚这个领域之前让"子弹"自由地飞一会儿。

同时，我们需要建立一套全民的学习机制。未来一定会出现很多新的产业，这些产业需要劳动力，而我们则可以用这套灵活、高效、低成本的终身教育体系，让人们在失业后快速转换到其他行业去。但只能一步步地来，一蹴而就是不可能的。

张树新：我做一个补充，有两个问题需要我们关注：一个是蔓延效应，另一个是再部落化。其实，我们今天的信息赋能到每个个体，会导致打散之后的重新群聚。今天人类社会的很多组织聚合，如农

村、工厂，都是工业革命以来慢慢形成的社会分工。数字化形成了新的分工，打碎之后再重组，而在这个过程中再部落化。小作坊式的生产方式可能会重新出现，包括各种新的工匠行业。因为互联网和新的数字化平台解决了所有的信息流、物流、资金流的问题。

吴鹰：我同意汤敏的观点，教育是非常重要的。过去20年，美国受教育程度不够高的人的收入实际上是下降的，这是教育的失败。我觉得10年甚至更短的时间以后，中国会碰到同样的问题。现在普通的大学生可能会找不到工作，但是百度这样的公司同样也找不到AI人才。

毛大庆：我们这三年一直在做小微企业服务，建立了一个共享平台。美国在APP、互联网特别是算法上和我们差距很大，但它的连锁店比我们多，这是一个问题。十九大报告中关于收入分配有一句从来没出现过的话——"坚持按劳分配原则"，这和互联网很有关系。还有一句是"完善按要素分配的体制机制"，这也是之前从未出现过的。现在到底是什么在改变社会劳动要素？有人认为是组织，而我认为互联网改变的是整个全世界的劳动要素分配，这个要素是关键。要素发生重大变化以后，才会产生收入分配的变化。

再往下，互联网导致了两个分叉。一个分叉是数据的各种演化，之后便是人工智能、各种算法和区块链等，这已经是不可逆转的事实。

另一个是

> **"**分叉大量平台公司的出现，非常有效地解决了收入分配的差距问题。**"**

在这个背景下，今天我们在看待互联网给这个社会带来的变化，其实就是原来各种工业时代的垄断要素现在被互联网给打破了。BAT这几家公司是不是垄断型企业？它们确实在风口上垄断了很多东西，产生了很多平台公司。但平台公司不存在垄断，平台公司上的东西很难垄断为单一要素，它的作用就是要让要素流动，不过这个风口可能被别人垄断。但一个风口还会产生新风口，所以未来二十年中阿里巴巴还是不是风口的控制者？答案并不是肯定的。风口在不断产生，就会有人争夺风口，风口上的"赢家通吃"不代表垄断资源。衍生平台就是摊薄垄断，无论今天的共享汽车、共享自行车还是共享办公，办的一件事就是使很多原来可能要靠分配制度解决的事情流动起来。我们现在是一个拥有5900家公司的平台，利用大量的平台数据开始做算法，使5900家公司自己配对，让张三成了李四的供应商，这些人将来就是区块链的一个块，成了互相的信用背书。

收入分配到底分配的是什么？其实本质上就是要素的重组。颠覆性技术改变要素的话题非常宽泛，也非常值得讨论。

吴庆斌：我创业的时候做的是互联网，接受的就是规模效应、边际效益递增的规律和理念。所以我考虑的就是怎么降低成本、提高效率。在互联网出现之后，数字产业随之而来，颠覆了我们传统的工业。实质上是我们从一个物质文明建设走向了一个精神文明建设，就是我们现在所谓的消费升级。在这个时代之下，互联网一定是"赢者通吃"的，因为产业已经发生了变化。精神上的愉悦通过什么来实现？就是信息传递、交互，它带来快乐、带来一种享受。原来我们穷，需要物质极大丰富，满足小康。如果所有人口都脱贫，那么物质文明就解决了，下一步就是精神文明建设。互联网信息化再往回推一点点看，其过程就是一个劳动生产率提高的过程。劳动生产率提高之后，我们消费的时间、享受快乐的时间变多了，之后互联网再出现的就会变成精神产业。在这种大的产业变迁中，互联网一定是"赢家通吃"的。

我们看过去的钢铁、煤炭行业，再看石油、水泥行业，一路过来，它们都和互联网行业一样"赢者通吃"。在当今的时代背景下，只要能满足人类对精神享受的追求就可以做到第一。

金海年：刚才大家基本上都同意"赢者通吃"，为了使讨论更有意思一点，我从另外一个角度来谈。我觉得反而是互联网打破了原

来"赢者通吃"的格局。

以前全球的几百强，都是以零售类公司为主，比如沃尔玛和一些大的石油公司，反而是互联网带来了新的50强和100强。我们回顾中国的互联网历史，发现新浪是第一批"赢者通吃"的公司，现在是BAT。滴滴为什么垄断？BAT在出行领域为什么没有通吃？因为

> 赢者通吃只是在少部分行业、部分阶段形成的一个规模效应，而互联网带来的反而是颠覆效应。

我每年都会做高净值人群的统计，通俗来说就是看富人是做什么变富的，已经连续跟踪了四年。2018年的数据显示，有1/3的人来自于新行业，和我们认为的阶层固化并不相符，互联网带来了很多新的机会，年轻人有机会创业致富，这是互联网带来的新效应。所以其实不存在"赢者通吃"，而且在收入分配方面出现了很多新的机会。比如说农业，一些特殊的经济作物，通过互联网能够让大家都吃到，像原来那样在一个小山沟里谁会知道？所以从这个角度来讲，互联网不仅颠覆掉了"赢者通吃"的既成事实，而且带来了很多新机会。

吴鹰：我是不太认可"赢者通吃"现象的。因为从衣食住行的角度来看，在吃这一点上就很难，因为每个人都得亲自吃，口味又不一样。衣服、住同样也很难。其实互联网最开始就是一个底层技术，这个技术解决了一个很便宜的连接问题——人之间的信息沟通、信息不透明问题，但是信任机制的问题没有解决。而区块链把可追溯性和不可篡改性连接到移动互联网，解决了信任问题。

现在明显是"赢者通吃"的情况。在互联网的下半场，是不是有可能改变这种情况，还是会使这种情况加剧？

丁健：我认为，大家对区块链不要立刻给予那么高的期望，它解决不了"赢者通吃"的问题，更解决不了刚才汤教授讲到的AI取代就业的问题。我觉得这是大势所趋，只会越来越严重。寄希望于教育来改变整个状态，实际上是失败的。因为这些人确实到了被取代的时候，已经没有办法被教育再转行。过去把农民工变成蓝领工人都没有办法，今天想让一个不懂科技的人变成一个高科技的人也是不可能。所以教育改变这种现象的作

用只是杯水车薪，不能说完全不可能的，但不要有太高的期望。

我很同意大庆刚才讲到的，平台化提供了很多全新的机会，很多个体和就业与以前的定义不一样。现在的问题是我们过去的传统让这些小企业实际上无法与平台博弈。所以从这个角度上来讲，解决的方法在政策和法规。比如以前工人也没有办法和资本家博弈，所以后来出现了最低工资、工会制度，这就是从法规上进行约束和改变。我们的小公司、小企业在面对这些大平台的时候应该怎么样？当我们走向平台变成小电商、夫妻小店的时候，我们应该受到怎样的保护？我们应该在数据上受到什么样的保护？我认为这些才是我们当下真正应该着手解决的问题。而这些恰好可以通过技术，包括我刚才讲的区块链、信用认证等技术来解决。

总体来说，我一方面觉得这个问题非常大，另一方面也觉得解决它还有很多办法，只是我们不能等到这个问题变得特别大以后再去解决，而是应该更早地去想解决办法。

毛大庆：这几年有一个趋势，就是平台性企业起了很大作用。世界经济也有一个趋势，就是它的社会劳动雇佣关系变了，变成群体跟平台的合作。以前就是老板雇佣工人，现在是群体跟平台合作，这是劳动关系的一个根本性变化。地方平台和群体之间的博弈有一个特征，如果群体有动力为平台做奉献，这个平台一定能成功；但如果平台不能给群体一定的回报，那它逐渐就会失去这个群体，走向失败。我觉得共享经济和平台企业对社会的贡献，本身就是在解决某种意义上的分配和差距问题。

汤敏：未来可能会出现大量新的工作，这种工作不是正规教育能训练

出来的。正如我们今天中午几个人一起聊的，《舌尖上的中国》有很多好东西，如果做成课程，再将它卖出去，可能我不是博士甚至连初中和小学都没毕业，但照样可以通过学习这个课程学会做饭，生存下来，所以未来的教育一定能打破传统的教育模式。我们现在急需的是一种全新的终身教育，灵活、有效、大规模、低价的教育，我觉得这是最重要的。

丁健：我完全同意，传统教育是一种失败。现在很多东西都在发生质的变化。有人开玩笑说，现在美国军队招大兵操作无人机，都要找打游戏打得好的，当军队都开始发生质的变化时，各行各业必然会发生变化。比如人工智能、图像识别，当大家开动脑筋的时候，就开始产生了各种各样的应用。

比如我们可以辨别每一个流水线上工人的操作，及时对没有按照流程的操作进行提醒。在制造业方面，在还没有机器人产生的时候，AI已经发生了非常大的变化。而这些东西一旦实现了自动化，效率和生产产品的正确率都会大幅度提升。这反过来也给我们带来了挑战，从效率角度来讲，对人的需求降低了。未来社会可能只需要5%的人创造财富，其余95%的人可以相互娱乐，虽然这可能离我们较远，但人类最终很可能进入这样的社会模式，大量工作逐步消失一定会成为现实。

张斌：互联网的发展势头对底层带来了冲击，传统行业不彻底拥抱互联网是不可能生存的，这是第一句话。第二句话是回归商业本质，一个人、一个企业都要有商业本质。比方说零售行业，就是要研究如何将好商品高效率、低成本地送到顾客的手中，让顾客满意。我参加亚布力论坛已经有三四年时间，每次论坛最终都要强调两句话：第一，强烈拥抱互联网；第二，如果不把商业本质的工作做好，不可能获得真正的发展。

张树新：大工业时代是劳动密集型的，未来哪怕是再部落化的个体消费的兴起，对于人工本身的用量一定是剧烈缩小的。人类大规模的用工时代已经结束了，如富士康启用了机器人后，大部分工人只能回家。很大程度上讲确实是范式在变化，这个变化会大量造成冗余人员，而且有些人员不可能具备数字化技能，在未来的数字化社会中不具有就业能力，这是现实问题。

吴庆斌：我觉得还是要看是物质生产还是精神生产，物质生产用的人一定是越来越少的，随着人工智能、工业自动化的到来，未来从事物质生产工作的人的比例可能都不会达到5％。但是精神生产会越来越多，且精神生产一定不是数字化的。

张树新：我说的是就业本身，这些人作为消费者可以，他如何生存，这是实在问题。

吴庆斌：这涉及一次分配、二次分配，以及税收调节、财富再平衡和国家的社会治理问题。一次分配靠劳动，二次分配靠税收，三次分配靠资产，将来资产是什么？可能是你的专利、你的IP、你的数据。

张树新：你说的还是小部分人群。现在有一些硅谷的人成立了一个俱乐部，他们认为在30年后可能有大量的国家要养人，于是干脆现在什么也不干。

丁健：包括今天大家已经认为是常态的五天工作制，实际上只有几十年的历史，这就是工业革命带来的普惠效益。有些地方已经在实行三天半或是四天工作制，就是在往这个方向推进。但是在这过程中怎么能够不降低国家的竞争力，又不影响社会和企业的创新动力，这是需要研究的话题。

新时代下的教育改革

建设教育强国是中华民族伟大复兴的基础工程。党的十九大提出，必须把教育事业放在优先位置，加快教育现代化，办好人民满意的教育。教育可能也是最不充分、最不平衡的领域之一，民营资本的引入和新技术都可能是实现平衡与充分的方式和手段。

在2018年亚布力年会上，斯坦福大学讲席教授、美国国家科学院院士、复盛（LDV）创投创始合伙人沈志勋，武汉大学经济与管理学院院长宋敏，清华大学苏世民学院常务副院长潘庆中，VIPKID创始人米雯娟，英语流利说创始人兼CEO王翌就该话题进行了深入讨论。友成企业家扶贫基金会常务副理事长、国务院参事汤敏主持了该论坛。

汤敏：对于中国人来说，没有什么比教育更能牵动千家万户的心，没有什么比教育更能代表老百姓对美好生活的向往。但为什么教育被批评得特别多？一个是因为关注的人多，批评的声音自然也较多；另一个是每个人都认为自己懂教育，认为自己有权利、也有能力来评价教育。

但是教育也是最不容易的。实际上不仅在中国，世界各国的教育都遭到民众的批评。中国教育所面对的教育公平、教育质量、教育改革问题，其他国家也同样存在。今天我们主要想讨论如何能解决这个问题，此外，在教育模式上，特别是民间教育、民营教育方面，有没有比较大的突破？

宋敏：我在私人资本如何介入教育方面的经验确实不多。我就读的美

国俄亥俄州立大学是一所公立的学校，后来回到中国香港大学也是公立大学，现在我就任经管学院院长的武汉大学也是公立的。但是总体来看，大学公立和私立都有，世界顶尖大学里有不少是私立大学，像哈佛大学、普林斯顿大学等。同时，公立大学也可以做得很好，像牛津大学、剑桥大学、清华大学、北京大学、香港大学等。所以，不管是公立还是私立大学，其实都有可能做得很好。

但在中国，大约有2600所高等教育机构，近3000万大学生，大部分都是公立的。从结构上来说，民营资本进入的空间很大。关键是，如果资本对投资高等教育有兴趣，要从哪方面去切入？这是需要思考的问题。从这些比较成功的私立大学来看，这是一种长期行为，是经过几代、上百年的历史慢慢积淀出来的。以哈佛大学为例，它还被哈佛家族所控制吗？其实已经不是这样的了，它已经成了一个公共性机构，虽然仍是一所私立大学，但已经没有很清晰的私人资本在控制它。如果大家要投资大学，并且希望这所大学能够很成功，那就一定要有长远的眼光，要有情怀。如果想在短期内挣钱，我觉得投资大学是比较困难的。

潘庆中： 美国斯坦福大学是一所私立学校，他的创始人斯坦福，是加

州州长、铁路大王，为了纪念他的儿子所创办。然而，办了20年之后，大学差点办不下去，他太太把所有的嫁妆、金银首饰全部变卖接着办，才办到了今天。他那么有钱，为什么办不下去了？因为教育是长期投资，是社会情怀。然而到了今天，斯坦福大学虽然还是私立学校，但它其实已经是一个公共性机构了。

我现在所在的清华大学苏世民书院是公立的，100%属于清华，但是所有的钱都是别人出的。苏世民老先生捐了1亿美元的启动资金，另外4个多亿是其他人捐赠的，其实是整个社会合起来办的学院，这是私立还是公立？学校要能够办好，一定是多层次、多方面的努力合在一起实现的。

"民营企业要进入教育必须得找准切入点。"

如果去办研究型大学，所需要的时间一定很长，如果没有接近一百亿的资金，可能太太又得掏嫁妆了。要是能找准合适的切入点，可能就容易得多。如果你有大情怀，投清华、北大都可以；你要是说我从一个点做起，其实能够选择的切入点有很多。现在中国的教育发展太快了，潜力到处都是，就看你怎么去选。国家在这一方面足够开放，政策和机制都没有问题，关键就在于怎么把资源都整合起来。

汤敏：我补充一点，据说现在中国的私立大学已经有600多所。但是中国的私立大学跟美国的私立大学不一样，都是比较差的大学，真正的好大学还不多。但是对于一般老百姓来说，更关心的是基础教育。下面两位关注的都是补充教育和基础教育，他们的苦衷是什么？他们的成功在什么地方？我们听听他们对未来中国这方面教育的变化有什么想法？

米雯娟：补充教育其实也是一件长期的事。我们这两年可能发展得比较好，但实际上我做少儿英语已经20年了。我从1998年开始教小朋友英文，2000年又开始做少儿英语的补充教育培训，一直到现在。应该给孩子们什么样的老师和内容？我认为，对这个问题的理解是一件长期的事。对于小朋友，他们对世界充满好奇心和想象力。他们应该学习如何去探索，应该让他拥有更多的机会去更好地认识自己、认识这个世界。补充教育的意义就在这里。我想帮助孩子们找到好的老师，让他们去启发孩子们的生活，对孩子的发展长期起作用。

孩子的教育应该是一种素质的教育。在线少儿英语教育教给他们的不仅

仅是语言本身，而是将语言作为一种
工具，去培养孩子的能力，包括沟通
能力、思维能力等。对于孩子们来
说，这给他们开启的可能不仅是语
言能力，而是一个更大的世界。

最后，我也深刻地觉得，我们
的老师们对于帮助孩子们成长心怀
热情，具有使命感。我们的老师都
是北美的中小学老师，有一些老师
他们自己买机票到中国来看学生。
我们做教育公益的时候，中国乡村
小学的孩子们很需要他们，他们就
会热情报名。我们2017年第一次做
教育公益，涵盖了100所学校，有
3425个小朋友用视频的形式在线跟
老师学习。我们2018年做了1000所学校，老师们依然非常踊跃地来报名。到
2019年我们有10万个老师的时候，每个老师如果捐助10~20个小时，汇集起
来的100~200万小时就可以产生巨大的意义和价值。所以，教育是全社会的
事情，不是一个公司、一个人就可以做得非常好的。

不管是基础教育培训，还是我们这种在线教育，在未来都有新的机会
可以去探索。我们不仅要去培养孩子们的素质和能力，也要尝试用全社
会、全球的力量去探索一种新的模式出来。

王翌：我是清华大学电子系的本科和硕士，然后去了美国的私立学校
读计算机，读完之后去了西海岸，在谷歌做了两年的产品经理学做互联网
产品，然后回国。2012年9月，开始做英语教育公司，目前我们公司有超过
7000万的免费用户群。

2016年7月，我们推出了世界上的第一个人工智能老师，这个老师可以
在用户手机里，个性化地根据你的学习诉求定制课程。只要学生在学，我
们就能知道他的数据，并根据他的数据个性化地为他定制学习。大家可以
想象，把最好的一群英语老师的智慧，从他们的脑子里抽象出来，变成一

个引擎。我们建立了一个从最底层的语音识别到自然语言处理，再到上层的所谓自适应学习系统，根据不同学生的数据进行动态规划。

最后，我们做了一个评测，发现我们的人工智能老师教学生的学习效率很高。2017年12月份硅谷的一家媒体评出全球人工智能榜单，我们是中国入选的七家公司之一。

沈志勋：我是在复旦大学读的本科，在美国斯坦福大学读了博士，然后留校做教授。从我自己的经历及自己培养学生的过程当中，我深刻地感受到，

> ❝所有培养教育的核心都是培养人的自信心，都是在不同的环境中创造条件让学生进行思想交融和创造。❞

硅谷做得比较好是为什么？因为它能够吸引全球最好的人才。在国内，像深圳就能够吸引全国各地的人，可以吸引不同的文化。

在不同的文化中成长起来的人是非常不一样的，思考的问题也不同。从不同文化中吸收它的营养，这对于一个学生的成长非常重要。

汤敏：中国的教育正在快速地改革，不管是公办教育还是民办教育，都在快速地变化。各位都是从事教育工作的，从你们的角度看，中国的教育下一步应该怎样改才可能有所突破？你们有什么好的建议？

宋敏：这个话题其实挺敏感的，涉及大学的治理问题。现在中国较好的大学基本上都还是公立的，都是属于教育部在管理的大学。教育部当然起了很多好的作用，但是可能有一些方面也需要适当地放开一点。就学科分类来说，总体感觉就是学科分得过于细。像我们经济学在海外就是经济学，但是在中国内地的大学就分成理论经济学、应用经济学，理论经济学又分世界经济、经济理论等，我认为这不适合更宽范围的交流。

潘庆中：我先说一个宏观上的问题。我们现在政府在教育上的投入占GDP的4.2%，但发达国家虽然有那么多私立学校，它们在教育上的投入仍远超过我们。以美国为例，美国教育有1/3的投入都来自社会资源，但美国政府在教育上的投入仍占GDP的9%。从这个宏观角度来讲，我们的4.2%虽然已经提高了很多，但还远远不够的。

另外，我们现在的大学盖太多楼了，硬件太好，但是软件还不行。我

们要花更多精力把软件做好，从技术、师资上去着力。在这方面，政策上还要放宽一些，放开一些，要有更多的空间去请到真正的大师。

米雯娟：我认为有几件事情可以做。第一，在补充教育领域，科技创新是一件很有价值的事。我们现在一个月大概有超过100TB（Terabyte，太字节或百万兆字节）的数据量，孩子们和老师上课的音频、视频都在上面，当然也包括孩子们学习行为的数据。这些数据，让我们可以在教育领域的人工智能化上做很多探索。反过来，我们也可以拿这些相关的研究成果去协助改进学校教育。

第二，我认为可以开展更多学校与企业之间的合作。企业跟大学的这些合作，其实不仅仅是一种公益模式的探索，同时也是一种新的课堂教学形式的探索。2017年我去一所学校，他们学校有很多电子琴，但因为没有音乐老师，琴上全都是灰。我当时就在想，我们有没有可能请朱莉亚音乐学院的老师来给孩子们做直播，远程教授音乐课？在这方面我认为还有很多探索的空间。

第三，在"走出去"方面，我们现在也有中文教育，有很多外国小朋友在我们平台上学习中文，我们能不能让中国小朋友和外国小朋友成为小伙伴？现在已经有35个国家和地区的孩子在我们平台上学习中文，我们的老师在教课过程中也会传播中国文化。在让世界了解中国这个问题上，我觉得民间教育的力量更能让外国人接受。所以我想在"走出去"这件事情上，我们也可以做一些贡献，只不过可能需要在政策支持和合作机会上给予我们更多帮助。

王翌：当决定通过技术产品的手段切入学习时，我们就看到了三个历史性的趋势。

第一，从模拟时代向数字时代转变。在传统的授课模式中，老师今年讲一次，明年再讲一次，学习数据是没有被记录的。即使许多数据可能看上去已经被记录下来了，但实际上也没有结构化。随着移动互联网的不断发展，这种情况正在发生转变。

第二，从以老师为中心向以学生为中心转变。我认为中国教育存在三大问题：一是价格偏高，二是质量和效率普遍偏低，三是资源分配极为不平衡、优秀老师供给不足。为什么几十年了这些问题还没有被没有完全解

决？如何利用科技、互联网和其他的机制来解决这个问题，这是我们要从自己的角度去考虑的。我认为真正的以学生为中心，是让老师更多地扮演一个领路人的角色。

第三，从以过程为导向到以结果为导向转变。现在绝大多数课外培训公司都是按小时收费的，但这其中是有一个悖论的。学生学习的时间越长收入就越高，所以在本质上，他们是没有动力去提高学生的学习效率的。所以我认为，未来一定是按结果收费的。不过这个要如何具体实施，如何推动？需要很多可衡量的指标。

汤敏：沈教授，从美国科学院院士、斯坦福大学教授的角度，你觉得中国教育怎么才能有突破？

沈志勋：我说一点自己的体会。我们在读一所大学的时候，并不只是学习知识，更重要的是结识伙伴。你去的什么地方，就会碰上什么样的人。真正决定你人生最重要的幸福指标就是你身边人的素质，如果身边人的素质非常好，不是整天在那里算计你，你就会比较幸福。我观察到一个现象，现在国内越来越多的家长喜欢把自己的孩子送到国外去读书。如果按照这个趋势下去，中国最优秀的、条件最好的孩子都到国外去了，他们就从中国的教育文化当中流失了，实际上对于留下来的孩子来说是很不好

的。况且还有另一个现象，有些孩子明明可以去国内非常好的学校，反而要去海外不是那么好的学校，结果发现你的朋友素质可能不如你在国内最好学校的朋友。

我还想再补充一个观点，实际上在美国私立大学得到的政府资助比公立大学的还多。美国的私立大学有很多私人捐助，这些捐助在税收上，政

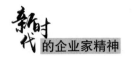

府给予了很多优惠，所以实际上也等同于拿了政府的钱，只不过是形式不同而已。再者，一般美国人不是很愿意捐钱给公立学校，因为在他们看来，政府已经收了他的税，还要叫他再去捐赠，他的意愿就非常低。私立学校就没有这样的问题。

汤敏：中国人对于教育的焦虑是非常强烈的。现在随着科技的变化，随着这一系列新的工业革命的到来，知识更迭的速度越来越快。网络上有一句话：你进入大学时学的知识，可能在你出大学时就已经过时了。现在大量的新知识出来，怎样在不断出现的新机会、新领域里学到新知识，这就是终身教育的问题。这既是中国市场乃至全球市场急需探究的一个领域，同时也是一个巨大的市场。在这个领域各位有没有什么新的想法？或者我们一起头脑风暴，来想一想未来的教育？

宋敏：我觉得新的技术手段包括互联网、人工智能，对传统的教育机构也会产生很大的影响。从某种意义上来说，我们现在的传统教育机构，可能更多是工业社会的产物。大家聚集在一起，在规定的时间去上课，这更多地体现了一种工业化的思维。为什么我们一定要8点钟在一个教室集合上课？网络已经可以打破这些传统了。为什么一定要跟着这个老师学这门课，为什么不能跟斯坦福的老师学这门课？这些都可能在新的互联网时代被打破，至少在技术上是被打破了的。

在现实中，制度还没有跟上，人的观念也滞后。但是从长远来看，传统大学可能会受很大冲击。所以我想象将来十年、二十年，可能不需要这么长时间，一个平台加上一些非常有名的教授就足够了，学生们在平台上去修课就可以。我觉得有可能将来会往这个方向走，我们可以去思考如何创造这样一个平台。

潘庆中：终身学习、终身教育也是一个很大的课题。很多人走出校门之后还需要"充电"，这一部分其实大学也可以提供，但是现在还存在一定的局限性。清华大学开发了一个网络课程，想通过现有的IT和信息技术，把更多优质的教育资源和内容传递给社会。可这件事已经换了好几位负责人，因为如果只有学校做，我们机制和动力都不足。我们希望全社会一起来推动这件事情。

米雯娟：我们2017年成立了一个小实验室，让美国小朋友和中国小朋

友结成对子，互相教，他们的学习热情很高。所以我在想，未来有没有可能构建一个全世界大课堂，让几百万、几千万的小朋友们以及他们的家长和老师们，互相学习、分享、交流。

其中，我看到了几个可能性。第一，个性化和平台化。无论是人工智能，还是其他方式，都要给予孩子们最适合的内容和方式。第二，无边界、零距离。有没有可能让亚马逊丛林里的人来教孩子们什么是热带雨林？有没有可能让亚布力滑雪场的教练告诉孩子们什么是最棒的滑雪体验？我觉得这种可能会让互联网有机会让每个人都参与的过程流动起来，不仅仅是一个机构或者一个老师。

王翌：人类历史是一个不断加速的历程，以前一个人守着一个技能，一辈子就能过得舒舒服服，现在这种情况基本上已经不存在了。人们的焦虑感上升，要不断地转型升级，需求更是爆发式增长。我觉得在教育方面，未来的趋势还是会从过程导向转到结果导向。无论体制内还是体制外，如果都能跟用户说清楚投多少时间、花多少钱，就会有什么样的结果，我觉得这会让人非常兴奋。

沈志勋：实际上将来的教育会很不一样，你会突然发现有多少知识，再多也不如百度、谷歌多，你会发现知识的价值掉得非常快。我们现在每个人手里都有手机，都有移动互联网，这些基本知识通过互联网马上就能知道。

> **"** 未来真正有用的，是能够在非常复杂的情况下迅速界定与分析问题的能力。**"**

我们做研究的人会发现，找到一个问题的核心，往往比解决这个问题更重要。我们现在花了很多精力来教育我们的孩子，让他们学一些很可能没有多少用的东西，却没有教育他们怎么去发现问题的核心。

宋敏：沈教授讲的我很认同。我补充一下，刚才王翌讲到要以结果为导向，因为你们是从事语言教育和培训，所以目的比较明确，就比较容易结果导向。但是我们是从事大学教育的，讲得更多的是思想，是要培养社会的引领人，培养实现技术突破的、创新的人，所以我们讲得更多的不是结果导向，而是思想方法。大学最重要的就是培养一种批判性思维，怎么样提出问题、怎么样找到问题的核心、怎么样能够推动社会前进，这是我

认为大学应该做的事情。如果大学教育也以结果为导向，可能就失去我们存在的意义了。所以教育确实很复杂，是有很多层次的。

王翌：我想补充一下我所说的结果导向。我们想象一下，如果说我们定义武汉大学或者斯坦福大学所要培养的就是这种有创新型思维的人、能够找到问题核心的人，那么我觉得这就是一种"结果"。只不过今天对于这类高层次的人所需要的素质的刻画是不充分的。

汤敏：我自己主要是做扶贫的。我们做了几件事情。第一，我们把人大附中的课，通过互联网传播到20个省200多个贫困地区，实验了三年，效果非常好。第二，我们通过互联网对乡村青年教师进行培训。我现在正准备把这套方法，运用到农村医生的培训上。所有的培训都是用互联网的方式，成本极低。我们全部是免费的，但是我们把各种资源整合起来，这也是我们有可能实现弯道超车的原因。我们现在正在试验把互联网、人工智能运用到解决贫困的问题上，我们现在正在做这个实验，如果大家有兴趣，我们可以一起参与进来。

下面有20分钟左右的时间，欢迎大家来提问和参与。

【互动环节】

提问1：沈教授你好，对于你刚才提出的话题我非常感兴趣。请问在当今社会转型和飞速发展的过程中，我们究竟要培养什么样的人？

沈志勋：今天整个教育形势变化非常大，我们很可能一直在教孩子们一些没用的东西，或者说不是最有价值的东西。不过话说回来，该教的还是要教，很多时候做习题的过程本身就是思维接受训练的过程，基础教育是必须要做的。但是除此之外，是不是要加那么多"奥数"等其他的东西，这是非常值得推敲的，因为这些东西对于孩子长期的训练来说并不是那么有价值。相反，培养孩子的自信心，培养他们的团队合作能力可能更为重要。斯坦福大学每年本科生才招6000人，其中有800个名额给了体育好的学生，可最后你会发现，体育好的人，即使不做体育，在其他领域依然会非常成功。为什么？因为体育非常需要有纪律性，有团队精神，需要自己学会发现并解决问题。

潘庆中：我说说解决的办法。第一个是理念上，这么多年我一直跟学

生说六个字：梦想、融合、思考，先树立一个培养孩子的理念。第二个在具体办法上，清华这些年开了管理沟通的课、批判性思维的课，有的开了五年，有的已经开了七年。我们将这些课作为基础教育、通识教育，向全校学生开放，培养学生的软实力。我们还有一个题目叫作"无用知识的有用性"，从某种意义上说软实力其实就是那些看起来无用的知识累积起来的。

王翌：我想说两个关键词，第一个关键词是"倒逼"，或者叫"鲶鱼效应"。我们传统线下教英文的老师看到线上外国老师的教学方法，他们会到受启发，这是很好的事情。第二个关键词是"多样性"。我们的评价体系不应该是单一的，同时无论是中、小学还是大学，都应让学生拥有更多的选项。

提问2：我是一个很有教育情节的人，但我原来不是从事教育的。如果现在我真的下定决心投资教育，应该怎么投？

潘庆中：投资，肯定要发挥你的企业家精神、进取精神，找投资热点。国内已经有2800多所大学了，投资大学得考虑长期性，所以大学投资，我建议就先放一放，让马云和湖畔大学他们先试试，其他浅的、快的、短的，选择一个核心点，赚钱的概率还是很高的。

王翌：我一直坚信"专业的人干专业的事情"，你要找到一个专业的团队，告诉他你的原则，多长的回报周期，希望从哪里得到对教育的满足感，让他们去帮你选。

米雯娟：投资的问题除了商业上的投资，还可以是公益上的投资，这可能会有非常好的回报。

汤敏：中国虽然只是开始，但是各行各业都在慢慢地突破，慢慢在弯道超车。对于教育这个最核心、最基础的领域，大家现在都有些焦虑。有焦虑就说明有需求，有需求就有希望，有希望就有可能突破，而中国的教育正在面临一个巨大突破。我个人认为，这个突破很可能是在终身教育领域。这个领域现在需求非常大，而且随着科技变化、就业变化，市场会非常大，是可以投资的。如果是情怀投资，那么乡村教育现在是最需要投资的，而且最能满足你的情怀。我们专门在观察村小教学点，它们甚至连个学校都不是，就是十来个学生一两个老师。现在全中国还有12万个这样的学校急需帮助，所以希望大家一起加入。让我们携手用创新的思想，用问题导向的思想，一起尝试去慢慢突破。

新零售：重新发现线下

这两年电商的最基本共识是增长放缓，2020年线上占比接近50%的预期，看来至少要砍半了，于是要重新回归线下，争夺线下渠道。为维持和线上相近的价格体系以保持竞争力，线下必须大大提升效率，这一约束条件驱动大量的线下创新。

在2018年亚布力年会上，物美集团总裁张斌、加华伟业资本董事长宋向前、北京居然之家投资控股集团有限公司董事长汪林朋、本来生活CEO喻华峰、深圳市东鹏饮料实业有限公司董事长林木勤就该主题展开了深入讨论。一点资讯总裁、凤凰网联席总裁陈彤担任主持人。

陈彤： 过去一年新零售受人瞩目，为什么这么多企业会对传统的零售业产生如此浓厚的兴趣？我们今天就请几位行业大佬，与大家一起探讨这个话题。首先想请问各位嘉宾，对目前炙手可热的新零售怎么看？

张斌： 零售实际上是服务消费者的"最后一公里"，这个"最后一公里"通过什么样的方式来实现？在没有互联网的时候，都是通过实体店实现的，有了互联网产生了新的服务"最后一公里"和"最后五十米"的方式，这种方式现在已经从单纯的电子商务的电商转向了线上、线下的融合，也就是现在我们谈及的"新零售"。从行业上来看，提供给顾客真正满意的服务是一件不容易的事情。2018年是改革开放40年，可能年纪大一点的人对过去的消费者是什么样的及他们如何被服务的，较有概念。实际上在计划经济阶段，从来没有好的服务，改革开放的40年使我们的服务有

了很大改善和提升，但是从根本上来说，还是不到位。

顾客在不同阶段的需求各不相同，也越来越多样化，线上能够提供的服务是有限的，因此需要线下来辅助实现，从而产生了目前线上、线下的结合。我一方面坚信线下的实体店如果不拥抱互联网，肯定是死路一条，而且必须彻底拥抱互联网。另一方面，我们也需要全面回归商业本质，用最高的效率把最好的商品以最低的价格提供给消费者。只有全面贯彻落实这两方面，才能够真正服务好顾客。

宋向前："人是万物的主宰，人在则万物在，人不在则万物都不在"，商业交易的本质就是为人服务，过去中国物质短缺，商品不丰富，人们只求物美价廉，因此所有商业竞争停留在价格竞争阶段，从家电到现在的电商，价格成了中国传统商业线上、线下竞争的主要手段。

然而随着社会的发展，时代已经改变，

> ❝ 现在是消费者崛起的时代，我们的消费者越来越成熟和理性，从以往简单的比价式消费，强调价格因素，走向理性消费、品质消费。日后的商业竞争也慢慢从简单的商业交易关系走向服务关系，商家对消费者的尊重和关注程度决定了商业本身的价值。你有多讨好消费者，你就有多少商业价值。❞

在50后、60后、70后的年代，只要有商品就行，现在不一样了，80后、90后成长于不缺商品和物质的时代，他们有更多的选择空间，且受到了良好的教育，他们是理性的消费者，同时也是个性化的消费者。对于这类消费者，你简单地塞给他一个商品，给他一份说得过去的服务，恐怕打动不了他们，他们需要的是尊重和关注，需要的是情感的连接，需要的是你创造无与伦比的线下场景。新零售到底是什么？是技术手段。中国商业关系、商业交易的本质都发生了变化，消费者越来越成熟和理智，消费者在崛起，这是划时代的意义和变化。

另外，线上、线下在竞争中相互融合发展。我认为新零售和现在商业关系是相互融合、互相影响、共同促进的过程。因为现在线上获客成本越来越高，逐渐跟线下趋平，同时PC端和移动手机端用户渗透非常高，尤其

类似双11的线上消费数据很惊人，但事实上电商增长率在逐年下降，线上电商红利基本上逐步释放完毕，而线下机会增多，新零售时代是线下商业崛起的一个绝佳历史契机。过去所有人的注意点是电商，如双11等线上消费，对于线下的商业资源和零售不那么关注。但是从2016年开始，情况有所变化，因为消费者发现除了取得商品的快捷方便之外，场景也很重要，在消费过程中被尊重和关注很重要。这是一种精神层面的需求。这个改变很大、很重要，为线下商业资源赢得了机会。同时，线下资源有一个非常明显的特征，就是存在成本非常高，一旦取得就很难在市场上消失，所以后来进入者的进入成本更高。

最后，新零售到底是什么？互联网确实会改变人们的生活方式，但是它一定是在商业和服务的关系中作为提升效率、满足消费者消费需求的一种手段，所有的消费和服务最终要通过零售走到千家万户，走到老百姓的生活中。现在正热炒的无人零售，为什么被市场和媒体质疑？因为它仅仅从成本上发力。从运营成本上来看，它似乎比普通便利店小，但是线上零售和无人零售缺少一个重要环节——它没有面对面的交流，没有尊重和关注，只是一个冷冰冰的物物交换场景。陈春花老师说得对，过去的商业交易是人货交易场，未来的商业是物流、技术、场景等综合手段的运用，从而满足消费者精神层面的需求，创造无与伦比的商业体验的过程，这就是消费者的崛起，所以我认为新零售应该以人为本、为中心，回到关心人、爱护人、尊重消费者的角度上，这才是新零售。

汪林朋：谈及新零售，我们可以回顾思考一下传统零售到底是什么样？第一，传统零售的驱动力是什么？第二，传统零售几乎没有线上，更多都是线下。第三，传统零

售生产跟零售终端相互脱离。

首先从驱动力来讲，互联网出现之前，生产决定消费。但是产品生产后，工厂老板也并不知道产品能不能卖出去。而新零售的驱动力是大数据，通过大数据运用和云计算能力的开放，了解消费者的具体需求。

其次，新零售线上、线下融合。马云说未来不会是单纯的实体线上，也不会是单纯的电商，这是对的，两者正在融合中。未来一定是零售跟物流的结合，金融跟零售的结合。马云曾经提出了新零售的五新：新技术、新能源、新零售、新金融、新制造，他认为新零售是这"五新"的核心。新技术就是我们要使用的技术，如现在的移动支付；新能源，数据就是能源。我们所谓的新零售就是一定要采取新技术、新能源，让制造变成新制造。以后一切都可以根据消费者的个人需求进行定制，生产方式发生巨大改变。这就是我对新零售的理解。

林木勤： 我是做传统行业快消的，我想从两方面谈一下新零售。第一，为什么大家会提出"新零售"的概念？我认为网络销售和线下销售是互补存在的，各有优势和不足，逛街、逛超市本身也是人类生活不可或缺的一部分，线下不会完全被线上所取代。新零售未来将如何发展，大家都还只是在摸索的道路上。

在大数据方面，以前计划经济时代，人们要靠报计划来生产，这种资源配置方式落后于市场经济，市场经济时代是由市场进行资源配置的。而随着互联网的发展，消费者大数据确实会对个性化消费给予巨大帮助。

在物流层面，所有零售的最终目的就是把产品做出来，打通最后一公里，交到消费者手中。

因此

> **"** 我认为，如何优化资源配置，新环境下的产品成本能否降低，消费能否提高，这才是真正新零售的概念。**"**

第二，目前，行业不拥抱互联网确实寸步难行，我们的品牌商最终将产品投放市场之前，要经过经销商、批发商、零售商等一系列环节和流程，互联网的出现使得我们可以直接越过中间环节跟消费者互动，得到消费者的数据。

总而言之，我希望未来我们的生活更加幸福、精彩，努力探索、努力拥抱新的东西，从而给我们的生活带来更多、更好的帮助。

喻华峰： "本来生活"是一个新兴电商，我们在这一领域探索了很久。当然，大家对于我们的了解大概主要是通过褚橙的案例，其实褚橙算是新零售的一个案例代表。

马云提出新零售是"线上+线下+物流"，后来阿里也对新零售进行了系统的解释，还有很多人都从自己理解的角度解释新零售。确实，2017年新零售风起云涌，对于整个零售业冲击非常大，这是一个激动人心的事，也是一个巨大机会。我觉得新零售的核心在于以下两点。

第一，流量要重构。线上电子商务非常发达，但是它的占比是15%，还有85%集中在线下。新兴领域话题热度不断上涨，但是其在线上占比仅有2%左右，还有98%在线下，大家都关注2%的销售额，却忽略了98%，这是一个本末倒置的问题。线下的核心是整个线下的流量，线下我们无法锁定顾客受众群体，可以重新按照线上流量的模式进行整合，我认为这一点是非常重要的。推广褚橙之前，我们主要通过一个全国总经销商批发产品到各地市场，就出现了如果褚橙销售偏紧各地不知道找谁要货的难题，但是现在所有购买褚橙的用户数据我们可以很清晰地从网络上获取，比如我们通过数据库可以了解到，某一个名人买了30箱送给各地的朋友，哪些人会重复购买，哪些人买了又送到哪里去是非常清晰的，这就是一个流量重构或者说数据化的过程。

第二，新零售流量的重构包括哪些方面？

零售路径变直。有一家做零售的新兴企业，以前准备了一条多级批发体系，现在企业老板说他不敢再继续做批发体系了，因为等体系建立起来了，渠道流通方式已经全部改变，他现在所做的体系很可能会成为他发展的障碍。今后渠道路径会被拉直，这是新零售的表现之一。

另外，很多人喜欢优衣库、宜家，以后新零售的核心表现就是从低性价比到高性价比的变化，很多人以为消费升级价格更贵，事实上消费者期望的是又好又便宜，要有名牌的质量，同时还要有普通商品的价值，这就是新的需求。

另一个是体验的新需求。流通的由远变近可能是核心变化之一，现在

很多企业的销售不振其实与另外一个用户习惯相关联，就是用户再也不愿意去三五公里外的地方买东西，要么送到家里，要么就在家楼下，所以流通的程度是新零售的表现之一。

我觉得给零售赋予新的定义，其核心是赋予新的能力，现在的零售技术，包括以后的机器人等，都会给零售赋能，让它成为真正的新零售。

陈彤：线下价值被重新发现，它最根本的因素是什么？是技术、渠道、资金还是其他？另外，如何评价当下零售市场的整合趋势，那些没有被阿里、腾讯这些巨头参与的中小零售企业应该采取什么样的对策？

张斌：互联网是一个底层物质结构，对于人们的生活影响深远，且会使整个业务模式的创新越来越快。目前消费者的需求被极大地激发出来，且不断地发生变化，这就要求商家采取各种各样的手段来迎合消费者。过去单纯地到实体店去买东西，后来通过网上买，消费者体验很好，商品能直接送到家里，且打折力度也较大。但一段时间后，消费者可能不再单纯地要求把商品送到手里，还要求要通过一种什么样的方式拿过来。互联网技术，尤其是云计算、大数据、人工智能等的发展，进一步推动整个商业模式的变化，线上、线下的融合变得越来越重要，线下店的价值就体现出来了。互联网巨头拼命地收购线下系统，也使得线下系统价值得到了重新发现。

现在布局实体店，未来成功的概率会越来越高。但是从另一角度来看，把线下的体系收入麾下，如何练好这摊活，是不是真正能够为消费者提供满意的服务？现在还是线上、线下融合的初级阶段，我认为在未来3~5年的时间里，还会有非常大的调整。互联网企业在互联网生态下的生存基础是要站在现在看未来，谁能够站得更高、看得更

远、看得更准，谁就能够把这摊事做得更好。

宋向前： 我觉得线下商业价值的重新发现的第一个关键是商业关系，商业关系是人与货物的交换最终满足人的消费需求，从而带动消费者升级，因此消费者的尊重和关注其实是商业的本质。我们采用云计算、大数据，我们采用互联网的手段，我们用更好、更快捷、科学的物流，目的是把商品和服务更加好地输送到消费者手上。

> **"** 线下是一个非常重要的场景，这个场景是线上的电商和线上的零售无法提供的，人还是需要有精神交流的，我相信一个人不可能只是通过冷冰冰的方式来发生交易。**"**

第二，40万亿左右的商品零售总额中，线下占比85%——30多万亿在线下，只有7万亿~8万亿在线上，线上增长速度在下滑，而在增速不高的情况下大家都要抢最大的蛋糕，这就是商业选择。市场上有30万亿左右的存量，如果提升效率10%，那就是3万亿的巨大增量市场，向存量要增量，这是一个伟大的博弈。互联网再大，你只有2%，若忽略线下的98%，这叫舍本逐末。

第三，未来的线下零售是社会关系的重构、生产方式的重构、生活方式的重构。新动力是大数据，重构整个商业关系，商业会变成智慧型的，由于这些智慧化的手段，例如互联网、云计算、大数据的侵入，服务提升效率，企业、制造商、商品、服务和消费者之间的距离进一步缩短，从而相互更了解，这标志着去中心化时代即将来临。

汪林朋： 线下的价值在哪里？它的价值就像人的生命，生命最重要的意义和本质在于过程而不是结果，这就是线下的价值。

另一个问题是，阿里和腾讯没有投资的零售企业是不是没有希望了？我不这么认为，商业的本质是服务的效率，就是你的服务能不能满足消费者的痛点，能不能满足消费者的需求。作为零售企业，如果你是在商业的本质上进行服务，那就完全不用担心，反过来，阿里或者腾讯投资的商业服务一定很高吗？那也未必。

林木勤： 从品牌商、生产商角度来说，我希望整个流通环节不要被阿里和腾讯垄断，而是要冒出更多专业领域的流通或者线上、线下结合的品牌出来。我现在最怕的一种情况是：一个品牌刚刚做起来就被阿里收购

了，这从长远角度来看是不利的。这样，被收购方就会变成他们的代工商而不是品牌商，那时候消费者买到的东西贵还是便宜，那就要看巨头们的良心了。

陈彤：加华伟业是专注中国消费和服务行业的投资机构，已经投了居然之家、东鹏特饮、美图、大众点评、洽洽瓜子、加加酱油，投资管理的资金规模超过了500亿元，宋总为什么会投居然之家？您怎么评判阿里和腾讯在零售方面的投资风格？

宋向前：一个产业的兴起，既需要产业智慧也需要资本智慧，这两者相得益彰，不但收获利润，更收获友情。腾讯和阿里是大智慧，这个布局不仅仅对腾讯和阿里本身的商业战略和公司价值有帮助，更重要的是对中国经济的未来有帮助。中国的GDP是美国的70%，这个比例关系日本和苏联达到过，但是有一个数据是日本和苏联从来没有达到过的，就是社会商品零售总额。社会商品零售总额反映了老百姓花钱买的商品量，2017年中国社会消费品零售总额达到36.6万亿元，已与美国基本持平。据报道，2018年中国的零售总额可能达到5.8万亿美元（约合人民币37万亿元），预计将会和美国持平，甚至超过美国。中国14亿人口在助力中国消费，助力中国零售。腾讯和阿里在这方面布局，也是因为这个行业存量太大。增量竞争靠线上，存量博弈和提升效率靠线下。这30多万亿元的市场，换作我，我也想进入。这是一个伟大的时代，确实要感谢阿里和腾讯，因为它们不仅创造了一个概念，更重要的我们10年以后再回头看，会发现马云和马化腾带领中国的商业、中国的经济进入了一个新时代。

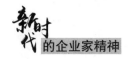

【互动环节】

提问：站在消费者的角度来看待新零售，以前线上特别火的时候我一直抵触，认为网上买的东西肯定不如我在现场选的，后来发现我平时穿的一双袜子线下实体买50块、80块钱一双，线上仅要30块钱一双，但确实跟实体店买的袜子质量有差别，所以再也不网购了。我认为前几年特别火的线上销售几年后必然回归到线下，果然现在就开始转线下了。居然之家包括拥有实体店的企业，未来绝对是主流，场景也好、服务也好、品质对比也好，都是有一定阶段性的，未来关注的一定是现场购物的环境，所以我认为商业的本质还是要回归到品质、现场感应、定制、个性化，这毕竟是潮流。所以从一个消费者的角度，我认为新零售是一个伪命题。宋总，怎么看？

宋向前：其实我个人在几年前跟你持同样的看法，但是这些年我改变了看法。你买80块钱的袜子，不代表有人不可以买30块钱的袜子，你可能买真的，有的人可能买高仿的，存在就是合理的。互联网对于效率的提升是不可否认的，你讲的只是个别现象，每一个阶段都有不同的消费需求，消费者也在逐渐成长。我觉得应该换位思考，因为消费者也在成长，每个人在不同年龄、不同阶段、不同教育背景下、不同家庭环境中有不同的消费力，拥抱改变是未来人类生活更美好的重要前提，效率提升确实需要互联网的帮助。年轻态跟年龄没有关系，关键看你自己的内心，你要拥抱了变化，你就跟年轻人是一样的，而年轻人也有不网购的。所以我觉得新零售这个命题其实是存在的，只不过每个人心中的新零售不一样。

提问：我在网上看到张总讲的一句话，"实业家转型不光要有思想转型，还要有行动转型"。我的问题是，线下和线上有非常大的不同，未来的线下企业要升级到新零售或者转型到新零售，驱动因素到底是以外部动力为主还是以内部动力为主？需要靠京东或者阿里来改变我们，还是我们自己来改变自己、变革自己？

张斌：人要真正想改变是很难的一件事情，尤其是像我们做零售的。我们有一个多点系统，实际上最初物美很多人在执行层面对多点系统是抗拒的，因为：他们自己不在网上购物，那么首先从心理上来说是抗拒的。

200

互联网有一个试错机制，不断来测试这个方向是不是能够符合消费者的需求，试错过程当中又是很复杂的。随着时间的推移，大家的思想不断地在进步，在这过程当中他们渐渐体会到，不拥抱互联网是不行的，不认真解决痛点是永远解决不了问题的。经过我们一年多的实践，现在物美的服务员们，尤其是一些年纪比较大的大姐、大妈们，现在在推广多点系统方面积极性比一般年轻同志都高，这也说明只要思想转变，行动上是能够跟上去的。

投资未来

" 有想法、敢创业、勇创新、敢于选择自己的未来，这些就是走向未来最强大的动力。**"**

投资美好生活

文 | *孙宏斌* 融创中国控股有限公司董事长

    房地产的下半场是什么？就是投资美好生活。从这一角度来看，将房地产换成任何行业，这答案都可以。比如AI，AI的下半场就是找对象，这也是美好生活的一部分；再如互联网的下半场，也是投资美好生活。

    这几年我们也做了很多投资，投资逻辑是什么？依然是美好生活。为什么大家都在投资科技创新，投资AI？目标就是消费升级。前几年说的是消费升级，自从十九大以后，消费升级就改成美好生活了。

    不过，相比于科技创新、AI，我还是更喜欢房地产的下半场，为什么呢？第一，我们是一个房地产公司，我们的主业是房地产，如果房地产都做不好，就没有钱，更别说投资其他的了；第二，房地产也是一个非常有意思的行业。

    房地产是一个大家都懂的行业。所以今天我首先想说说房地产是什么，当前有何特点；其次想谈谈什么是美好生活，以及为什么要现在投资美好生活，而不是去年，也不是五年前；最后，想说说投资美好生活有多难。

    首先，谈谈房地产行业的特点。

    第一，规模特别大。我国汽车产业销售规模约占全球的1/3，2017年约为四五万亿人民币，所以全球汽车产业销售规模约为两万亿美元，而我国房地产2017年的销售额已经超过全球的汽车行业。这是一个巨大的市场，一个谁都不愿意放手的市场。2017年房地产行业的规模为13万亿~14万亿元之间，按我的估计，房地产应该是一个规模可达15万亿人民币的行业。

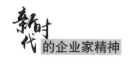

第二，行业在快速整合。很多人都认为房地产行业没有护城河，就是买地卖房子，很容易。但我想说的是，这个行业的护城河其实非常深。为什么深？我一直认为，这个行业实际上分为两部分：一部分是投资，另一部分是盖房子。如果投错了，盖什么房子都亏钱；如果投对了，盖什么房子都挣钱。这是这个行业最难的。现在有很多人做投资，投资本来就很难，投资房地产行业更难，因为投入进去要好几年才能知道结果。

很多人都装修过房子，对资金富裕的人来说，买大房子容易，但想找一位好的设计师很难，因为全世界最好的设计师只有那么多，都被我们这样的大地产公司给"占"了，小公司基本没有机会请到这些好设计师。所以，好的设计师其实也是一个护城河。另外，因为行业整合快，这几年大公司增长也都很快，而小公司很难参与其中，挤进前几名就更困难。

第三，行业政策特别多。我一直说，做企业要看宏观，还要看微观。"微观"是我们自己所做的事，"宏观"是这个行业要向什么方向发展。其实很多时候大家看的是"综观"，比如今天出什么政策了，那是综观。综观的事，我认为不是最重要的。最重要的是宏观，是对这个行业未来的判断。如果发现方向不对了，我们就要调整，然后继续往前走。

我们也承认房地产行业是一个周期性的行业，与宏观有关系，政策每年都在变，但是这个行业，不仅是我们，前几名的公司每年都在大幅度增长，为什么？就是因为无论哪个行业，任何一项政策都能够变成其中某些企业的优势，关键是看你是否能把坏事变成好事。这其实特别难。

总结而言，

> **❝** 这个行业有三个特点：一是规模大，我们如果把这个行业做好，行业前十名，甚至前二十名的企业都能排进世界五百强；二是行业快速整合；三是行业政策一直在变，但无论什么政策，都会有好处，要把政策变成自己的优势。**❞**

这是房地产行业的三个特点，也是指导我们做事的方向。

大家都在买房子、买股票，虽然谁也无法判断将来，但是我认为房地产行业绝不存在大幅上涨的可能性，也不存在大幅下降的可能性，它在今后5~10年里，都会处于波动之中。当然，每个城市都会不太一样。近年来，这个行业确实发展得较好，所以我们的现金流也比较好。今后几年，这个行业还会快速发展，对大公司来说尤其如此。这是我对这个行业的一点判断。

其次，什么是美好生活，为什么要现在投资美好生活。

我们这几年一直说投资消费升级，消费升级是什么呢？你有房有车、吃饱穿暖之后想做什么呢？所以，美好生活就是你的基本生活需求得到满足后的更高追求和享受的东西，那么下一步就是文化旅游，还有文化娱乐以及养老、休闲、教育……这些东西是下一步我们要投的，这就是消费升级。

为什么要现在投资？因为现在的人都有钱了。其实中国人开始有财富的概念是从2008年开始的，2008年以后很多企业、很多人有钱了。不过，房地产行业是从2015年、2016年开始变好的。中国的财富人群渐渐增多，他们到了享受美好生活的时候了。我记得1985年我第一次去海南，从北京坐飞机到广州，普通舱146元，经济舱190元。然后再从广州飞到海南，住在南天大旅店，当时正在试营业，一晚75元。这价格谁住得起？我那时工资每月97元，让我拿一个月的工资在这住一晚，我当时想，这个酒店肯定

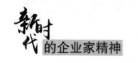

倒闭。那天我走的时候，还把拖鞋给带上了。而到今天，过年的时候海南的酒店有时达到了一万元一晚，但仍有很多人预订。

再如电影，2008年，中国全年的电影市场仅40多亿元，现在已经达到五六百亿了，只一部电影的票房就能达好几十亿。就是因为人们都有钱了。以前人们都买影碟看电影，因为买碟5元，去电影院要10元。现在谁还卖碟啊？以前跟女孩出去约会，花掉100元已经算高消费，现在看电影、吃饭还有洗脚，一千元可能是最基本的消费了。人们生活水平提高了，不在乎花几十元看一场电影，看电影已经是最便宜的事了。

所以，投资美好生活的时候到了。

投资美好生活实际上很难，难在哪儿？

第一，门槛高。泰康东升大哥现在投的医养结合产业，我特别看好，因为当前文旅和医养行业的门槛很高，随便一个旅游项目的投资都是100亿元以上。现在万达项目做完以后，我们大约会持有2000亿元的文化旅游物业，如哈尔滨万达城，我们持有的酒店群、万达mall、游乐场及秀场合计共100多亿元，青岛的项目甚至达200多亿元。

第二，因为门槛高，回报率就很低。目前我们投资的这些项目回报率可能只有1%或者0.5%，有的只能做平，万达城现在已经有哈尔滨、西双版纳、南昌、合肥四家开业了，我们2018年的目标是做平，2019年可能才会开始盈利。

回报率低、投资大，因此门槛高。但这个行业有什么好处？正因为门槛高、回报率低，所以供应量少，如高端的文化旅游就非常少，但随着需求的逐渐增加，这些产业的发展会越来越好，今年回报率可能只能持平，明年就有可能变成1%，后年再增长为2%，再过三年、五年、十年可能就是20%了。但在这过程中，需要投入很多资金，医养结合是这样，文化娱乐也是如此。如视频网站，一年亏损两百亿元很正常，中国一年拍800部电影，但真正在电影院上映的并不多，所以对大部分电影从业者来说，挣钱的很少，反而需要投入很多资金，有的亏损了，有的赚出来了。

简而言之，行业消费升级也好，美好生活也好，不是谁都能投资的，它的门槛很高，但如果坚持下来，优势就会非常明显。

AI时代的投资逻辑

文 | **王维嘉** 信中利美国创投公司创始合伙人

　　对于人工智能，有人说它是"仙女"，有人说它是"魔女"，从投资人角度来讲，无论是"仙女"还是"魔鬼"，它都要给投资人带来收益，它必须是一个"娶回家的媳妇儿"，能"怀孕、生孩子"。

　　从1985年第一次到美国至今几十年间，我在硅谷观察到了几个规律。

　　第一，创新大约以10年为一个周期。我经历了四次创新浪潮，第一次是个人电脑，第二次是互联网，第三次是移动互联网，第四次毫无疑问是人工智能。为什么是以10年为一个周期？因为10年间，所有能做出的技术都已经做出来了，能成功的商业模式也成功了，一些大型公司也已形成了垄断，风险投资也无法再进去了，所以他们不得不寻找下一个方向。因此，我们在硅谷的美元基金的投资期限全部是10年。

　　第二，中国的追赶。当创新浪潮刚出来的时候，如当我们2007年第一次使用iPhone的时候，中国手机基本都是山寨机，质量与iPhone差得非常远。但10年内，中国基本上已经迎头赶上，今天华为手机在很多方面都已经超过了苹果。但是，当中国刚刚追上的时候，美国下一个浪潮又出来了，人工智能就是从2012年开始启动的一次新的浪潮。在此之前，人工智能已经出现并研究了60年，这次有什么不同？最大的不同就是这次不再需要人去编程，而是让机器从数据里学习。我从1988年开始也做了几年的人工智能研究，当时的人工智能没有任何商业应用，所以我转行做移动通信。而到今天，因为计算能力、数据提高了10个数量级，这就相当于一个火箭的引擎、燃料增加了10个数量级，所以人工智能起飞了。

　　关于人工智能，我们从媒体报道里听到过很多词，大家千万不要被这

些词"忽悠"了。人工智能、机器学习、神经网络和深度学习，四者之间是互相包含的关系，从我们外行或者投资的角度，完全可以把它看成是一回事。今天的人工智能主要是模仿人脑。人类学习的主要功能就是当你受到外界刺激以后，你的神经元开始发送电流，然后和附近的神经元产生新的连接，这个新的连接就是记忆。如果不断地刺激，刺激越多，我们的记忆就越深刻。今天，我们所有神经网络的原理都很简单，就是用一个电子的电路来模仿一个神经元。如果我们要投资人工智能，很重要的一点就是要把整个生态搞清楚。

对于人工智能的生态，我总结出了一个金字塔结构。

处于最顶端的叫算法，算法是什么？如果我们把人工智能当成一个火箭，算法就是引擎的设计。以发动机为例，过去是螺旋桨发动机，现在是喷气式，喷气式这种新型的发动机就是算法。

算法下面是芯片。芯片就是引擎本身。这两个东西是最重要、最基本的。

再往下是计算软、硬平台，特别是软件平台，在未来的竞争当中，它的生态系统就在这一层。谷歌有一套开源系统，全世界大约有几十万个工程师在谷歌这套开源系统上开发软件。未来的竞争是，即使你能生产出芯

投资未来

片，如果没有人给你开发软件，芯片也没有用。

最底层就是市场机会、投资机会最多、GDP（Gross Domestic Product，国内生产总值）产生最多的应用。应用层面哪个领域市场最大、机会最多？首先是以电动汽车和自动驾驶为代表的各类应用，代表着一个5万亿~10万亿美元的市场，它会使我们现有的汽车行业发生天翻地覆的变化。还有图像识别，如人脸识别、医疗图像识别、语言文字处理等。将来语言文字的技术可以发展到什么程度？据个人估计，10年之内，我们只要戴上一个耳机，走遍全世界可以不需要其他翻译人员。

在2007、2008年，当移动互联网出来的时候，我们在讨论什么是移动互联网的杀手级应用。很多人认为移动互联网无非就是把搜索条放在手机上，在手机上看网站，即把PC上的东西放到手机上。但最后我们发现，移动互联网不是这些，那它是什么？是滴滴打车、O2O，因为只有手机有位置信息，而PC没有。所以今天我们所看到的从自动驾驶到智能医疗，可能都不一定是人工智能的惊喜市场，真正的惊喜市场也许还没有出现。

那么人工智能到底是什么？其实非常简单，就是让机器学习数据里的相关性，只要数据有相关性，机器就可以学习。今天基于神经网络的人工智能就是如此，死记硬背，然后熟能生巧。让它看的场景多了，它就记住并学会了，它的大脑智能还仅相当于爬行动物的大脑，和今天人类的智能还相差甚远。

我们知道，人类的智能除了相关性之外，我们在学习和判断的时候还有一个依据是因果性，但今天的人工智能里是没有因果性的，它不懂因果，只知道相关，这是它和人类思维的最大区别。简而言之，它不能举一反三。比如，你给一个小孩看一只黄色的狗，明天给他一条看黑颜色的狗，他就知道这是狗不是猫。如果是机器，我给它看的狗全部是黑颜色的，突然再拿一只黑猫给它看，它还是会认为这是一只狗，因为它认为狗最重要的特点是黑颜色。这就是当前人工智能出现的问题——它不会把最重要的特征提取出来。所以在美国有一批反对当前人工智能神经网络的模型派，他们认为人工智能一定要理解世界，要有模型、有因果，不能只靠相关性。这就是今天人工智能的局限。

我举两个例子，都是我们投资的项目。第一个是发现新药和医疗诊

211

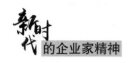

断。发现新药是一个什么过程？比如癌症，在癌症中起主要作用的是蛋白质，要攻克这类癌症，生物学家首先要找到目标蛋白质，剩下的事就是化学家要找到能与这个蛋白质发生作用的化合物。那么目标蛋白质怎么找？当前的做法是几百名化学家根据他们的经验从无穷种的化合物中去试，就像炼金术一样，去做实验，不停地筛选。这个过程大约需要两年，花费2亿~4亿美元。今天一个新药发现的成本是30亿美元。那么对于这个过程，人工智能会怎么做？将历史上所有能与蛋白质发生作用的化合物的数据提供给机器，让机器开始学习，从而总结何种蛋白质配何种化合物。实际上，它就相当于一个有经验的红娘，如果一个红娘成功为一万对新人搭线牵桥，那么当有一个小伙子需要找另一半的时候，这个红娘基本上也能为小伙子找到八九不离十的人，身高、体重、脾气、性格基本上都符合要求。

医疗诊断也是这样。人患疾病后，身体会出现相应的症状，比如一个人血糖高，那可能与心脏、肾、遗传有关，这就是它的相关性。一个有经验的大夫可能只会想到三五种情况，但是机器可以判断得非常准。如果你把历史上所有人类的病例都提供给它学习，那它就会成为一个最有经验的老大夫。

第二个是通用机器人。我们投资的这家公司主要是做机器人，现在的机器人还需要编程，比如你让它做的工作从一件事变成另外一件事，那就需要对它进行重新编程。这家公司的目的就是希望通过训练让机械手能听懂人类的指令，并按照指令操作。

今天自动驾驶电动车的核心有两个：一是环境的感知，所以要有一堆传感器，激光雷达、摄像头、毫米波雷达等；二是软件，用来帮助车辆做路径规划。硬件是感知，软件是路径。今天自动驾驶的问题在哪儿？就在于虽然激光雷达已经非常非常精确，但是它的售价是1万美元。我们投资的这家公司可以将毫米波雷达做成香烟盒这么大，售价200美元左右，而且可以全天候工作。

根据以上的分析，哪些领域能应用人工智能？只要满足两个条件就可以应用：一是数据密集，一是钱多。人工智能还能做哪些人类做不了的事？比如艺术，有一张图片，我希望将它变成具有梵·高风格的油画，再优秀的画家也不一定能做到，但机器可以，只要给它提供所有梵·高作品的数据，让它学习，这也是相关性。所以人工智能和互联网的区别是什

么？我认为最重要的区别是互联网公司全部是2C的公司，而人工智能到今天为止全部是2B的生意。这一区别对我们投资人来讲非常重要。比如在2C的生意里，一般是赢者通吃，所以当一个新的商业模式出现以后，所有人不惜一切代价都要进入，为什么？因为只要它成功了，多贵都不算贵。但是人工智能2B的生意就不一样，比如在中国人脸识别领域，同时可以存在多家公司，到最后要拼销售，看谁能将最大的客户群搞定。互联网是从商业的边缘启动，而人工智能是从商业中心爆炸，如金融、自动驾驶汽车。

总结一下，AI时代的投资逻辑是什么？赛道怎么选？第一，可优化产业流程的赛道可以进，即产业要足够大。第二，如何选车手？拥有独家技术其实非常难，我看了上百家人工智能公司，他们很多都是用GPU（Graphics Processing Unit，图像处理器）、谷歌的东西，用原创的算法非常难。独占数据非常困难，但不是不可能。如果一家公司有独创的技术，还能独占数据，那这家公司就非常值得投。但如果没有独家技术，也没办法独占数据，那我们就看先行优势，如果它进入产业比别人早，叠加的次数比别人早，那它的东西就会比别人好，这样的企业也可以跟进。

从投资的角度，我们要回归基本，要看技术壁垒、市场规模、团队等，这和其他的投资一样。很多人会问，今天做人工智能，在中国如何与BAT竞争，在美国如何与谷歌、脸书、亚马逊竞争？我认为，今天他们拥有的数据，10年后都不再叫数据，为什么？他们拥有我们每个人的DNA数据、我们每个人的病史吗？他们拥有石油的数据吗？他们拥有汽车驾驶的数据吗？没有，这些数据都在行业里。所以，作为新创公司，我们和他们竞争是没有问题的。但是2C的生意，这些大公司会逐渐吸进来，所以当你的人工智能要进入2C市场时，就一定要当心他们。

在硅谷，我们要帮助企业从零到一，我们投资的公司一定要有三个落差。一是技术落差。比如在决定投资前，我们一定会问自己，这样的技术中国有没有。如果有就不投了，一定要中国没有，且技术落差要非常大。**二是时间落差。三是资本落差。**同样是人工智能公司，在硅谷的估值是中国的1/5~1/10，仅这个资本差就非常吸引人。从VC的角度而言，我们坚信江山代有才人出，各领风骚三五年，"新科状元"一定会呼啸而来。

科技革命新思维

科技革命首先将塑造产业、分工和组织，继而塑造我们的观念、思维和生活。与此同时，软硬件基础设施优渥的国家，将弯道超车，从而重塑国家竞争和世界的政治和经济格局。对于未来社会，我们需要抛弃线性思维，再多点想象力，因为奇点已经来了。

在2018年亚布力年会上，斯坦福大学讲席教授、美国国家科学院院士、复盛（LDV）创投创始合伙人沈志勋，中泽嘉盟投资基金董事长吴鹰，信中利美国创投公司创始合伙人王维嘉，爱锐航集团高级副总裁兼CCO Ernest Edwards，易瓦特科技股份公司董事长赵国成，汉德工业促进资本集团执行主席蔡洪平，第四范式创始人兼首席执行官戴文渊围绕"科技革命与未来社会"进行了深入探讨，展开了一场思想碰撞的盛宴。联和运通控股有限公司董事长张树新担任本场论坛的主持人。

张树新：今天的议题是"科技革命与未来社会"。前些年我读过一本书叫《文明的度量》，这本书试图用四个参数来度量一万年前至今的东、西方，并进行比较。作者认为东西方在两百年以前，虽然都经历过很多次战争和各种不同的制度变革，但是差别不大。而一个最大的差别来自于1776年开始的工业革命，从此东、西方这两条线彻底分离。

因此我想知道，从两百多年前到现在，从工业革命到电气化、数字化、信息化，我们目前处在哪一阶段？从技术的角度看，这是一场什么样的科技革命？这场革命都包含什么内容？

沈志勋： 其实我认为，东方和西方在科学上的差别更早就体现出来了。在古希腊时期，东西方就有所不同，因为我们的学习方式不同。古希腊时期，西方就知道地球是圆的，因为月亮被遮住时会变成一轮弯月，那时他们就知道这是地球在月亮上的投影。五百年前左右，从哥白尼到伽利略等就建立了科学的传统和方法论，并印证了行星和地球的运转。其实，中国人也有非常强烈的求知欲，会关注药品致癌、食品致癌等问题，但都没有良好的科学规范。而西方从四百年前就建立了良好的科学规范，在这种规范下，基于人们的求知欲，产生了探索自然本质等一些最基础、最根本的科学基因，正是这些问题奠定了西方科学技术发展的基础，迎来了科技革命。

但今天的科技革命又完全不一样，人类已经进入数字化时代。在这个时代，量变引起质变，很多小数据看似无用，但大数据会带来根本变化，而技术只是在此基础上进一步促进了这一变化。

张树新： 经历了工业革命、信息革命到现在，哪些技术可能会是当前革命最重要的动力？

沈志勋： 有可能会在我们已知的技术方向上往前延伸，如大数据、

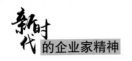

人工智能等。

另外，我认为更重要的是一些我们目前还未知的技术，即科学突破产生。如量子计算，量子称霸时代真的会到来，还是这完全是一个炒作？现在都不能确定。还有材料，众所周知材料能定义人类文明的格局，人类经历了石器时代、青铜器时代、铁器时代，今天是硅的时代，那么下一个能够影响人类文明格局的材料是什么？这些突破我们无法预知。一百年前科学发展史经历了从经典科学向量子科学的一个非常大的突变。用数学的逻辑来推导量子力学是推导不出来的，而如果人们思想认识升华了，那就会完全不一样，产生意想不到的突破。因此我认为中国更应该投入资源来开放人们的思想，改革开放解放了思想才有了中国的今天，而科学也同样需要解放思想。

王维嘉： 关于这次科技革命或科学革命在人类历史上到底是什么位置，我个人认为，这次的科学革命并没那么重要。

对于人类历史，沈志勋刚刚提到古希腊，古希腊出现了一部重要的数学著作《几何原本》，作者欧几里得使用的公理化方法后来成为建立任何知识体系的典范，在此后的差不多二千年间，被奉为必须遵守的严密思维范例。没有几何公理就没有今天的科学。这是人类历史上第一次认知的飞跃。

第二次认知飞跃就是五百年前的理性，由过去的从上帝角度来考虑问题，转变成一种理性的思维方式。

第三次飞跃就是20世纪20年代出现的相对论和量子力学，彻底打破了主观和客观，如果你仍然坚持主、客观分离，你永远无法理解量子力学。

这是人类的三次认知大突破。

> **"**今天的科学，实际上并没有打破20世纪20年代以来的认知范式。今天的科学革命固然重要，但没有导致认知范式的改变，因此，在整个人类认知的历史上，它事实上没有那么重要。**"**

吴鹰： 其实我更想谈谈科技革命与未来社会的关系。关于科技革命的重要性，我认为争论没有意义，但它所带来的变化是若干年前的若干倍。

科技在不断发展，很多技术已经积累到一定阶段，到达爆发的边缘，就会产生质的变化。1987年我在贝尔实验室写TCP/IP（Transmission Control Protocol/Internet Protocol，传输控制协议/因特网互联协议，又名网络通信协议），当时绝对想不到它能给人类互联网带来这么大的变化。又如现在的区块链，其实绝大多数人还没意识到，区块链给互联网带来的影响可能会更大。还有AI，从科学角度来讲AI时间很短，只有60年的历史，但是这个词已经用了很久。在中国由于人们关注，且有各种各样的渠道传播，因此一个新技术出来以后传播速度和范围比美国广。其实，中国在基础科学上跟美国相比还是有相当大差距的，但是有了互联网后我们接受新事物、采用新技术的速度迅速了很多，而且中国用户消费层很大，容忍度很高，可以容忍颠覆性技术最开始的不完善性。

经过科技积累，即将到来的技术革命会牵涉方方面面，产生巨大变化，而对于未来社会的影响，我个人认为也将是史无前例的。

戴文渊：我认为，上个时代中西方科学的主要差别在于是否足够去强调理论。以中医和西医为例，西医比中医更强调理论，而中医则更强调经验。这可以联系到范式问题，第一范式强调的是经验，第二范式就进化到了把过去见过的事情形成理论，从而积累下来不断推动学科的提升。而现在到了一个阶段，就是过去理论是由一群科学家探索发现的，而今后发现理论的如牛顿、爱因斯坦这样的科学家，很可能不再是人类，而是计算机了。未来的科学理论应该是由计算机通过数据去发现。

张树新：你认为被下一代技术革命所替代的行业包括科学家，对吗？

戴文渊：这观点其实不是我提出的。第四范式不是我提出来的，是图灵奖获得主、关系数据库鼻祖Jim Gray提出的，同时提出未来的科学家都叫数据科学家，就是把计算机教成像牛顿一样的科学家。

张树新：沈教授同意吗？

沈志勋：人类科学家会在理论的基础上有更多的抽象和升华。牛顿是把天上的事物和地上的事物结合在一起，爱因斯坦则用完全崭新的方式来重新看待时空，而不只是数据上的简单发现。

张树新：你是说机器想象力不够？

沈志勋：计算机能否拥有跳跃式的、完全断层的思想？

例如从经典科学到量子科学的跃进，只有拥有完全断层的思想才能实现，**这也许是人和机器最根本的差别。**

戴文渊：我们想象下，如果每一个细分的场景都能拥有一个伟大的科学家，社会会变成什么样？我们现在有很多场景并没有足够优秀的人去研究，比如银行信贷员，他怎样去放贷，是否做得足够科学？如果说我们能让计算机干这些事，它不需要到爱因斯坦的水平，它只要达到爱因斯坦30％哪怕3％的水平，把这个计算机复制出去，对整个社会的科学水平提升也是一个难以想象的事情。这是我觉得科技革命对今天最大的改变。

赵国成：过去几千年，整个人类一直在跟饥饿、疾病、瘟疫和战争做斗争。今天我们正处在一个移动互联网利用人工智能和物联网叠加的时代，这将改变人类的很多历史，会颠覆我们下一步的生活。我做无人机之前在做国际贸易，之所以会从国际贸易跳到做无人机，是因为我认为在国际贸易领域，我们永远像孩子一样在学习，我希望在无人机领域中国可以像欧洲那样领先世界。

沈志勋：我觉得科技革命归根结底是由于互联网传输速度的加速和计算导致所有要素都被激活了出来，也就是说数字化激活了所有的东西。由于互联网、物联网，大数据的传输和变化，计算和传输速度不断加快，以致今天把历史上所有的科技元素和科技理论结合在一起，互相振荡，产生了难以想象的未来空间。比如说时空变了，组合观变了，消费和生产也变

了。今天一切的爆发都是因为互联网所带来的革命。5G出来后更了不得，所谓的虚拟现实开始变成混合现实。5G是一个大革命，因为它加速了传输和计算碰撞，我们也投资了该领域。

Ernest Edwards：人类从刚开始，就希望发展得越来越快，比如说发明轮子之后，超越了步行速度，而1918年世界上第一个飞机出现，虽然当时只飞了15米，但从那以后世界变得越来越快。20世纪60年代末70年代初，超音速飞机开始被讨论。对于爱锐航公司来说，我们通过计算机来模拟人类飞行。不

可否认互联网在我们的生活中发挥着重要作用，不管我们意识到还是没意识到，如微信、钉钉。

张树新：三年前我回学校给大家讲互联网发展史，我想用非常简单的词把这件事讲清楚。于是我画了一张图——一个原子星球、一个数字星球。原子星球中曾经发生了很多革命，人类正在向数字星球迁徙，迁徙中是不是所有人都在同一个起跑线上？所有行业，从技术驱动、资本驱动、创新驱动，到最后集大成的今天，互联网已经变成基础设施，或者说数字化已经是整个人类发展的基础设施，我们还能分清楚究竟谁在碳基生物的原子星球，谁在另外一个碳基生命与硅基生命混合的数字星球？哪些生命是纯粹原子星球的，哪些生命是迁徙的，哪些生命是纯粹数字星球的？这是我关于互联网发展的第一个疑惑。第二个疑惑是，所有过去人类社会形成的规则、伦理、制度、常识、认知，哪些可以延续？哪些会作废？在这种情景下中国处在世界的什么位置？

吴鹰：这对人类社会是一个挑战。说到这些规则，政府其实也扮演着很重要的角色。比如，中国停止了ICO（Initial Coin Offering，首次币发

行），其实国际社会也一样，很多国家面对新技术都不知道如何管理。ICO这种数字货币，之所以会被封掉就是因为它没有监管，没有监管意味着什么？币圈的人，信誉是第一重要因素，如果欺骗了别人，哪怕只有一天，后面就没人继续跟进了。ICO创始人五年前就将他的房子比特币化了，后来因为下跌痛苦了很久，但随后比特币涨了很多，他也就赚了。那么，究竟该如何去平衡数字货币，我认为不能用传统规则去监管。一个ICO项目，如果三个月才完成，它就是失败的。那位创始人当年提出ICO后，仅用两周就融资了1500万美元，而在白皮书写完之后他又用了一连串的方式进行了验证。因为ICO的底层技术是区块链，它具有不可修改和不可篡改的特性，可追踪但不可修改，就解决了信任问题。

人类生活中各种各样的交易都需要解决信任问题。以信用为例，它是信任的积累，不是一天就能形成的。那么数字货币比特币出现以后，监管机构应该如何去做呢？其实我认为中国对于互联网金融的容忍程度是很不错的，即使出现那么多如e租宝等骗局，中国仍然只是加强监管而不是封掉。现在区块链出现了，它的好处是大的金融机构愿意接受，主流金融机构也花费大量时间来研究，包括央行也要发行数字货币。我是一个乐观派，所以对未来社会的变化，我觉得人类总会想到一个办法去克服和解决监管问题。

王维嘉：我觉得**每次新技术出现的时候，会造成社会权力的转移**。比如互联网和手机就把权力从机构移向了个人。

但是技术趋势永远不会是单向的，比如云计算和大数据又把权力收回到了大架构，包括政府。人工智能现在很难说到底是让大机构更有权力，还是让个人更有权力，但目前看来是让大机构更有权力。

我个人认为，从对社会的颠覆性来讲，区块链比人工智能要大。人工智能对社会的颠覆是渐进性的，那么区块链的颠覆性体现在哪里？我认为区块链最重要的就是和主权国家博弈，比如说像委内瑞拉这样的国家，原来人均收入2万美元，现在饿殍遍野，很多老百姓都要饿死了。因为委内瑞拉极左政府把私人财产全部没收了，也就是公私合营，于是整个经济就彻底垮台了。但是假设未来世界上的所有产权都由区块链来分布，就会在全世界形成一个世界性的产权认证，而不是由主权国家来认证。还以委内

瑞拉为例，比如委内瑞拉国家政权把我的房子和土地等私有财产没收了，但是如果区块链不认同，那就是非法的，这就会对这些主权国家的主权形成制约。一旦区块链发展类似于一个全球化的大公司，那么未来很多国家政府的中介功能、信任功能可能都不需要了，所以现在所有的国家对待区块链都极为谨慎。因此我个人认为，对人类社会目前颠覆性最大的是区块链。

沈志勋：任何技术都有两面性，有正面的，也有负面的。刚才大家讲了区块链很多正面的东西，但是在人类社会的发展过程中，技术只是一个方面。有时候技术在社会上能够被接受，但是如果太超前的话，就会有一个博弈的过程，而这个过程会持续相当长的一段时间。因为即使是一个正确的东西，在一个错误的时间做也不一定是对的。我认为在一定程度上做区块链的人是没有多少社会责任的，但是政府是有社会责任的。老百姓如果被区块链圈了很多钱，出了问题，不会找做区块链的人，最后会演变成社会问题。尤其是对于区块链来说，我认为更重要的是如何让技术和社会和谐起来。因此在今后这段非常长的博弈过程中，政府应该采取一个开放的态度，但同时更重要的是严格监管。

戴文渊：我们是长期做技术的，其实技术本身是一个相对没有属性的东西，关键要看如何去用它，核能拿来发电是好事情，如果拿来扔原子弹就不是很好了。新技术需要一个比较长的时间去改变人们对它的认知，但这个产业最终要发展到健康的状态，就需要大家有一个正确的认知，既然AI技术已经摆在这里了，剩下的就是大家对于这个技术的认知以及如何正确使用的问题了。

张树新：新的社会还在酝酿形成之中，所以很多东西都是未定的，蔡总怎么看？

蔡洪平：我很同意这句话：新的技术和新的革命到来的时候，一定不要忘了现有的社会体系和人的素质。中国有一句话叫良币驱逐劣币，现在又来了比特币，但是不管是什么币，首先都要是良币。在国民素质很差的情况下，在A股市场搞了30年都没搞好的情况下，我怀疑再好的工具都可能会被折腾得"走样"，也很有可能会把好端端的新机制给扼杀了。因此，我认为还是土壤的问题，跟技术是两回事，关键是看什么人来做。我赞成

区块链，也拥抱区块链，但是对于ICO等，我认为就需要谨慎对待了，现在确实骗子太多。

吴鹰：老蔡刚才提到的这一点，其实正好说明了ICO的必要性，因为传统体系中，我们监管了30年都没管好。对于区块链将来能否全部解决这些问题，我不确定，但我同意王维嘉的观点，区块链对人类的影响、变化和冲击已经超过现在所有的技术，目前来看会超过AI。

张树新：前两天我看周鸿祎发了一篇文章，说他到现在为止终于看明白了区块链，他认为TCP/IP的本意还是分布式，给个人赋能。其实，我认为数字化是实现个人最大自由的机遇，人类文明到今天为止，有包括主权国家、各种体系等的管制系统，而这一波数字化则打碎这一切。《文明的度量》的作者在分析东、西方的时候，最后也承认说，到了信息化这一波，东方又赶超回来了。在这里我想借用一组数据：1995年是全世界互联网商业化的元年，那时全球的上网人数是几千万，中国只有几万、几十万。而到2017年，微信的全球用户已达10亿，中国移动互联网用户的渗透率在全球最高。

前两天李开复在朋友圈说，比尔·盖茨前两天发表了一个言论，他认为，中美在AI和未来技术之争上，中国无法弯道超车，因为原创的科学和技术基本都在美国。李开复说他只同意一部分。他不同意之处在于这一波数字技术的应用场景之重要，以及应用与开发之间的路径之短，与历史完全不同。李开复认为，中国有可能弯道超车。

王维嘉：弯道超车的话题，我认为可以从PC的发展历史来探讨，PC诞生后出现了两个霸主：微软和英特尔。中国想打破垄断的努力从没停止过，从操作系统到金山软件，再到各种各样的芯片，而到今天基本上告一段落了，因为不可能再出现一家中国的PC芯片公司或操作系统公司，也没有人愿意去做了。究其原因，我认为不是中国人不聪明，也不是中国人没钱，更不是中国人技术不好，而是因为这是一个商业的生态系统。比如一个中国企业做了一种芯片，想要供给联想用，联想即使选用了这种芯片，但是没有操作系统，即使有了操作系统，没有应用软件又该怎么办？再比如，Windows上有几万个应用软件，相比之下国产操作系统可能只有十个应用软件，这样的产品上市有人买吗？肯定没人买。如果没人买，联想会

用这种芯片做电脑吗？也不可能，因为谁也不想做赔钱的生意。整个生态系统从最小的芯片开始就已经形成了。

再看人工智能领域，英伟达的GPU（Graphics Processing Unit，图形处理器）生态系统基本形成了，谷歌的计算框架生态系统也已经形成了，这两个生态系统很难被撼动，因此我认为这也是中国在基础方面很难追赶美国的一个重要原因。

很显然目前中国在应用方面一点都不落后，如人脸识别技术绝对领先全世界。但在人工智能方面，

原创能力主要集中在算法和芯片上，数据再多也不过是通过算法将其训练得较好而已，相当于让一个人看图识字，使其认字比其他人多一点而已。但是认知能力是由算法和芯片决定的，数据再多也无法改变这一点。

吴鹰： 我不同意比尔·盖茨的看法，同意李开复的看法。其实AI是一个很广泛的概念，如果把它具体化，就以大家比较容易理解的自动驾驶为例。自动驾驶是AI的一个非常核心的具体化的体现，它需要大量的数据。谷歌再厉害，美国也只有那么多人，而中国人多，应用场景也多。所以，如果政府可以适当开放10万辆、100万辆、1000万辆自动驾驶车辆，那么统计出来的数据应用就会早于美国。还有大量应用是专用芯片来做的本地化的AI应用，这方面中国有相当一部分已经积累了5年、10年甚至15年经验的人做出来的芯片设计已经很厉害了，不比美国差。但是在核心GPU的高性能技术上，美国的确领先中国。我认为中国还是有机会的，而且有相当规模像BAT这样的公司投入了巨资和巨大的人力来做人工智能。

赵国成： 纵观世界200多年发展的历史，每一次科技革命都能诞生一些世界领导者。第一次工业革命人类进入了蒸汽时代，第二次工业革命人

类进入了电气化时代，第三次工业革命人类进入了信息化时代，而第四次工业革命已经来临，人类进入了人工智能时代。我认为并不是开发和挖掘这些技术的国家和企业就一定能够站在领导者的位置上，更多的应该是我们如何去利用好这些技术。而对于我们来说，把技术作为发展企业的工具，那么中国在很多领域是完全有机会弯道超车的。比如说无人机，中国的民用无人机市场占有率已经达到了80%，这算不算是市场领导者？我认为完全可以。因此，我认为中国只要利用好下一阶段的区块链技术、人工智能技术、生物科技技术等，就能够领先于世界。

王维嘉：无人机领域，中国不需要弯道超车，因为中国一开始就是领先的，大疆就是世界第一个领导性的公司，是原创性的领先，所以这方面不需要弯道超车，而是美国可能要弯道超车。

沈志勋：我两个观点都同意，但同时我认为也要区别看待。我认为中国还是有机会弯道超车的，但是这条路还很长。我自己在投资项目过程中发现了很多问题。

第一，就像王维嘉说的是体系问题，不是技术问题。有一次，我跟任正非在一起讨论，我问他，"什么时候你的手机可以超过苹果？"他说，"说真话，跟着苹果走，华为如果不被甩掉我就赢了。"他还跟我讲了很多点，总结起来就是，这是一个体系问题，不是技术问题。

第二，高端创造。中国目前最大的优势就是应用，其实淘宝也不是高科技，腾讯也只是一个应用。虽然我们在应用方面了不起，但是应用和开发是两回事，原始的开发是要经历几代人努力的。以半导体为例，现在中国大量的半导体需要从美国进口。中国自己做出来了但没有人买，因为总

差三个度——精度不够、耐久度不够、可靠度不够。中国人太着急，动不动就炒概念，想发财。而且关于对"客户是上帝"这句话的理解，东、西方也有差异。我在欧洲跟德国人谈论的时候，德国人说他们做手表等产品真的跟商业没关系，而是像对待神明一样。中国人理解"客户是上帝"就是要招待好，横幅拉好，饭吃好，歌唱好，让客户舒服等。这种对待技术和工业生产力的态度，如果不转变，中国是没法弯道超车的。

戴文渊：关于这方面，其实我认为这背后有一个根本的问题，就是我们做任何一个事情的从业者有多少。

我自己是一个技术从业者，十几年前我去硅谷考察，那时我和每个谷歌工程师交流，能从他们身上学到很多东西。2017年我再次去考察，发现我们从绝大多数公司发言者讲的内容中已经学不到什么东西了，反倒是我去给他们讲的东西让他们学到了很多。2012年我还在百度，那时候我们还有一些妄自菲薄，研发遇到了瓶颈，就去海外挖了两个人来面试做同样的岗位，面试完才发现他们思考的问题是我们两年前思考的问题。这不是人和人的差别，而在于我们比他们先做了几年。因此，今天在中国做应用，我一点都不担心会落后于美国，因为在应用领域有足够多的聪明中国人在花心思解决这些问题。但是不可否认的是，我们在理论科学方面确实存在一些问题，因为理论科学是一个更高层次的境界，是一个满足人的精神需求的境界。做理论的科学家想发财不是那么容易的，这更多的是一种自我的实现，中国在这方面的科学家确实少很多。但是我很乐观，因为中国整体生活水平在提升，温饱问题解决了，小康问题解决了，人们总会慢慢地提升自我追求，就会有越来越多的人参与进来。

沈志勋：其实用我们的行话说，这是一个极端正反馈的过程，即我们做一件事情，随着时间的推延会有一个反馈。现在这个反馈的过程越来越快了，也就说明这一发展不是简单的、固定的，而是动态的。这就是为什么中国的企业都在做应用，事实上在做应用的过程中，它也在改革。

关于能否弯道超车，我想再从另外一个角度讲讲我的想法。很多人问，为什么硅谷一直能产生这么多新东西？其核心是人才。美国本来就是一个移民国家，相对来说较容易吸引到全世界的人才，这些人才进行思想碰撞后，就会擦出完全不一样的火花。现在我组里的学生有两个德国人，

一个以色列人，一个法国人，一个美国人，一个中国人和一个日本人。每一种文化所培养出来的人，思路和做事情的方式都不一样，因此把他们放在一起，就可以从不同的文化中互相吸引、互相学习、共同进步。

> **❝** 中国能不能真正领先，就要看是不是有这种情怀和大气，真正能够吸引全球顶级的人才，并委以重任和彻底的信任。**❞**

王维嘉：中国现在已经到了一个需要坐冷板凳的精神阶段，即中国现在需要基础科学的重大创新，比如人工智能。20世纪80年代我学习人工智能，毕业出来找不到工作，于是就转行了。而我的导师坚持60年把它做出来了，其他有些人甚至连经费都拿不到。中国如果没有这样的人来坚持60年，又如何能在基础科学上赶超？今天的互联网建立在PC基础上，PC建立在半导体基础上，半导体建立在量子力学基础上，而今天中国的量子力学研究在何处？任何一种技术，从实验室开始产生最初的想法到普遍应用，至少需要70年。今天如果我们想要中国在基础科学和重大基础技术上有突破，需要70~100年的时间，约三代人的坚持。

张树新：中国是一个应用场景最广泛、应用能力最强的国家，很多大企业家们几乎都已经开始资助基础科学和基础科研，因此中国还是有很大希望的。

吴鹰：中美科技上的差别就在于，中国缺少对人类有使命感的人、企业家和大学。中国虽然有很多非常好的大学，但是我个人认为国内最好的大学跟美国前50名的大学还有很大差距。2016年我和王维嘉去MIT（Massachusetts Institute of Technology，麻省理工学院）上课，发现他们请教授有很高的标准和要求，必须研究对人类有重大影响的课题，才有资格去MIT。

我们一起成立的未来科学大奖，一方面是希望激励更多聪明的孩子来做基础科学研究，因为中国的商业气息太浓了；另一方面我们应该尊重这些科学家，他们真的很辛苦，而且坚持了那么长时间，确实需要鼓励。

国内的大学现在可能还没有办法吸引到全世界的人才，我们也应该更加开放。只有多一点对人类有使命感的人，多一些超前的研究，中国才真

正有机会追上美国。中国和美国都肩负着人类未来的很多重要使命，包括环境、自然保护。

张树新： 关于科技创新，我们可以想象一下，如果我们的下一代没有想象力、求知欲，我们的国家还能有创新能力吗？因此我认为这是核心问题。

蔡洪平： 除了未来科学大奖，我认为中国还应该有另外一项奖——技术工艺奖：一个是理论层面的，另一个是操作层面的。当前中国的很多工艺其实都达不到高精度标准，如半导体行业。德国的工艺人才：一半是高中生，另一半是初中生，他们不上大学直接进入技校进行专业培训，被称为"工匠"，而且他们用手就可以摸出几个微米的差别。相比之下，中国的工匠精神还需要再进一步加强，因此我认为，至少应该把目前一半的大学砍掉变成中专，老老实实搞技术，而不是混个没有多大意义的假文凭后去炒股票。

沈志勋： 我希望中国人也能有更大的野心站在更高的格局上来为人类做更大贡献。

Ernest Edwards： 一个社会没有企业家愿意投资或者甘愿奉献，那么这个社会也终将会落后。中国有很多资产上亿的民营企业家，他们的纳税额占到中国税收的50%。世界上大概有几千位我们熟知的、资产上亿的企业家，其中中国企业家数量很多，控制的资产也很多，我相信中国在这方面将会成为一个重要的"帝国"。

张树新：我们总强调我们是中国企业家，但我们似乎很少听说比尔·盖茨说自己是美国企业家。其实科技革命与未来社会，是所有科学家、企业家乃至人类都须共同面对的问题。希望未来的企业家们能跳出各自狭隘的地域，共同面对人类文明所面对的科技挑战和未来社会。

媒体付费难在何处

　　传统媒体的生存之道是，做好内容，把内容卖给尽可能多的读者，然后再把读者卖给广告商，传统媒体的商业模式绕了个大弯。现在，媒体开始收费了，内容直接卖给了读者，比如"财新通"一年套餐近五百元。媒体这一新动态和知识经济的大潮有什么关系？它是否刻画了未来媒体的趋势？

　　在2018年亚布力年会上，《中国企业家》杂志社社长何振红，新浪网副总裁邓庆旭，一点资讯总裁、凤凰网联席总裁陈彤，知识分子CEO纪中展围绕"媒体与付费"主题，深入讨论了当今媒体行业付费产品的现状，所面临的挑战以及未来发展的需求。财新传媒常务副总编辑、财新网总编辑张继伟主持了该场论坛。

　　张继伟：我们今天讨论的主题是"媒体与付费"，但我认为更准确的说法是"媒体与付费阅读"。所有的媒体从诞生之初都是付费阅读的，只有互联网出现之后才变成了免费状态。这对整个媒体行业乃至每一个读者的阅读习惯、社会生态都产生了很大影响。近两年，从国外到国内都出现了付费阅读的新风潮。下面就有请我们的嘉宾分别谈一谈对"媒体与付费阅读"这个话题的看法。首先有请《中国企业家》杂志社社长何振红女士。

　　何振红：付费阅读对传媒行业而言是一件极为重要的事。付费话题的产生跟当前知识付费的兴起是有很大关系的。知识付费是什么？知识付费的核心是什么？我认为是用互联网的手段把与知识相关的行业，如传媒、出版、教育、培训等，重新做了一遍。这其中有几个关键环节发生了变化。

第一，它打掉了一些中介。比如，传媒以前的生产方式是，记者采访内容，内容通过发行平台传播给读者，在传统媒体业务中叫发行。然后我们又把读者卖给广告客户，就变成了广告。这是两个业务：一个是2C端，一个是2B端。当付费阅读兴起，发行环节被去掉了，读者就直接与内容生产者发生联系了。

第二，利益环节的价值链条被重塑。举一个典型的例子，有一个非常有名的付费平台教师叫薛兆丰，他的课卖给了20万用户，大部分收入都归他自己；但如果他是在北大讲课，学生的学费都要上交给学校，老师只拿工资。所以，这就说明平台和生产者之间的价值链条被重新构造了。

第三，机构发生变化。虽然原有的发行环节被去掉，但是我们并没有抛弃传统媒体，而是以另一种平台的形式存在。

知识付费浪潮到来后，媒体是否就可以直接等同于知识付费？目前我认为还不太可能。因为目前出现的一些媒体付费产品，首先它还只是一个媒体产品，具有媒体产品的特点，与教育类、培训类的产品不同；其次它仍然还有发行环节，只是从传统的发行转变成现在互联网发行。如果媒体真的要做到付费，在内容生产上会有一个巨大变化。另外，媒体如果付费还要有一个变化，就是要把增值链条做长。那些知识付费平台为什么可以跟它的生产者有这么大分成，是因为它的价值点。

> **❝** 传统媒体去做媒体付费，如果不构建好价值点，其很难抢到知识付费的红利。**❞**

张继伟： 谢谢何社长区分了知识付费和媒体付费的区别。下面有请新浪网副总裁邓庆旭讲一讲他的看法。

邓庆旭： 我同意何社长说的。传统媒体，比如报纸，它有两笔收入来源：一个是发行费用，一个是广告费用，但是由于载体发生了变化，大家更多是拿手机通过网络来阅读，发行费用在日渐萎缩，广告费用还会通过一定的介质呈现出来。这里面有很多矛盾，发行规模跟付费阅读人数之间相矛盾，传播的广度跟付费阅读人数之间相矛盾，经济利益跟社会影响之

间相矛盾。

刚才何社长提到的薛兆丰讲课收费，我觉得应该是一个兴趣和实用价值的费用。首先，他讲的不是他自己创立的知识，他只是用大家更加容易理解的方式，或者更有兴趣的解读方式去讲解经济学原理。我觉得本质上跟郭德纲说相声没有什么区别，需要对他有更多兴趣的人才会为他付费。其次，它是实用价值的付费。如《财新》，现在在做的很大一部分付费项目并不是媒体付费，而是实用价值付费。实用价值费用，就是数据生产，包括特定信息、特定资讯。针对有特定需求的人群，你的付费才有价值。

张继伟：邓总又做了一个更细致的区分，就是把知识付费和这里面的兴趣及实用性区分开。我觉得新闻本身还是有付费空间的。《财新》确实有一部分信息价值的内容，另一部分包括一些社会调查报告等，这部分很难说是基于兴趣或者是实用价值的内容。下面我们听一听一点资讯总裁、凤凰网联席总裁陈彤的观点。

陈彤：我也不太同意新闻能够收费。每天的新闻消息不管是各类媒体还是微信朋友圈、微博，我们都可以获悉，如果我付费成为某一个平台的用户，是否能获得到不一样的内容？如果免费的渠道跟收费的平台获得的

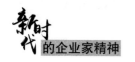

信息内容一样，我又为什么要给你付费呢？再比如，从媒体角度而言，很多新闻即使你是首发，但你不一定有版权，或者你不一定掌握了它的独特价值。回到一个根本问题上，

> **"** 媒体是不是真的要把自己定位成一个赢利机构？我现在看可能很难。**"**

张继伟：谢谢陈彤，下面听"听知识分子"CEO纪中展的观点。

纪中展：在2010年以前，即使互联网新闻很发达了，每年还会花费几千元钱买杂志和报纸；2010年以后，这个钱几乎就没了；从2016年开始，又开始花钱了，但都是买那些碎片化的知识。这是第一个变化。这背后的逻辑就是因为分发和生产的方式发生了变化。新闻付费阅读这件事，我们想了很长时间，但还是觉得不可能。因为即使我能做到深度独家，但投入产出比不均等，就肯定会亏损。后来我们也想明白了，媒体是有商业机构支持的，具有公益属性的机构。

对"知识分子"来讲，我们把它定义成科学领域的自媒体。这个媒体到现在为止都没有过一分钱的收入。虽然有一定的用户量，有不错的影响力，每天有固定的更新，但是没有任何收入。我们的收入来自另外一部分，就是内容付费。内容付费的逻辑比较简单，就是我们有生产内容的能力，能不能再去重新生产一件新的内容产品。比如，我们的第一个产品就是把《十万个为什么》重新做一遍，但是很多人看不进去，因为它太复杂了，我们把这个有用的东西变成有趣的东西，请科学家以语音的形式重新讲，收费99元，每年讲52期，一期10分钟，目标用户定位在3~12岁的小朋友。不到一年的时间，我们卖了18万份。

张继伟：这种即时性的消息，没有版权，付费空间也小。但是我们要把思路拓宽，不要只关注新闻是否收费，而是要关注内容本身，去寻找哪些特性的内容是更容易收费的。作为内容生产者，我们应该做怎样调整才能够产生这种付费机制？

纪中展：实际上我们五个人不在一个层面上。陈总和邓总所在的机构已经具备了超级平台型的形态了。他们的流量是海量的，靠广告做生意比做内容付费好多了。这样的平台具有极强的入口价值，可以去做其他更

多、更广阔的业务。但是像继伟和我所在的机构，不具备这种经营流量的能力，当然《财新》有很强的品牌影响力。媒体有经营流量的，有经营用户或者影响力的，也有经营内容的。可能经营内容的机构，会对内容付费更感兴趣一些。

陈彤：广告其实对于大家来说都很难做。对于内容收费，我了解到的最大的一部分是视频内容收费。在这方面最大的一家是爱奇艺，它公布的招股说明书显示，现在有五千万收费用户，年收入是60多亿元。第二类就是音乐付费，一年大概100元，其中一部分是音频知识类的付费。与其说它们是新闻，不如说是投资指南，是一些很高端的人士经过分析、调查做出的收费产品。

邓庆旭：本质上来说媒体付费是很一件"扯"的事情，要是为了挣钱，这肯定不是一个很好的商业模式。媒体更接近于公益事业。如果把媒体分成两类：一类是新闻，另一类是资讯。新闻是有统一表述的，所以进行收费基本不可能；而资讯各有各的表述，各有各的评论，这种付费我定义为兴趣付费。

何振红：我认为媒体付费还是要存在的，也同意媒体在一定意义上偏

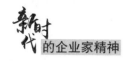

公益性的说法。但它的支持方式有两种：一种是在一定的商业机构支持下的具有公益性的机构，但要处理好商业机构和媒体功利性的问题；另一种，从国家的角度，我们现在对媒体分为公益一类和公益二类，公益一类是国家会提供其发展所需要的所有支持，二类会有一些支持，但也要有自己的商业存在的价值。所以**我认为媒体付费是可以的，但是付费的形式就是发行的转型**。过去，我们花钱订阅报纸、杂志，现在我们依然可以在互联网上订阅内容产品。为什么之前的一些尝试不太成功呢？我认为是因为它

变成了一个跟其他的传播者一样的知识类产品，如果还是当作一个机构媒体出的产品，还是可能会付费的。

另外，在我们对待信息或者新闻的时候，不同的媒体在选新闻的时候肯定会不一样。比如我所在的媒体，肯定会选择与企业家相关的新闻，对同样一条新闻进行解读的时候，肯定是代入企业家的视角，一个政策出来的时候，肯定是说企业家会怎么看。另外，思考是有价值的，没有经过思考的信息不能称作为知识。也就是说，媒体生产出来的东西，就是在一个新闻事实的基础上，加上你的解读、观察和思考，一样的新闻就会有不一样的呈现，这样才会有价值，但是媒体很难拿单个系列的内容去收费。

陈彤：虽然有个别媒体可以把收费作为收入来源的一部分，但整体来说，媒体还是需要国家机构、公益组织、企业的支持。我的书架上有两本杂志是想长期保留的，一个是《中国国家地理》，一个是《三联生活周刊》，因为它们很精美，有长期的收藏价值。比如，我要去某个地方出差前，从某一期的《中国国家地理》杂志上看到一些关于这个地区的非常有深度的、专业性很强的、图文并茂的文章，读了以后受益匪浅。再比如，

《三联生活周刊》的节目变成语音了，把传统的文字形式内容经过精心制作，变成音频或视频，也可以去吸引一部分用户。

张继伟：像《中国国家地理》和《三联生活周刊》这类杂志，它们的内容是有保存价值的，这是付费的基础。刚才提到了平台和内容生产者之间的关系，大平台依靠广告流，不需要付费内容的支持，小的内容提供者也不可能单纯靠付费来构建一个完善的商业模式，但是可以作为一定的补充。但是平台和内容提供者作为一种生态，是要相互补充的。如果内容生产者，因为自身原有的商业机制被破坏而不能存在的话，那么内容从哪里来呢？视频、音频这种新的形态可能更符合互联网的需求，而且娱乐、消费、实用、资讯都是人类社会主要内容的消费东西，但是还有一部分人对一些深度调查相关的内容有需求。从媒体责任的角度，从媒体提供者应该为社会提供价值的角度，如何让价值延续，各位有没有什么好的办法？

邓庆旭：第一，有一类信息，比如一个工厂的车间生产线上线了，覆盖的人群是小众人群，这部分信息可能就要变成付费的，给一定的机构来使用，商业利益上一定是平衡的。第二，从媒体价值来讲，社会上对新闻消费、资讯消费分层了。不同层次的人接触到的信息是不同的，甚至有真有假。如果你有一个家庭内部的群，里面有父母、有七大姑八大姨，群里就会传播比如某某破产了、自杀了，某种食品致癌了。连新闻和资讯都分层了，我觉得这是很可怕的事情。

说到媒体的社会责任，媒体中有一些不良现象。比如，前两天我看到一个新闻，说是姚明去世了，大家都以为是打篮球的那个姚明，后来证实之后，发现是某个实验室的工作人员也叫姚明。但是这个消息出来之后，会让大部分人认为是知名的球星姚明去世了，这样的新闻就是一种对社会不负责任的表现。我同意媒体需要承担社会责任，但是如果媒体收费了，得到的优质产品就会受到限制，这是相矛盾的。

何振红：媒体收费确实在一定程度上限制阅读。它在什么情况下可能不限制阅读呢？就是在用户量非常大的情况下。所以

> **我一再认为媒体要去构建其他的价值点，内容生产可能更多的是影响力的代替，它是一个信任度的产品。**

他信任你，就选择来看你的新闻。我认为还是这种形态比较好，我们平台基本上是这么做的，所有内容的产品都是免费供给的。我们的定位非常准确，就是针对企业家。所以我们会把企业家团结起来，然后构建其他的一些社群类的产品，比如会议活动、俱乐部产品、智库类产品等。此外，我认为做强媒体的公益性和社会价值，会是媒体的一个选择。

比如，《财新》可能是在国内做付费阅读比较多的媒体。同样作为媒体，我们非常希望《财新》这个实验能够成功。用户是要教育的，也是要培养的，但是这条路走得很艰辛，这一两年推出了一些好的产品，可能会见到一些成效。我因为是社长，所以关注更多的是商业模式、赢利、可持续性方面。其实，还是要看这个平台给你多少时间去尝试新的产品，再计算一下媒体生存所需要付出的成本，如果时间和成本都允许的话，我觉得是可以继续往下探索的。我也认为我们原来的价值通道出现了问题，现在换一种方式，但又没有明确看到可以在多长时间内完成。这时候有两种方式：一种就是大资本投入，像共享单车那样烧钱，烧起来可能就有一个未来；另一种就是你自己稳健地去探索另外一条路，同时并行。目前我们是自己在寻找接替产业，现在我们的收入结构中60%是来自内容产品，也就是说订阅和广告占全年收入的不到40%。

张继伟：从平台角度，它对价值内容提升有什么想法？

陈彤：所谓的知识收费，其内容一定是针对特殊人群刚需的内容，比如年轻人现在都喜欢拿手机看小说、看书，再比如妈妈们也喜欢在手机上看育儿知识，很少有人再捧着一本纸质书去看了。

张继伟：这样就对它的定位准确性提出了更高要求。

陈彤：这是一个必需的过程，但是这部分空间还是很大的。

纪中展：2017年有一个企业家，一开始想做媒体，找到了很多方法论，想要做付费阅读，可根本没有人买，后来就改变了创业家的核心模式，变成了培训加创业孵化。他这算是找到了另外一条路。再比如说"知识分子"公众号，完全是公益性质的，没有任何广告和软文，没有任何商业的考虑和安排。而我们做的《科学队长》产品，又是媒体平台下出现的另外一种模式，开始有一部分是付费阅读，对象是幼儿，更多的是知识性、普及性的内容，后来又增加了科学教育，对象是小学生。在一个机构

下的不同业务形态中，用《科学队长》赚的钱去支撑"知识分子"。从内容付费的角度来看，视频、音频背后的逻辑有一个定价体系，但对媒体来讲，这个定价体系或者比价体系并不清晰，比如"得到"确定了199模式，喜马拉雅FM确定了99模式，它们的定价模式不是从价值出发，而是从沉默成本出发的，因而不存在过去的杂志和报纸有退订的说法。

张继伟：《财新》很多过去的旧稿，实际上是被更广泛阅读的，它还是有穿越时间的价值。你刚才讲的是完全碎片化的即时性的消息。

纪中展：我们当时想做保鲜品，能抵御时间的，一次制作长期售卖。我们做第一档产品的时候，就想能不能像《十万个为什么》一样卖50年。它看起来是碎片，但实际上是一个系统，可以随意组合；内容产品化，可以形成规模和复制，产品能通过服务去表达，从一个可看的变成一个可用的；服务平台化，由一个更大的组织共同完成；最后变成内容产品化、产品服务化、服务众包化、众包平台化。

张继伟：大家有一些分歧，也有一些共识。大家都认可现在的内容质量，也觉得新的内容形式给用户更好的体验。这些不同的意见也提供了很多好的思路，比如往公益方向发展、开拓其他收入点等。无论是平台方，

还是内容生产方，我们应该有一种合力来寻找一种机制。

邓庆旭：举一个例子，内容付费就好比在天桥上拉小提琴，大家给你点钱。如果你就是想挣这笔钱，就要懂得如何取悦或者迎合别人来给你更多的钱，比如写个比较凄惨的身世或者装扮成残疾人，这就叫商业。我们很多平台也都在这么干，就是为了取悦用户。

张继伟：长期这样做肯定会对客户有伤害，因为他看到的不是真实的信息。

【互动环节】

提问1：能否请张继伟老师介绍一下《财新》的经验？

张继伟：《财新》正式启动付费产品是2017年10月6日，时间还很短。这中间遇到过技术上的问题、用户体验的问题、用户付费意愿的问题等。但总体说来，因为我们有一个很好的基础，在这个基础上通过升级、大家互相的传播，激活了一些用户的付费意愿，有一个较稳定的增长。

提问2：现在是信息爆炸的时代，我很希望媒体能够根据用户的点击行为进行分析，知道我的兴趣所在，能够让我在非常有限的时间内获取有

效信息。我对精准推送还是有付费意愿的。但是想请问各位老师，这个商业模式的持续会面对什么样的挑战，或者是怎么才能把这件事情做得更好？

何振红： 我在喜马拉雅FM买了两个产品，每天跑步的时候会听，一个是讲金融的，另一个是讲艺术的。我觉得这可能是对出版的一种颠覆吧。以前是看书，现在没有完整的时间看书了，但是让碎片化的时间变得更有效率了。现在的问题是，可能因为这类产品太多了，有些产品为了迎合听众而做了些妥协，导致品质下降。所以我认为无论做什么产品，都会有发展空间，但是只属于坚守品质的那些人。

邓庆旭： 第一，其实"得到"和《财新》有一层利益我们是看不到的，若讲故事是可以到资本市场上去变现的，给它们带来的价值可能会很大。第二，任何一个领域，第一家进入的企业都有先发红利。第三，我觉得"得到"本质上还是一个兴趣跟实用价值的体现。第四，任何商业模式，都要取悦顾客，要取悦顾客自然要对自己的情怀、对自己的坚持有所放弃。

何振红： 不是所有的东西都要拿来做商业，还应该有一些东西不能那么商业化。如果你活在所有东西都是商业化的时代，人都要疯了。

提问3： 如果真的从商业化的角度来讲，我觉得产品是有很多层级的，有的是着眼于大众消费品，有的是着眼于高端消费品甚至是奢侈消费品。各位老师在这方面有没有一些思考，因为在商业回报方面一定会有所区别。

纪中展： 媒体越来越分层，一类是具有海量用户的大平台，比如像今日头条、一点资讯、新浪，这些平台本身越来越大；另一类就是一些越来越碎片化的媒体，而碎片化的媒体靠广告肯定是没有生意模式，或者是没有生存空间的。我认识一个朋友，他曾经在一个时尚类的媒体工作，他特别喜欢抽雪茄，特别喜欢去古巴，然后他做了一个跟雪茄有关的小型媒体，每天的点击量两三千。他说要立足现在，过去是一个记者、编辑，现在若能做到千万流水就可以了。所以说，平台级的媒体就更要往上走，碎片化的媒体找到自己的天花板就可以了。罗振宇刚开始做逻辑思维的时候讲过要做自由人，不要和任何组织发生关系，也不会成为组织。但随着公

司规模的变化，他现在已经变成了成功企业家罗振宇。

　　提问4： 我想问一下张继伟老师，就像纪中展老师所讲的，中国的市场非常大，媒体一定会分层分得很细。从《财新》的角度讲，在商业化方面还有哪些改善的空间？

　　张继伟： 我们现在做新闻付费和内容是有一定关系的。我看到过一个调查，《纽约时报》线上、线下的用户一共有260万左右，而《经济学人》认为他们在全世界范围内可挖掘的潜在付费用户有7000多万。我觉得中国市场可能没有这么大，因为现在中国市场大家对各种内容的需求比较分散，另外总体上互联网带来的免费文化在中国的渗透比国外更强。但是我也很希望，无论是平台公司、内容公司还是读者，甚至是政府，有一个共识——让优质内容能够较有尊严地存在着。

家族财富的管理与传承

在过去的十年中，中国企业家的财富观点有着显著的变化。财富管理需求已经从财富创造转向财富保全和传承，这其中涉及房产规划、家族治理以及企业传承。随着企业家们财富管理需求趋于复杂和多元化，金融机构需要提供更加专业化且综合化的服务去适应新的市场环境。

在2018年亚布力年会上，国浩上海办公室合伙人王小成就家族财富的法律风险与防范发表演讲；亚布力论坛创始人、主席，元明资本创始合伙人田源，广东长青（集团）股份有限公司董事长何启强，Club Med大中华区首席执行官Gino Andreetta，天明集团董事长姜明，深圳达仁投资管理股份有限公司董事长王伟东就家族传承及家族财富的管理进行了深入探讨；工商银行私人银行专家杨诚信主持了这场论坛，同时发布并解读了中国家族财富管理传承报告。

杨诚信：这场论坛分为三个环节，首先由我为各位解读中国家族财富管理传承报告；其次请国浩律师事务所上海办公室合伙人王小成律师来主讲家族财富的法律风险与防范；最后，我们将会邀请嘉宾共同探讨这一话题。

工商银行2017年做了一份中国家族财富管理传承的报告，我先简单向各位做一个解读与汇报。

经过改革开放40年来的高速发展，许多中国家庭已经积累了大量的财

富，也进入了代际传承阶段。为了更深入地了解中国高净值人士的真实需求，更精准地设计家族传承的服务方案，工行率先面向国内家族型企业开展家族传承系统的调研，面向国内近1200名人士进行了每人平均77分钟的调研，并推出中国家族财富管理与传承报告，希望与大家共同探讨中国家族财富管理与家业新生的方法。

在东方式的家族里，尤其是中国家族传承的思维里，人们似乎一直很讳言财富，孔子家族以及被奉为经典的颜氏家训，更加注重的是荣耀背后的精神与文化。广义地说，家族财富包括金融财富、企业财富、人力财富与社会财富这四大方面，凝聚这四大财富的是家族长期积淀所形成的价值观。

我们在本次调研中发现了中国几大家族的一个基本特征：超过85％的受访者表示家庭成员间沟通良好，互动和谐，超过八成的受访者以身为家族的一分子为荣，这体现出绝大多数中国家族成员对家族有强烈的认同感。国内家族一代创业者的成功形象与刻苦耐劳的精神，赢得了家族成员的尊敬和对家族的认同，家族意识得以凝聚，家族成员普遍把家族的利益放在首位，从而巩固了家族的和谐关系。

在财富来源方面，74%的家族依靠的是实业经营来积累财富，其次是股权的分红和房地产的投资，各占7%。当前92%的受访家族参与了实业经营。不难看出，

> **"** 实业经营是国内超高净值家族的主要财富来源，即便通过其他渠道来致富的家族，也会将财富再投资于创办实业。**"**

这说明他们普遍把实业经营视为创富之源，在努力经营。他们追求稳健，中低资产的配比会高达65%，房地产的配置占比约为19%，高风险类的配置比例仅为13%。全球化程度比较低，92%的资产都配置在国内。可见，中国超高净值人士虽然积累了可观的财富，但是来之不易，因此秉持稳健的投资态度。

在平衡实业资产的同时，由于中国独生子女政策的影响，45%的受访超高净值家族仅有一名子女，子女人数在3个以上的只有15%，简单家族结构有利于家族的和谐。在本次调研中，只有10%的受访者担忧家族成员会因为财富分配问题而产生纷争。家族财富的分配对于家长而言是一个难题，他们都希望能够把家族财富公平地分配给子女，但是子女对于公平的认知和个人利益的追求都可能引发家族纠纷。

56%的受访者年龄已经超过了50岁，其子女也已经或者准备进入社会，此时正是规划代际传承的关键时点。海内外的知名家族大多是在一代创富企业家50岁左右的时候就开始积极规划子女接班的历程，然而国内75%的受访家族仍未进入家族企业的交班阶段，有31%理应处于交班阶段的家族企业，目前还没有进入交班阶段。

家族企业是中国超高净值财富的主要根基，也是创富的核心。下面我分享一下中国家族企业的特征。

受访者所经营的家族企业中，95%的企业年营收入小于八千万元，76%的企业员工少于300人，显示了中小企业为家族企业的主流形式，66%的受访者家族处于成熟期。

从行业的分布来看，受访的家族企业最集中的前三位依次是制造业，占比39%；房地产行业，占比12%；批发和零售行业，占比11%。过去

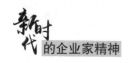

数十年中国改革开放与全球化的红利带来了巨大的宏观增长的机遇，也为中国家族企业的发展提供了有力支撑。因此，国内家族企业的产业类型多集中在改革开放红利之下的优势企业，例如受到全球化红利所兴起的制造业，以及受到城镇化红利兴起的地产与建筑行业等。

过半的受访家族企业对发展态势较有信心，53%的受访者对于家族企业综合评价正面，58%的受访者评估未来1~3年企业有良好的成长空间，这说明在中国经济进入新常态的背景之下，受访家族企业对于未来比较有信心。家族企业发展的主要挑战来自于企业人力成本上升的压力和政策的变动，例如行业结构调整、环保新规等。

国内家族企业多半维持以创始人为核心的领导结构，70%的受访企业家掌控51%以上的股权，对企业具有绝对控制权。同时在企业交班上，84%的家族企业族人握有企业的最终决策权，单纯的股权结构使得传承过程不易产生纷争，使企业的控制权不易招致外部人的侵夺，国内家族企业股权集中的优势，确保了绝对的控制权。但是要提醒大家，

> **"** 传承在经过第二、三代之后，股权会出现稀释问题，要及早应对和解决。**"**

本次的调研数据显示，平均59%的家族企业并未使用任何融资工具，而且企业规模越小，自有资金使用比例越高。这一方面体现了中、小企业融资渠道有限的客观现象；另一方面也体现了家族企业在融资上偏保守的态度。而发展前景不明确的家族企业，在资金使用上则更趋于保守。处于初创期、收缩期和转型期的企业，使用自有资金的比例都超过了70%。以私人银行客户层面来看，高自有资金的比例显示当前部分民营企业、民营经济风险抵御能力良好。

从家族层面来看，稳健经营的特质也为第二代的接班创造了良好的环境。受访者中45%的超高净值家族仅有一位子女，调研发现独生子女的家庭与多子女的家庭，对于子女未来发展的期许有显著差异。独生子女的家长希望子女承接家业的占比，较多子女的家长低了15个百分点，他们更希望子女向专业人士发展，这是一个独有的挑战。虽然传统上东方文化可能存在重男轻女思想，但是本次调研发现，家长对于独生子和独生女二代的

接班能力上并没有明显差异，而且女儿参与家族事业的意愿较儿子更高。

在本次调研中，认为有必要与没有必要引入专业经理人的家族企业各占了50%，对于职业经理人的看法并不一致。进一步分析来看，认为没有必要引入的原因主要是目前事业运营状况非常良好，占总数的29%。而认为有必要引入职业经理人的其中23%认为专业经理人可以提供专业的管理与技术的支持，这个占比是最高的。

国内超高净值家庭的家长都是成功的企业家，大多采用经营实业的思维来经营家族，这也反映在家族传承的过程当中，责任和务实成为最大的特点。

这里我们重点看一下受访者对于中国家族传承的想法。受访者中，50%的认为家族传承的主要目的在于给家族提供稳定的财富收入；47%的认为家族传承的重要目的是给予家族成员风险保障，这体现了创富一代作为大家长的责任感，对于家族成员的生活保障是最为看中的，普遍希望家族成员共享自己的成功果实。国内超高净值的家族，对于家族未来的发展规划缺乏一个远大、宏观的目标，传承的焦点仍然停留在规划金融财富层面，仅有33%将提升家族的社会地位和声望视为重要的目的。

调研分析了各年龄层次的受访者对于传承服务的需求及变化后发现，创业者一代生命历程的不同阶段，对传承服务的需求排序也会有明显变化：40~59岁的受访者最关注的是家族成员的能力培养；40岁以下以及60岁以上的受访者最关注的是税务规划；50岁以上的受访者对于代际沟通模式的优化较为看中。年轻的创富一代正处于事业的蓬勃发展阶段，主要谋求将企业做大做强，为家族积累更多财富。而随着子女年岁的渐增，如何培养子女的能力开始受到第一代的关注。当一代创富企业家走过了人生大半的历程，对企业的参与度慢慢降低，而且家族的第三代可能已经诞生的时候，一代会转而思索家族的价值，开始聚焦如何设立一个治理机制，以达成家族永续传承的目标。

在家族的财富传承上，大多不认为二代会过度地挥霍家族财富，仅有9%的受访者担忧子女无法巩固家族财富，仅有10%的受访者担忧家族财产的分配过程会产生家族纷争，这一点跟国外有很大不同。而调研显示，超高净值的家族最为担心的是税务和子女婚姻的影响，74%的受访者对于

税务政策的影响表达担忧，53%的受访者担忧子女的婚姻状况可能对家族的和谐以及财富的传承造成影响，这也代表税务规划将成为当前超高净值家族最迫切的传承服务需求之一。平均而言，受访者中18%的超高净值家族已经有可落实的传承方案，其中人力财富和社会财富等无形财富的传承要优先于金融财富和家族财富等有形财富的传承。在各个传承领域中，人力财富的传承落实情况最为良好，已经落实的比例高达26%；社会财富次之，达到22%居末位的是企业传承规划，仅为12%，家族企业的传承难度最大。

在家族的四大财富传承与治理机制设置方面，每个领域已经进入论证探讨阶段的比例都高于33%；其中对于金融财富的传承规划正在论证过程中的占比最高为46%，意味着专业性较高的传承规划仍需要与金融以及其他的传承服务机构反复地讨论落实。但这已经是客户参与程度最高的比例。细化分析家族传承的具体做法，排名前三的为：第一，人脉资源的传承；第二，定期举办家族聚会；第三，规划子女的社交活动。这显示了超高净值人士看中了社会财富的传承，主要包含了商界、学界、政界的人脉资源，这些人脉关系不仅能够帮助家族获取前沿信息，取得专业技术以及管理的支持，还能够帮助家族企业寻找值得信任的合作伙伴，从而获得良好的发展前景。调研显示82%的超高净值家族同意社会资源能够丰富生活，同时能够提升自己的事业。因此，社会人脉的传承是当前超高净值家族落实传承规划的首要内容。

超高净值家族的一代最为重视的为子女是否拥有坚韧的心理素质和良好的人际关系，而知识式的累计的重要性仅排名第二名，多数第二代努力地学习历练，以提升自身的能力来获得一代的肯定。调研结果显示58%的一代受访者认为子女有良好解决问题的能力，57%的认为子女具备与跨界人才建立人脉关系的能力，53%的认为子女有良好的领导潜能。此外，一代更倾向于言传身教的教育方式，84%的家族一代表示会通过言传身教让子女知道家族的规矩，而二代也普遍反映一代的言传身教对于塑造自己的性格与处事方法带来了显著影响。成功的家族一代希望子女能够承接家业是人之常情，调查的结果也证实了这一点。50%的受访者希望子女承接家业，在家族财富的基础上自行创业，而不是接班，这显示了家族一代为二

代赋予了更多的自由，也给予了更大的期望。国内超高净值的家族在财富积累与营造和谐家族方面具备了良好的基础，我们总结了中国的家族传承六大课题，希望能够对传承者、服务者等各方面有所裨益。

第一，传承家族的理念、文化是家族传承的核心关键，建立家族利益大于个人利益的价值观才能够让家族成员共存共融。家族后代是否具备足够的事业经营能力，对接班或创业都是相当重要的，所以如何承接一代的经营智慧，并培养自身的事业经验和社会人脉，将是事业能力养成的重点。

第二，优化代际的沟通。传承不单单只是有形财富的转移，还包括了无形财富与智慧经验的传承，这需要良好的代际沟通，一代能够手把手地对二代亲身传授才能够有效地传承。

第三，确保财富的永续。企业接班的成功因素除了接班人的能力之外，接班人的意愿也同样重要，让接班人对家族企业经营抱有浓烈的兴趣，才能够尽心尽力将企业做大、做强。

第四，养成事业的能力。家族的后代是否具备足够的事业经营能力，对于接班或创业都是相当重要的，如何承接一代的经营智慧，并培养自身的事业经验与社会人脉，将是事业能力养成的重点。

第五，达成家族的永续。家族治理的复杂程度将会随着成员的增加而大幅上升，当前第一、二代之间应该未雨绸缪，共同思考家族的治理机制，为第三代及以后的家族传承打下根基。

第六，再创家族的兴盛，确保家族创富资源的持续扩张。子代良好事业能力的培养，将能够为家族登上事业高峰奠定基础。

> **"** 在家族财富传承过程当中，家族内部的治理是关键之一。而塑造共同的价值观是家族能否凝聚共存共融的核心认识，达成永续传承的关键。**"**

本次调研显示大多数受访者已经认识到家族价值观传承的重要性，约有61%的受访者正在或者已经完成家族成员共同价值观的建立。而共同价值观是家族传承的核心，由创一代和家族成员共同探讨确定家族及企业经营的信念、文化、愿景、使命等，形成对家族后代在道德以及行为上的标准，作为传世的基础，避免家族后代偏离价值观，通过成员间沟通，将价

值观落实成为行动。贯彻家族价值观必须保持家族成员之间的良好沟通，达成对家族事务的决策共识，例如建立家规、家训、家族宪法、成员固定的聚会以及决策会议等，都是建立家族成员共同价值观的一个途径，从而形成家族共同的信仰，来确保传承过程中家族和谐以及持续发展家族事业的文化治理架构的稳定。

家族企业的创始人一路白手起家，建立基业，离不开果敢的个性与卓越的领导才华，在二代接班以后仍然有企业控制权，在家庭传承过程当中，会要求二代对其言听计从，这一类家长制的思维难免对二代的接班造成一定挑战，所以如何打造良好的沟通环境值得进一步思考，本次调研就家族二代接班人也进行了小群体的调研，结果显示，超过八成的二代对于家族有强烈的认同感，而且对于父、母亲的成就感到尊敬与骄傲，有74%的二代认为接手家族企业是自己身为家族成员不可逃避的使命。

家族财富的使用和分配是一项烦琐和必要的工作。家族企业往往担忧无法摆脱"富不过三代"的困境，对于子女接班有疑虑。目前，市场上经常看到的信托或者家族基金，具备了合理的节税功能，一定程度上能够解决这些担忧，是避免上述问题优良的方案，其主要功能有：第一，为家族的慈善事业提供资金，达成家族取之于社会，用之于社会的使命；第二，进行有效的税务规划，降低传承成本；第三，将财富有效传承，解决中国家族"富不过三代"的传承缺口；第四，保护家族的财富免受企业债务纠纷的影响；第五，让家族与个人财富隔离开，避免家族的财富因为家庭的纠纷，如婚姻纠纷，而受到减缩。

为了家族永续长青，家族企业必须与时俱进，持续地进行转型升级，才能够免予被市场淘汰。根据数据，美国企业的平均寿命为24年，70%的美国家族希望由下一代接手经营，但是成功传承第二代的比例仅为40%，成功传承第三代的比例进一步降至13%。传承不仅是思考家族基业如何交班的问题，还是如何积累创富实力，强化家族的人力财富，在人力支持之下可以再创新生的问题。

第一代、二代的传承，不能代表第三代传承的顺利进行，家族治理的复杂度将会呈指数级上升。

> **"** 当前国内的超高净值家族在传承规划上相对忽视了家族治理机制的设计。**"**

68%的超高净值家族并没有考虑去设立家族办公室来管理家族事务，55%的并没有考虑制定家族宪法来规范家族成员的权利与义务，52%的未考虑家族财富传承的顶层设计。或许发展成为百人规模的世家大族，对于目前国内超高净值家族来讲是一个遥远的目标，但是从家族人数来看，传承的复杂程度已经开始在上升了。本次调研的数据显示，36%的超高净值家族孙辈已经出生，在这方面都需要有更多的规划，因此当前第一代与第二代要在现有代际传承经验的基础上共同思考，规划完善治理家族的机制，为未来的世代家业扎下根基，从家庭的交班跨入家族的传承。

如何传承达成家族的永续兴旺？综合海外经验与本次的调研实践，中国的家族需要达成传承的五大使命为：第一，文化的凝聚，以家族的文化统一价值观；第二，让家族成员能够紧密团结，有序管理与分配家族财富，让财富可以持续地增长；第三，基业长青，家族企业可以持续发展，让企业持续为家族创造财富；第四，广结良缘，持续地拓展与传承家族的人脉资源；第五，人才辈出，家族成员增长的同时，家族人才竞争力要扎实与多元化。要衡量家族财富各方面组合的成长性与风险性，更要确保家族财富在传承中和家族目标的契合，这意味着家族要站在比公司更高的层面去制定家族财富传承的战略。家族财富管理与传承，不再是简单的金融需求，它需要一个系统性的机制去保障。我们工商银行私人银行就是来帮助中国家族实现传承永续，助力中国经济的持续发展。

接下来请国浩律师事务所上海办公室的合伙人王小成律师与大家分享一下家族财富的法律风险与防范。

王小成：今天和大家交流的内容是家族财富的风险防范以及在这个过程中如何运用一系列法律工具来将风险降到最低。

第一个话题是关于"黑天鹅"和"灰犀牛"的概念。

2010年，有一本书名叫《黑天鹅》，风靡全球，使大家认识到"黑天鹅"。那么，什么是"黑天鹅"事件呢？它指的是突如其来的、让我们防不胜防的小概率事件。这些小概率事件反映在家族财富管理过程中，就体

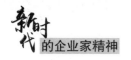

现为企业经营和家族财富之间分离不明晰而导致的一些风险事件，如子女婚姻风险、继承风险等，这些事件可能是我们无法预测的。

什么是"灰犀牛"呢？2017年7月，中央经济工作会议结束的第二天，《人民日报》头版头条发表了一篇文章，官方首次提到了"灰犀牛"的概念，指的是一种大概率的危机。

"黑天鹅"小概率事件的背后往往隐藏着我们无法仔细体察的巨大危机，让我们无法提前防范。因此，我们需要去分析"黑天鹅"和"灰犀牛"对家族财富管理可能造成的重大冲击和危机，那么如何运用法律工具妥善管理家族财富，把风险降到最低，做到防患于未然？我们下面从三个方面来做分析。

第一部分，就是楚河汉界、泾渭分明。家族企业在实业经营过程中往往可能与家族财富的界限不明晰，且这在实际经营过程当中也很难避免，在这种情况下会有一些小概率事件发生，导致家族财富受到巨大冲击。

举个例子，这也是较为常见和典型的案例。中国从物权法到担保法，到合同法等，会有一系列法律条款来保障企业在融资和经营过程中投资人的权益，这时投资人可能会要求实际控制人、大股东在引进投资人资金的

时候承担连带责任，在这一过程中实际控制人就会把家族财富和企业资产、企业经营资金捆绑在一起，这就很难做到家族企业和家族财富之间的明晰划分，但在这种情况下一旦有小概率事件发生，引起的冲击会非常大。因为一旦资金链出现问题或者某个项目出现问题，债权人就会蜂拥而至，上门讨债。因为企业无法还清债务，企业实际控制人还要和家人、太太一起来承担连带赔偿责任，用家里的资产还债，那么可能他老母亲住的别墅就无法再居住下去了，小女儿也不能继续在国外著名的学校读书了。这些企业经营过程中的风险已经影响到了家人的正常生活，对家族财富的冲击会非常巨大。

下面我讲的两个案例，由于涉及个人隐私无法公开真实姓名。

第一个案例，国内一家著名的A股上市公司，其实际控制人在和投资人签订协议的时候，承担的连带债务最多达400亿，目前这位实际控制人在国外，不能回国，由他太太在国内帮助他处理这些债务。

第二个案例，国内某著名的影视公司在引进投资人的时候，签订了一份对赌协议，如果他的公司不能够IPO（Initial Public Offerings，首次公开募股）上市，实际控制人需要承担投资人的股权回购义务。非常不幸的是，2014年年初他身体患了疾病突然离世，这时投资人到法院起诉，虽然他过世了，但要求他的家人、太太来承担高达几个亿的股权回购义务，且该案已经得到了法院的支持。

在这种情况下，我们作为专业的律师往往会给客户一些建议。

我分享的第一部分就是：签订婚姻协议，划分妻子和丈夫之间的财产。近年来有个条款较为有名，叫土豆条款。土豆的实际创始人在土豆去美国上市之前，产生了婚姻纠纷，婚姻关系解除后由于股权没有分割，他的前妻在上海某家法院起诉，导致他的股权被查封，使土豆停止了在美国上市。虽然后来土豆上市成功，但由于错过了最佳窗口期，被竞争对手收购。因此，在投资界诞生了一个非常有意思的条款，叫土豆条款，即公司实际控制人的离婚需要董事会的同意。而如果他们之前签订了一封婚姻协议可能就避免这样的问题发生。

这个婚姻协议为什么会这么重要？因为尤其是

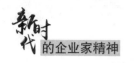

> "涉及家族企业、家族财富的时候，虽然你的股权可能是婚前财产，但根据婚姻法司法解释的相关规定，婚前的财产在婚后经营所产生的增值和收益应认定为夫妻共同财产。尤其IPO上市的时候，婚后的股权财产份额比婚前的股权财产份额大得多了。所以在这种情况下，一份婚姻协议往往会划清夫妻财产界限，避免风险。"

所以，在我们处理案件过程中，往往会给我们的客户提供一份这样的重要文件，让他们签订。

婚姻协议有时候并不能够避免所有的类似事件，因为金融工具、法律工具如遗嘱、家族信托基金、家族慈善基金会以及慈善基金会下的慈善信托等往往需要综合来运用，进一步锁定家族企业财富，使其不至于受到外来势力的侵入。

我与大家分享的第二部分，是家族财富从有到无，无则生有。财富本来就是从无到有的过程，那么财富管理过程当中，怎么做到让它从有变成无，从无又生有？这是一种财富理念，一种修炼。

涉及法律上的应用，我们可以关注以下几点。第一，家族财富传承过程中，在特殊情况下，如家族财富掌舵人身体出现问题需要进行传承，而各种工具来不及搭建的情况下，就需要想办法把被继承人的财富"做空"，如通过遗嘱把实际控制人名下的财产直接传承掉。

但遗嘱往往会受到挑战，因为遗嘱中的安排对于他的继承人来说往往不平均。遗嘱被挑战的概率在80%以上，其中有超过一半的遗嘱被法院认定无效，所以遗嘱面对这些问题时有时候也可能无能为力。这时就需要在被继承人还能够独立处分财产的情况下，在他的身体状况、精神状况允许的条件下，提前把他名下的家族企业的股权直接传递到他认可的传承人手里。在我们实际处理案件过程当中，我们往往要在特殊情况下把他的财富"做空"，以免等到将来需要时来不及，而防止实际控制人不幸发生小概率事件，比如过世时，他的家族产生很大的纠纷。

这里的"做空"，其实是从有变无，利用的就是家族信托基金。家族信托基金是委托人，也可以叫信托的设立人，基于对受托人的信任把家族

资产交到受托人手里。从法律上来讲，从他的资产交到受托人手里时，法律上就产生了一个所有权上的隔离，按照信托法规定，这部分财产就属于受托人，以受托的方式去持有。或者更进一步讲，它不属于委托人，那么在产生婚姻问题或者继承问题时，这部分财产就可以规避小概率事件发生对家族财富产生的冲击。

我们通过案例让大家进一步立体感知家族信托基金的重要作用。这也是我本人处理的一个案例。我的客户张总，和他的大哥一起创立了一家非常著名的企业。2011年这家企业在中国香港联交所上市，2015年，他们将该企业的所有股权进行了出售，获得了上百亿港币的资产。张总和他大哥相比，持股相对较少，从收购协议上看，他可获得12亿港币的资产。他们的公司在香港上市时，所搭建的顶层架构就是通过两个家族信托来持他们家族最核心的控制权，所以虽然与收购方达成了收购协议后，股权变成了货币，但这部分货币仍然是在信托的保护壳之下，从法律上来讲，这部分资产应当不会受到婚姻的冲击。

信托具有保密性，在设立信托时，关于信托受益人受益权分配的模式连客户他太太都不知道。2017年，他和太太的婚姻产生了危机，他太太向法院起诉要求分割张总名下的资产，包括家族股权在收购协议达成后所获得的货币，她认为这些财产都属于他们夫妻的共同财产。在法院审理过程当中，我们作为张总的代理人，向法院提供了整个信托架构。我们判断，虽然企业是在香港上市，但是根据内地信托法，对这部分财产进行法律上的认定应该没有问题。所以我们非常有信心地认为，这个案件的最终处理结果很有可能会是，在信托保护下的这部分资产不属于夫妻共同财产，他的太太应该没有权利进行分割。

从这个案件可以看出，家族信托基金对于家族财富管理具有非常重要的法律作用。

还有一个案例是关于基金会。根据我国慈善基金会相关法律及慈善信托的要求，慈善信托和基金会的这部分资产就完全脱离于家族资产，属于社会财富。但实际上基金会财产的实际管理还是由发起人或者主要捐赠人推荐选举的理事会来控制。基金会以及慈善信托的建立，在树立家族理念、家族慈善理念的同时，对家族资产的增长也具有非常大的促进作用。

我与大家分享的第三部分，就是和而不同，富过三代。中华民族有一个非常重要的哲学概念，就是"和"，和而不同。

> "我们现在大多时候，一代在对二代，甚至三代进行财富传承分配时，希望所有子女的继承是平均分配的。但是平均分配模式是不是最好的模式？我认为要和而不同，即内心的和谐可能比表面上完全的统一和平均更重要。"

我们来审视一下大洋彼岸的洛克菲勒石油家族，他们现在已经传到第六代了。我们发现，他们每一代掌门人针对家族财富的掌控和分配，其实并不是完全统一的，但是能使他们所有的传承人获得内心的和谐和统一。

还有华人首富李嘉诚先生，2012年宣布了家族财富传承分家的方案。他的长子，受到父亲的言传身教，具有丰富的管理经验和坚韧不拔的性格，适合管理整个财富帝国，所以方案中由他的长子管理家族企业。他的小儿子性格更加特立独行，适合在自己感兴趣的领域创业，所以李嘉诚先生拿出大量资金来支持他的小儿子发展。他的这种分配模式并不是完全平均和统一。李嘉诚先生还有他的第三子，他认为家族基金会就是他的第三个孩子。另外，当家族产生纷争时，尽量通过和平、协商的方式去解决，做到"和"。这种和而不同的管理模式，更适合家族财富的传承，对"富过三代"具有很大的促进作用。

最后，我想提一个概念——家族办公室。这是一个舶来品，来自于境外。近年来，国内的家族办公室蓬勃发展。各大银行及下属的财富管理公司，其实扮演的就是家族办公室的角色。我们可以把法律的工具、财务的工具、二代精神及家族企业精神的培养等全部镶嵌到家族办公室中去。家族办公室是财富管理上的一颗明珠。希望我们能通过学习境外的经验和理念，结合国内实际，最终使所有客户能够真正实现"富过三代"的梦想。

杨诚信：感谢王律师的精彩分享。接下来是论坛讨论环节。

田源：工行私人银行的调研报告信息量很大，对我们在座的各位，无论是一代、二代都有很大启发。

华人家族企业传承中，我认为可以学习李嘉诚，放开单飞一个，留在

身边一个。他们家族的传承可能是现在香港地区所有家族里做得较好的一个。

他传承的过程特别长，他把家族财产中的一部分现金交给小儿子，让他随便去闯，那属于风险投资。在这个传承过程中他一路带着李泽楷走。两代人有很大的不同，但李嘉诚先生非常谦和，而且处理问题很得当。比如请客人排座，如果一个代表团来了，李嘉诚的方法很简单，让每个人抽签决定座位，这就不会让人觉得受到了不公平的对待；如果有两桌客人，他就在一桌坐上半场，在下一桌坐下半场。李嘉诚给我的印象非常好。

李嘉诚先生带着李泽楷已经几十年了，总而言之，这一代与二代之间交接班的过程大约需要30年。从这个意义上讲，华人的二代接班周期特别长，因为第一代都不愿意放权。在欧美国家，到了60多岁，老人就退了，一代很愿意放手，二代也很愿意接。这些国家的家族企业传承经过了很多年的实践，也许比我们走得更前一些。

Gino Andreetta：首先，我来自意大利，其实意大利一个家庭的平均孩子数量是1.1，所以中国并不是唯一一个每个家庭只有一个孩子的国家。意大利也有很多很小的家族企业。其实很多国家都面临一个问题，就是家庭

孩子越多，那么处理方式就更复杂，要有不同的方式。我觉得交接班并不是一个时间的问题，更多的是知识的问题，关键是要做好足够的准备。

其次，是关于变化的。今天的世界和10年或15年前已经不一样了，今天中国的千禧年一代非常积极向上，他们更多是以家庭为导向，他们很关心他们的家族和父母所创立的企业，他们也在思考怎样经营企业，怎样学习和利用对企业有用的工具。其实，千禧一代也在不断变化。

最后，随着"一带一路"倡议的推行、铁路网的延伸，中国经济将会进一步发展，因此第二代管理的业务可能会发生变化。我认为金融机构，如工商银行私人银行等，可以给出非常好的建议来帮助家族企业更好地管理家族财富。另外，还有非常专业的律所，也可以为家族企业提供更多专业服务。

杨诚信：目前国内的企业家多数都是创富的第一代，在过去的企业经营中成绩非常优秀，对自己应对未来的变局也非常有信心。所以我想请教何总，在家族财富传承过程中，您认为最大的风险是什么？有没有应对风险的策略、计划或者方法？同时您在第二代接班人的计划安排上有什么不同的想法？

何启强：第一，我认为，实际上现在第二代接班难不只是因为第一代不放权，还有他自己愿不愿意接的问题。我们第一代创业一开始是为了解决吃饭的问题，后来是为了改善生活，当这两个问题都满足了以后才谈事业、追求更高的境界。但第二代已经没有解决吃饭和改善生活的问题了，他们有自己的兴趣和追求，如果强迫他们接班，会比较勉强。

第二，

> 企业家，具有一种与生俱来的特质，有些特质不一定能培养得出来。即使他可能具备企业家的特质，但是所倾向的行业未必就是家族企业所涉及的领域。

此外，第一代把产业发展起来了，第二代接了班后关键不在于是否能维持，而是发展，这就要求第二代必须具有超越第一代的能力。在这种情况下，我认为首先要考虑的问题是第二代是否适合接你的班，让企业发展下去。我认为第二代的兴趣问题更加重要，因为如果他们对家族企业这一领域不感兴趣，强迫他们接班，不仅他们自己累，还会把这个摊子给做砸。

杨诚信：您是不是没有打算让公子接班？

何启强：我没有说接或不接，但是我说得很清楚，我说你没有义务必须接我的班，最终能否接我的班关键在于：第一，你的兴趣；第二，我的认同。这两点都很重要。

我的企业中，我不是唯一的股东。我有我的搭档，大家都有第二代。我并不认为我儿子必须做第一大股东接班。如果两个二代都具备企业家特质，都可以接班，那么如何选择接班人才不会引发控制权纠纷？我认为能体现能否接班最好的做法是，在外面创业，当创造的财富足以收购第一大股东控制权的时候，接班才会令所有人信服。这是我的看法，谢谢。

王伟东：这场分论坛的主题是企业家的家族管理，我认为它其实应该分为两个层面：一个是家族企业如何管理，另一个是家族财富如何管理。

关于家族企业如何管理的问题，现在二代接班的典型案例很多，特别是一些大企业，比如万向，鲁冠球先生已经去世了，但他的传承现在看来是不错的，另外刘永好家族企业的传承做得也很好，他传给女儿了。家族企业如何管理，如何传承，如何平稳地发展，这可能需要我们一起，特别是工行专家们，进行更深入的研究。我们中国家族企业有其优点——中国传统文化讲"和"与"孝"，这与西方确实有差异。

杨诚信：你有三个小孩儿，你会期待他们都像你一样学金融吗？

王伟东：不一定。我希望他们能实现自己个性化的发展，他们有自己的兴趣和方向。比如，东华软件公司市值几百亿，但薛总的孩子回来就愿意当中学老师，他们确实会有不同的爱好。

不过，对于企业家来说，现在确实已经到了规划家族财富和家族企业的时候了。原来第一代是"新钱"，现在第二代是"老钱"，而欧洲的家族企业已经是十代的"老钱"了，已经很成熟了。

杨诚信：我们可以把家族财富的传承简单地分为财产的传承、家业的传承、精神的传承三个层次，这里的家业也包含了企业。但国内创富一代在思考家族财富传承的问题上，多半还停留在第一个层次到第二个层次的升级融合期，也就是财产的传承和家族企业的传承上。关注精神层面传承的还比较少。巴菲特曾经说，我们应该留下足够的财富帮助孩子做他想做

的事情，但不应该留下过多的财富让孩子什么都不做。所以，家族企业精神的传承，是需要我们共同思考和面对的问题。姜总，您觉得能传承给子女的精神财产或者是家风有哪些？

姜明：我讲几个关键词。

第一，企业家。企业家和商人的区别，不仅是财富多一点，而且要文化底蕴深一点，责任情怀多一点。如果是三代以上的富，那么他们可能就不是一个商人了，而是一个企业家。

第二，家族。注重家风、家规，这都是精神方面的传承。家族一定要团结，不团结就是从繁荣走向衰弱的开始。

第三，管理。管理首先是对子女的管理，让他拥有善良的心态、健康的身体、自信的性格、认真的精神、坚持的毅力。其次就是风险管理。

第四，财富分配。三全集团的陈泽民先生，现在70多岁了，有两个儿子，一个是董事长，一个是总经理。当时他想把股份都给儿子。我向他建议，股份如果都给儿子了，以后你们就是父子关系了；你留下股份，你们不仅有父子亲情关系，还有工作关系，他们还要来跟大股东汇报工作，这样就有时间来看你了。他们这种安排很好。

"脑洞"未来

　　他们都是技术领域的引领者和实践者，对所在领域的当前和未来都有深刻的洞察，他们将帮助我们了解技术前沿正在发生的那些故事：最前沿的科技大咖们都在想什么、做什么。他们的洞察将描述未来科技的谱系和图景。

　　在2018年亚布力年会上，斯坦福大学讲席教授、美国国家科学院院士、复盛（LDV）创投创始合伙人沈志勋，MUJIN机器人控制公司合伙人兼产品研发部部长刘欢，脑机接口公司BrainCo创始人韩璧丞，物灵科技联合创始人、CEO顾嘉唯就前沿科技进行了介绍和深入讨论。信中利美国创投公司创始合伙人王维嘉主持了该场讨论。

　　王维嘉：我们的论坛叫"技术最前沿"，这个论坛的主要目的是让大家对前沿科技有一个概念，今天最新的科技到底到了什么地步？第一位演讲的嘉宾是斯坦福大学的讲席教授沈志勋教授，他是美国国家科学院的院士，也是中国科学院的外籍院士。作为一个跨界的人，他从最前沿的科学，一直到企业，甚至对风险投资都非常了解，让我们首先有请沈志勋教授与我们分享他关于最新科技的看法。

　　沈志勋：我通过我的投资项目来讲讲前沿科技。苏联有一个非常著名的科学家叫朗道，是一位非常自信的科学家。他给历史上物理学领域的科学家做了一份"江湖排名"，从0至5进行排列，就像地震的震级一样，每高一分就差一级，每差一级对科学的贡献就差10倍。排在第一位的是牛顿，为0分，因为牛顿解决了人类在两千年演化中对宇宙、地球的认知问

题；第二位是爱因斯坦，比牛顿低一级，0.5分。另有六七个人是1分，包括布尔布莱特。朗道给自己的打分是2.5分，在获得了诺贝尔奖、坐上了苏联物理学最高交椅之后，他把自己的分数从2.5分提到了2分，也就是他认为自己对科学的贡献只有牛顿的1%。

也许有一个科学家比1分低一点，这个人就是薛定谔。薛定谔为今天的物理学贡献了很多东西，比如波动方程等。他是一个非常特殊的人，对物理层面有非常大的影响，同时也为化学做了很多奠基性的工作。如果说把薛定谔的方程用一个简单的形式写下来，一般学物理的人在大学里花一两年就会解出得到元素周期表。这是一种新的贡献。薛定谔还对生命哲学学科做出过一定贡献。希特勒上台后，薛定谔反对希特勒，公开写了很多反希特勒的东西。因纳粹迫害犹太人，他1933年离开德国，1939年转到爱尔兰，在都柏林高级研究所工作了17年。庆幸的是，他没有参加备战，因此有了很多时间思考。他在这里做的事情之一就是基于物理学最根本的原理提出了这样一个问题——生命是什么？他从生殖演化的角度去谈人的演化和基因问题。当初的生物学家感觉他是胡说八道，没多少人接受，但薛定谔的思想影响了优秀的年轻人，对后来从事生命科学的人有很大影响。那

么从今天技术角度来讲，这个演化是什么呢？我们都知道今天是一个现代化的时代，因此我下面讲一下薛定谔的现代技术。

大家都听说过薛定谔家里的猫，他当时是向多本学派的人讲量子派，说我们家这只猫从量子力学的角度看有两种可能性。有一半的可能性是死的，有一半的可能性是活的，这是什么意思？这就是今天要争论的量子纠缠，我们观测到一个事物影响着另外一个事物，这就是量子。量子纠缠在将来还会进一步发展出量子计算，我们从这个层面可以看出薛定谔的思想和高度。他以一人之力影响如此广泛的学科，这在科学史上是非常少见的。所以现在有人说，也许他可以在朗道的江湖排名里再往前一点。

> **"** 下一场革新的主轴是什么？实际上还是深科技与市场的结合。硅谷依然是深科技和科技人才的重地，是中国智慧成长新模式的核心，是创新也是创业的机遇。**"**

目前硅谷有哪些技术或者深技术值得关注？

以我们投资的激光雷达技术为例，这是非常顶级的技术，200米的激光雷达配有2厘米的精度。还有三维呈像、计算机视觉等，也是非常好的应用。再如，用机器人做饭，你可以用快餐的价格买到出自美食家的高质量餐饮。还有固态生命科学跟生命学的结合，可以对肺癌做早期检测，达到90%的精准度。我们在精准医疗、人工智能方面都要往前走，要有中国自己的品牌。

王维嘉： 请你用最简单的语言向大家介绍一下量子纠缠的概念，并解释一下如何通过量子纠缠做到量子通信？

沈志勋： 量子纠缠本质上就是很多可能性的叠加。量子纠缠是两个量子形成的叠加态。一对具有量子纠缠态的粒子，即使相隔极远，当其中一个状态改变时，另一个状态也会即刻发生相应改变。量子通信就是在不破坏叠加状态的同时，保持以量子的生态进行传输。这是一个核心，将来还能做到更高的稳定性。

王维嘉： 如果量子通信发展到理想状态，它对我们普通人的生活会有什么样的影响呢？

沈志勋：金融方面也会用到，比如银行密码，这与老百姓息息相关。银行与银行之间的交易互通也会应用到。

王维嘉：量子计算机什么时候能够替代今天的计算机？

沈志勋：代替通用的计算机绝对是一条非常长的路，但有一些特殊的领域会很快，比如保密信号、解码等，因为这种密钥是不计成本的。

王维嘉：今天的量子计算机发展到了什么地步，或者有什么指标可以衡量今天量子计算机发展的状态？

沈志勋：今天量子计算机的很多工作是大众不知道的，所以大众并不知道真正前沿的技术是什么，所以有一定的信息滞后性，相对来说，让大众知道这些信息并不见得是非常前沿的。比如IBM等所做的工作以及有关国家部门所做的研发，我们很难知道他们具体做了什么。

王维嘉：感谢沈志勋教授的精彩分享，下一位演讲嘉宾是刘欢。他在美国麻省理工学院计算机本科毕业之后在人工智能领域读到研究生毕业。随后去东京创办了一家机器人公司。他的机器人得到了日本最高规格的机器人大奖，也是历史上第一次由新创公司获得这样一个奖项，下面有请刘欢。

刘欢：我从13岁开始就做机器人，一直到现在。最近我和世界上最好的工程师一起，不分昼夜地对工业机器人的大脑进行研究，有幸能全身心地投入新一轮的机器智能所引领的大潮中。

今天我想和大家讨论一下无人生产。第一，我们为什么要做无人生产？第二，为什么我们还没有实现？第三，我们如何去实现无人生产？

我先跟大家分享几个数字。第一个是8500万，这是8500万平方米/年——每年我们国家在营业性仓库面积的平均增加数。这个面积相当于1/5的亚布力。

第二个数字是200万辆/年，这是三年来平均每年汽车销售增长的数字，2017年就更多了，每年我们要多生产这么多辆汽车。

第三个数字是12639人/天。很遗憾，这个数字是我们国家现在16~65岁劳动人口减少的数字，乘365天的话，就相当于460万。什么概念呢？如果亚布力的人口是4万，也就是说每4天就失去相当于整个亚布力人口数量的劳动力。

这三个数字意味着什么？我们必须用更少的人力运作更多的仓库，来

造出更多的商品，必须要提升生产效率，否则人们的生活质量就会受到影响。那么如何提升生产效率呢？用工业机器人进行无人化的生产。

工业机器人能够帮我们把人类从一些枯燥、简单、危险的工作中解放出来，真正让人做一些有创造力的工作。我们国家目前机器人应用的密度是1/300，就是300个人里面对应有1台机器人。我个人认为这个数字应该倒过来，就是300比1，1个人应该管300个机器人。

首先我们定义一下什么是工业机器人。工业机器人主要分为两个部分，机器人的身体和控制器，就像人类的身体和大脑，身体负责执行，大脑负责发信号。把这样一个机器人的系统用好，其实是不容易的。我们总结下来，有四个比较大的挑战。

第一，工业机器人的操作方式非常复杂，并且有很多的生产厂商，每家的工作界面完全不一样，就相当于你换一个品牌的汽车，就得重新考一个驾照。

第二，更不幸的是，每一个工业机器人的编程过程非常烦琐，要在一个非常复杂的界面上进行操作，就要经过专业培训。

第三，再举一个汽车的例子，现在想让机器人搬运东西，从A点搬到

264

B点，以开车导航为例，输入一个起始位置和终点位置，导航会告诉我怎么走。但对机器人来说，没有这样的GPS，如果要从A点开到B点，我必须告诉他这条路直走，下一条路转弯、再直走，需要人工事先把工作输入给机器人。可见这个过程真的非常难，因为一旦发生任何变动，所有动作都要重新编一遍，一旦公式变得更加复杂，环境变得更加复杂，机器人也要进行一些相应的变动。如果按照现在的规则方式，我还得提前考虑到包括交通堵塞、中途被拦停等几百类这种突发事件，需要提前编好这几百个问题，处理视觉的感知，这样就大大限制了工业机器人的发展。

第四，为了提高生产效率，有时我们会做一些定制性的设备，但是和定制应用不同，如果要定制比较好的工业系统至少需要几年时间，这就导致了机器人的技术跟不上生产需求的变化。

综上所述，机器人做不好有四个方面的挑战，第一，机器人操作方式各不相同，因为机器人控制器互不兼容；第二，对机器人编程困难又低效，控制器操作烦琐，控制方法原始；第三，把高级感知引入机器人运动很难，因为控制器功能固化，缺乏智能；第四，研发新机器人很难，开发门槛很高，目前为止只能在汽车行业中应用，因为汽车生产线至少可以生产三年。

因此，

> **"** 目前尽管机器人的身体很好，但是它的控制器，即它的脑袋达不到我们的要求。如果我们能做出一个这样智能化的机器人，那么将可以广泛应用到无人生产中，如智能化的无人仓库。**"**

最后分享一个实际的案例，上海京东全流程无人仓。首先是供应商把手机送到现场，我们机器人把它拿下来，在空中完成每一个包裹的扫码工作，完毕后一个一个放下去。之后箱子入库，扫码，验证，接着是打包，随后根据箱子的尺寸放到打包机上，打包机就自动贴标进行包裹。这样就可以实现足不出户的自动化打包。打包之后，由机械臂把包裹放到机器人上，根据之前扫码得出的不同目的地，对它们进行有效分类，等大包裹装满了，就进行出库。整个流程，从供应商入库，到下单，再到最终出库，

265

在世界上首次真正实现了全流程的机器人操作。

王维嘉：非常精彩。大家有什么问题？

提问：为什么在日本做机器人？

刘欢：全世界的机器人有一半是日本人制造的，日本是一个工业机器人的主要基地。他们已经在整个工业企业中，将传统的做法应用到了极致，而我们现在想把这个技术在中国做起来。

提问：你们公司最大的突破是用了机器视觉还是算法，是通过什么结合最后让它做出了以前别人做不出来的大脑？另外，再问一个问题，为什么中国做不出来好的工业机器人？

刘欢：我先回答一下第一个问题，我们这边最核心的技术就是规划。传统的机器人所有的动作是人教的，而我们能够做到完全通过计算算出来。机械臂有这么多关节，我们根据实验室老师提出来的一个想法，把它做成了软件，把这个算法完全实用化了，这在以前是做不到的，也是我们首创的。有了这个之后就可以做出机器视觉，从而在整个产出和规划中形成一个闭环。

提问：算法其实不重要吗？

刘欢：我们是站在巨人的肩膀上。目前的硬件已经非常成熟了，工业机器人已经发展了二三十年，但是软件机器人是没有办法借鉴的，这是一个大问题。所以很难说算法不重要。

提问：国内做工业机器人的企业是否相对较少？

刘欢：国内做工业机器人的企业有很多，而且大家都在努力研发一些核心元件。只是目前日本走得比较前沿，他们毕竟有几十年的技术沉淀。工业上的很多东西需要不断地试错、不断地改进，日本在这个领域做了几十年，而我们也必须得有这么一个迭代的过程。

提问：机器视觉目前是否已经发展得很成熟了，还是需要公司继续研发？

刘欢：机器视觉离很发达还差得很远。现在我们还有很多系统上的问题，目前我们要专注的点是先把基础的东西做好，把整个流程都做成熟了，让大众都熟悉这个技术以后，就可以开展下一步了。

王维嘉：你预测一下，在未来的五年、十年中，机器人的智能化程度

和它的使用场景两方面能够达到一个什么样的节点？

刘欢：机器人的整体技术进步，真的需要踏踏实实去做的。原来我们是在实验室做机器人，之后我们需要通过技术结果去给制造业提供一些新的升级思路，让这些信息成为真正靠谱的方案，这样制造业在做规划和工厂设计的时候才能把这些考虑进去，才能把新技术应用到新的层次，之后再一起踏踏实实地去做下一步工作。

王维嘉：下一位分享的嘉宾来自哈佛大学。大家知道马斯克经常提出一些惊人的观点，如为什么在人工智能到来后不能直接把脑袋剥离并将电极安插到大脑里。其实他之前，就有人办了一家BrainCo的公司，下面有请韩璧丞给我们讲讲最新的脑电波通信。

韩璧丞：在过去的9年里，我花了几乎所有的时间和精力研究这个技术。之前在学校我研究生物学，后来做了这家名叫BrainCo的公司。做这个技术源于一个担忧，就是现在人工智能领域的科学家越来越多，他们花太多的时间让机器变得越来越强大。正如刘欢所说，让人类解放出来，去做更加有创造意义的事。但随着人类思考越来越少，我们的大脑也会不断地

衰退，所以我的这项技术就是希望能够让人类本身变得更加强大。最近的经济学杂志也提出脑机接口是最被人关注却又被很多人低估的技术，三星和苹果最近都在布局脑机接口方面的专利。

脑机接口本身包括两个方面：第一让大脑本身读取更多的信息，第二让人对外部进行控制并让自身变得更强。

首先，我从应用层面给大家介绍一些分类。第一个分类是信息的深度提取，两年前我在哈佛授课时询问大家想用脑机接口了解什么？女同学说想知道男朋友在想什么，男同学想用这个技术让自己变成像钢铁侠一样的人。我们能不能知道大家脑子里在想什么呢？答案是越来越有可能。近来有一个研究，通过大量的训练，用MR（Magnetic Resonance，核磁共振扫描仪）核磁共振扫描人类大脑中看到和所想的图片，比如说让被试者看金钱豹的图片，我们可以通过仪器解读识别出这样的模型。未来当你的女朋友问你在想什么，你也许会说你在想工作的事情，如果旁边放了一台MR，可能她就知道你想的不是工作，而是另一位女生，甚至还可以做到知道这个女生大概长什么样，这就是我们所说的影像重构技术。拿方块举例，你脑海中想着这样的一个方块，仪器后面会识别出相应的图像，你不断想这样的图像，后面也会形成相应的轮廓。但这个技术有几个限制，首先就是仪器的发展，比如现在MR是一个巨大的仪器，而未来有可能整个屋子就是一个MR，只要进了这个屋子，你的女朋友随时都知道你在想什么。

另外，是关于情绪的测量。情绪对我们是无比重要的，目前为止，没有任何一套非常有效地、准确识别人情绪的仪器，但脑机接口就可以非常精准地识别每分每秒的情绪并记录下来，因为人有不同的情绪和表现时，大脑图形就有不同的分布。现在这项技术已经可以帮一些电影公司提供剪片的服务，一般的电影成片有六七个小时，要剪掉二三个小时。电影的剪辑会根据观众观感的反应来定义每个片段的权重，目前是根据试看时观众的描述。以后我们不需要描述，给大家戴一个设备，就能知道大家在什么地方最悲伤、最高兴。

大家比较感兴趣的是能否把记忆进行上传，或者有的家长说能不能给孩子植入点知识，让他掌握三年的英语知识。其实这个实验已经做过，但

还没有这么先进，现在可以做到的是通过光传技术，去特定地刺激大脑中固定的神经元，去模拟其他类似小鼠的运行实验。比如一只完全没有在笼子里待过的小鼠，在它每次到一个区域就进行一次电击，小鼠经过刺激后，一到这个区域就会走开，这个实验已经实现了。举一个例子，如果说我们是一家面粉公司，想让大家开始不吃大米。于是，我可以通过技术让大家产生对大米的憎恨，这样大家一看到大米就会远远躲开。

另一个是生活方面的增强，这其中包括智能家庭，还有下一代的智能出行。我们现在做了一些日常生活中可以用大脑去控制外部设备的简单操作，比如说可以利用大脑的状态和智能家居进行连接，从而实现自动对光线进行调整。2018年我们去参加了央视春晚的节目，现场包括黄渤和江疏影都试了我们的产品，虽然每个人大脑是不一样的，但是都可以在很短的时间里控制我们的设备。2018年日本的尼桑公司推出了一项技术，就是将脑机接口和汽车结合，给司机戴了一个脑机接口，就可以实时看到司机在开车过程中大脑的状态。比如从亚布力车站到我们亚布力会场，司机一定有一些犹豫，有时候雪很多，有时候路很弯，他并不一定会把这些反映在方向盘的变动上，但他一定会犹豫，犹豫一多就可能增加事故的发生。而这个技术可以检测所有人出现的犹豫，通过这些把路线规划变得更好。同

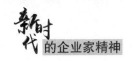

时还可以结合情绪的技术，根据我们的情绪变化提供一条最快的路线，或者是一个最短的距离，还可能告诉你一条让你心情愉快的道路，有可能花费的时间长一点，但是你心情会更好。

再说脑控打字，就是让人直接通过大脑对外部进行打字。如果一个人丧失了说话与行动能力，但是他通过一个手术就可以用大脑来进行打字，一分钟可以打8个字，速度和一个刚学打字的人差不多。

我们也开始做很多外骨骼的装饰，通过把人和机器混合在一起，让人类自身变得更强。在2014年巴西世界杯的开幕式上，发明"脑机接口"这个词的人做了一个项目，他让全身完全瘫痪的病人站起来并用大脑控制身体去踢足球，这个人也成了我们公司的指导老师和顾问。

还有一些比较实用的技术，我们可以开发低成本的智能假肢，比如说钢铁侠的机械手。目前假肢要5万美元左右，在中国进口的假肢是50万人民币，就算残疾人有钱买这个产品也不舍得用，在美国也是一样。所以我们要做的事情，就是开发高性能、低成本的智能假肢。在"我是未来"的现场，我们让一个失去双手27年的运动员，在经过10分钟的训练后使用了这个手臂，结果成功控制三个手指并现场用毛笔写字。目前我们手臂的成本大概是2万多人民币，也希望跟其他公司合作，我们想把它做成一个非营利的项目。目的很简单，就是希望在接下来的5~10年，让中国200多万没有手的人可以戴上这种低价的智能义肢。

最近，我们发现了一个非常有趣的现象，就是脑联网。比如说在猴子头上进行一个单独的公式，让它运用想象控制一个球。当猴子让球到达中心的位置时便给予一个奖励，如果把三个猴子的大脑连在一起，就组成了一个类似超级计算机的东西，经测试它可以用比原来快3倍的时间让猴子完成这个任务。大家知道人类的大脑是最好的超级计算机，所以在未来很有可能让人类的大脑连在一起组成一个超级人脑计算机。

提问：脑联网对个人的隐私和数据保护有什么解决方案？

韩璧丞：在数据隐私方面，我们公司对员工有严格的管控，每个员工要花2万~3万去做一个非常严格的训练。而且这个技术并不是一项可怕的技术，反而我感觉人工智能才是一项可怕的技术。这个技术是让你的思辨能力变得更强，或者说让你用自己的大脑更好地控制设备。你看一个黑客

通过人工智能，可以让上千辆无人驾驶汽车奔上美国的大街去伤害人民群众。但如果我们把信号变成人类更高级的设备，人类有了这个设备就可以用自己的大脑组织机器所运行的指令，所以实际上它是保护人类的。

王维嘉：除了技术之外，人如何使用技术是非常重要的一环，所以研究人机界面、人机交互的重要性不言自明。下面我们有请顾嘉唯来分享这方面最新的技术。

顾嘉唯：前面大家讲的都是机器智能，所以我们未来极有可能处在人机协同或是人机共生的时代里。

我们公司叫物灵，取名就是万物有灵，含义是人机共生，万物有灵连接世界。2018年，大家已经看到了非常有希望和有前景的东西。毋庸置疑的是，不管是在微软还是百度一直都在做这样的研究，包括图像分类、人脸识别，确实在某些领域跨了一大步。百度有一段时间确实把图像、人脸和语音的技术都进行了快速的提升。但并不代表机器一定超过了人类，它是在相对的情况下完成了这件事。

可喜的是，不管是百度，还是无人驾驶，现在出现了很多千万级市场的场景和尝试，越来越多的AI落地成了我们身边可以用的产品。AI最早是带来行业的解决方案并提升行业效率，但今天我们陆续看到一些AI已经尝试

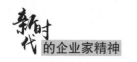

去革新人机交互，在很多垂直行业当中创造了价值。今天的AI成了一个投资者热衷的行业，并带来了非常多的机会，在渠道和技术口的支持下腾飞得很快。那在这个过程中，我们为什么要从微软和百度这样的大型AI机构里跳出来做一家公司？我们看到AI可以划分出新的时代，一是以开放模式解决垂直领域的行业问题；二是物灵，就是我们现在做的AI革新的人机交互，我们通过它来升级消费产品。找准每个阶段的时间点是未来计算机整体发展的关键。我们可能会看到一年以后更自然的交互场景，就像触摸屏和今天的语音一样。今天的机会不只是语音交互一个口，其实人机交互面是非常宽泛的，比如百度眼用人脸的技术帮助一些人，再比如跟GIANT（捷安特）合作的无人自行车。

其实看以前的电影可以获得很多产品方向的启发，比如说《奥德赛》和《回到未来》。其实无人驾驶和今天所有的相关产品，都是告诉大家往哪个方向走。通过看不同年代的影片，我们发现机器人可以成为汽车、手表，同时也可以是家里陪伴在你身边的产品，比如大白。电影给今天的大家点出了一个方向，不只是之前工具和效率型的产品，它是逐渐让你看到人格属性和互动的东西。

王维嘉：今天四位分享者从方程讲到机器人、人机交互，用非常不同的视角俯瞰了当下的世界。整体来讲，可以看到今天的技术，尤其是机器人技术已经走到了一个临界点的边缘，会有很快、很大的突破。我相信，现在的技术变化非常之快，未来的科技发展让人充满期待。

AI泡沫何时破裂

文 | *戴文渊* 第四范式创始人兼CEO

　　这些年来我最为关注的，是人工智能如何与企业、企业家结合，帮助一家企业成为更好的企业。

　　在一家企业中，通常有三类人：高层，战略的制定者；中层，策略的制定者；基层，策略的执行者。在过去十多年里，互联网和移动互联网改变的正是企业的基层。过去银行与客户接触的主要方式是门店，通过门店内大量的柜员来和客户打交道。而互联网和移动互联网出现之后，柜员的作用被降低了，越来越多的机器替代了柜员去和客户进行交流。但互联网和移动互联网没有改变的是中后台人员的工作，仍然有很多各行各业的专家在企业的中后台从事着他们的研究工作。那么在当前的人工智能热潮下，我们考虑的是什么呢？我们希望机器能够帮助到中后台的这些工作人员，来提升企业的效率。这就是第四范式所想要解决的问题，即我们存在的意义。

　　第四范式名字的来源与一位名叫吉姆·格雷（Jim Gray）的科学家有着紧密的联系，他是1998年图灵奖的获得者。吉姆·格雷认为，过去的发展经过了三个范式，其中第二范式——理论范式非常重要，就像牛顿、爱因斯坦提出的理论。而第三范式——科学范式的出现，使我们可以用计算机对理论进行大量推演。最终在未来将进入第四范式阶段，更多的理论将由计算机的数据而非科学家去产生。目前，我们可能认为数学、物理是科学，但各个行业的业务场景则被看作是经验主义。我们希望在未来的各行各业中能出现更多的科学家，这些科学家可能不是人类而是机器，通过这些机器发现的规律可能带来人类科学的大爆炸，到了那个时候，科学将不仅仅局限于

物理、化学、生物这样的学科，而是每个行业都会成为科学。

其实计算机在做科学研究的时候与人类相比还是有一些不一样的，有它自身的优势，也有劣势。人类在宏观层面更强，而计算机则更擅于微观层面。比如同样一件事情，牛顿在提炼三大定律的时候必然会看到很多物理现象，最终总结出三条定律来对这些物理现象进行概括。如果将这交给计算机来做，方法上则会有所不同，因为计算机拥有无穷的精力，可以做非常细致的事情，可能会将所有物理现象数据化并分割，按照不同数据的区间进行规律总结，每个数据区间总结出三条规律，最后可能总结出三千条定律。将三千条定律叫个人来处理很难，但如果交给计算机，不到一秒钟就可以处理好。计算机与人类做事的方式有所不同。

基于这样的方法论，我们可以把它应用到各行各业，比如人工智能如何做医疗。其实医生也是科学家，会基于他的经验去总结行业规律，比如一个人满足什么样的条件则证明他确实病了，而计算机可以抓住很多医生没有发现的规律。我们去年和瑞金医院合作，帮助他们判断一名患者是否会在三年内患糖尿病。在此之前，医生总结出的规律大概在几十条左右，而通过计算机总结出了50万条规律，这是一个很明显的对比。最终结果是

机器判断的准确率比最好的人类专家提升了2~3倍。

在金融反欺诈领域，我们与一家业内领先的银行进行合作。过去他们基于业务数量及案件总结的欺诈规律为一千条左右，是由几十名专家共同合作完成的。在使用计算机之后，根据他们的数据总结出了25亿条规律，比之前专家判断的准确率提升了1~5倍多。同样像现在较火的互联网个性化内容的分发，每个APP都需要个性化的内容分发，如何做到个性化？只要把业务规律数总结得比人数还多，每个人分配到不同的业务规律，那就会让每个人看到不一样的内容。其实这背后的原理就是，让计算机总结出更多规律，这些规律很可能每一条单独拿出来人类都可以理解，但由于人的精力有限，不可能总结出二十几亿条规律。人类需要做的是抓大，而不是在这些小的层面投入无尽的精力。

当然今天我们似乎感觉AI能在很多方面改变一家企业，但落地的时候仍会遇到很多困难。

> ❝现在大家经常讨论人工智能是否有泡沫，其实我们把它在各行各业的价值发挥出来，就绝对不可能有泡沫出现，甚至可以说我们当前给人工智能的投资都低估了整个技术的威力。❞

泡沫是在落地侧，因为做不到导致泡沫产生。那做不到的原因是什么？很重要的一点是人才的分布。

AI人才主要集中在大城市和大公司，月薪分布在1万~5万之间，说明了人才稀缺、价格高。而实际情况可能更差。人工智能的领军人物可能只有总从业人数的1%，但是领军人物的薪水可能是普通从业者的50倍，甚至50倍的投入都请不到一个领军人物，这是很糟糕的情况。所以仅仅把各行各业在AI方面的领军人物请出来是不够的，数量很少，甚至投入大量的教育资源也未必能培养出多少领军人物。我们需要的不是让那些我们所崇拜的科学家去做AI，而是让更多的科学家们都去做AI，我们需要让这个世界上有几十万，甚至上百万的人工智能从业者。我们并不需要几十万个领军人物，而需要让所有人都能够拥有产生人工智能的能力——这是可以实现的。

我们再设想一下，很多人都养过宠物，比如狗或者猫。我们会教狗做一些事情，但为什么我们不能教机器做一些事情？因为交互方式不一样。我们教狗的方式就是巴甫洛夫的条件反射方式，不断让狗看见鸡腿和铃铛，从而产生联系，最后它听到铃铛就知道要吃东西。但现实中机器并不是这样，机器们是通过矩阵运算、牛顿法的方式来进行学习的，因此我们应该去改变机器的学习方式，让机器也通过巴甫洛夫实验的方式去学习，让更多的人去接触人工智能。

在这样的情况下，我们开始做一些不一样的事情。由于机器是基于过去的知识与经验，经过无数次思考与进步，最终输出一个最优策略，因此，需要构建用以机器"学习—思考—行为"的外部环境，总结为BRAIN：在机器的"学习"过程中，需要为它创造学习环境，业内称之为过程数据（Bigdata）、反馈数据（Response）；其次，机器的"思考"过程需要匹配合适的算法（Algorithm）以及能够满足数据量的计算资源（Infrastructure）；最后，要将AI的决策应用到具体的生产环境中（Needs），在最终的"行为"空间里去创造价值。

但当前行业内全链路的建设还非常不完善，有碍AI价值的最大化。这也是为什么第四范式专注于为企业建设AI核心系统，打通企业产生AI能力的最重要的原因。只有把AI全链路的基础夯实，将良好的学习环境、优秀的大脑和广泛的落地实践相结合，企业的数据资源和算法能力才能真正转化为商业环境中决胜的产业革命动能。

从数据、人才到场景应用，AI天然的跨越工业化的红线门槛过高，导致了目前只有少部分能够合纵连横的大企业受益于此。更多企业想参与进来，往往是选用AI公司提供的特定场景的技术来解决单一的业务问题，这不仅局限了各行业对于AI应用场景的想象空间，也使企业自身不具备AI能力，在AI推动的技术革命中处于被动局面。

为此，在过去的三年里，业界都在追捧效果更好的算法时，我们在扎扎实实地研发低门槛的领先算法，去找到技术要进入人类生活必须达到的最优解。发展至今，第四范式已经将AI落地的条件BRAIN，封装到了机器学习平台"第四范式先知"企业AI核心系统中。"第四范式先知"企业AI核心系统集合了数据核心、算法核心和生产核心三大模块，囊括了AI"学习—

思考—行为"过程的基础要素，并以容易使用的AI系统的形式，让所有普通人成为AI的建立者与使用者，在自己的行业快速、低成本、大规模地落地AI。

人工智能行业已经打响技术落地行业最关键的战役，厮杀场地也从实验室转战到金融、医疗、教育、制作业等各个领域，几十年前，前两轮的人工智能都退潮于此，当下AI又到达了跨越产业应用鸿沟之际。

> **"** 对于人工智能从业者来说，不要一味地追逐算法与炫技，一切阻碍AI落地的困难才是要征服的目标。对于企业家而言，要更加警惕没有场景落地和平台支持的AI"空中楼阁"。**"**

中国的机会来了

文 | *应书岭* 英雄互娱科技股份有限公司CEO

关于全球化，作为一名80后，我认为我会有一些不同的看法。

我们的所处领域是电子竞技行业，电子竞技也就是互联网体育。

我们认为，过去无论是在整个科技还是人类历史的发展中，行业发展时间越长，差距一旦形成，就越难被突破。比如，文学、音乐都发展了千年，这些领域差距一旦形成，就很难被突破。再如电影，这是一个非常明显的例子，已经发展了一百多年的时间，在这一领域滞后的中国人做得确实比不上美国，从本质上来讲，就是因为他们在电影领域发展比我们久。而互联网已经发展了30年时间，我认为我们这一代人非常幸运，因为

> **"** 中国互联网行业已经能够和美国互联网行业在全球平起平坐，当我们平起平坐的时候，我最大的感受就是，中国的机会来了。**"**

所以，今天我想讲全球化带来的中国机会，在过去的时间里，海外越来越认可中国企业。在谷歌公司去年的亚洲发布会上，有大量的中国企业被点评，英雄互娱也在其中，包括我们《Crisis Action》的本地化、《Crisis Action》的电竞比赛以及我们在东南亚的数据等。这意味着，谷歌在发展亚洲市场的时候，开始越来越多地依赖中国企业，也越来越多地向中国企业学习。

我们在过去的一段时间，也帮助苹果公司在亚洲地区办了一些电子竞技赛事。2017年苹果的高管库克一行也来到我们英雄互娱做交流，我们在交流过程中发现，中国的机会真的来了。在上一个时代，苹果选择把自己

的手机放在中国生产，现在我们会发现，它在全球的电子竞技赛事也正在依赖中国强有力的合作伙伴来帮助它实现，这在过去是很难想象的事情。

我们在美国很不习惯，因为他们在很多方面发展得还没有中国好。例如，人民币是全球电子化程度最高的货币，我们在美国还需要带现金、带卡，而在中国大多数情况下，带个手机出门就可以应对99％的情况。昨天在来亚布力的路上，在一个山沟的加油站旁的小超市里，我一样可以用手机进行支付。我们这一代年轻人看到了互联网的机会，这背后的机会就是将我们看到的互联网在全球进行复制。

另外在今天闭幕式上播放的视频中，褚老提到了经济质量。经济质量主要是指利润率要高，中国的企业毛利保持着很高的水平，这代表着企业向海外发展的机会。我们拓展到海外地区，发展了一年两年，在与当地人交流的时候，有人会说："老应，你被宰了。"对，我们被宰了，但是我们一样在那里可以赚到很多钱，这在企业经济质量高的情况下才能顶得住。这就是企业出海时的学习成本。

2017年，Facebook在中国举办活动，因为它发现自己前50名的广告客户里，已经有接近1/3的广告主来自中国，英雄互娱也和华为、今日头条等

企业一起入选Facebook出海50强，我们看到了海外机会正在向中国企业开放，而且中国企业目前的硬件、科技创新、互联网水平，在全球都具备非常强的影响力和博弈能力，这也正是一个走出去的机会。

在走出去的过程中，我们在过去的3年时间里，做了非常好的全球雇佣体系，应该算是我们企业的创新。

英雄互娱全球各区域的负责人每个季度都会回北京来做培训。在这个过程中，我们发现了一件特别有意思的事情——很多在中国觉得很简单、浅显的事情，但是在海外推行的时候就是推行不下去。这是因为价值观不一样，对于同一句话，他们与我们理解不同。

所以，我们非常注重每一个海外地区信息的同步，我们也感谢这个好时代给了我们企业这样的机会。今天早上，我去听我湖畔大学同学米雯娟参加的教育论坛，她说他们在美国雇了几十万名老师，来为中国的孩子上课。这就是在同步海外信息。今年1月份我去了印度尼西亚的雅加达，我们在那里有6000万的注册用户。我通过谷歌、Facebook、苹果、中国华为、OPPO等这些企业进驻到了海外，在海外取得了非常多的用户，在当地也招了很多人，但是此前我一直没去过雅加达，去了才发现它跟我想象中的完全不一样。互联网的发展正在把这个世界拉得越来越平，把信息拉得越来越对称，我们出海的成本变得越来越低。每次我们在做全球区域负责人分享会的时候都有这样的感受。

英雄互娱一直在尝试做新的企业培训机制，我们和北京大学、中国传媒大学等进行合作，其中中国传媒大学开设了中国第一个全日制本科的电子竞技专业。我们当时觉得非常惊讶，没有想到高校会开这样的专业。我们跟他们交流时，他们非常诚恳地与我们一起寻找合作中的点，探索有哪些课程可以去开设。在交流过程中，你能感觉到曾经教育的落后，以及现在教育对自己突破、发展的需求。

在过去20年的时间里，整个互联网发展给这个世界带来了很多变化。很多我们小时候学的知识，现在已经不需要了，云计算、AI都可以代替人类在做。然而，现在教育很滞后，这些我们已经不需要的知识、陈旧的观点，大学生还在学，却不知道学习新的互联网上的知识。

不过，现在中国的教育机构正在做这种大力度的改革，我认为这对于

我们青年企业家来讲，是一件非常欣慰的事。因为在中国企业对外扩张的过程中，每一所大学都是为我们供血的机器，如果供血机器不能造出好的血液，对我们来讲那将是致命的打击。

我们在过去的时间里，也感受到了国家的营商环境在大幅改善，很多政府领导都表达了想要改善营商环境的美好愿望。这是一个好的时代，非常感谢亚布力论坛搭建的这个平台，让我们年轻人有机会向各位前辈学习。

后 记

以企业家精神的名义

"花絮"里的企业家精神

1984年，柳传志所在的中国科学院计算技术研究所研制出了一台大型计算机，获得了"国家科技进步一等奖"。但当他第一次见到国外生产的个人计算机时目瞪口呆，那么小的个人计算机性能竟远远超过研究所研发的300平方米房间才能容下的机器。

也在那一年，他"下海"成立公司，克服千难万险，终于做出"联想"这一自主品牌，打败对于当时的联想来说犹如航空母舰的竞争对手IBM，打败从美国到欧洲无人能敌的"戴尔"。今天，联想已经登上了世界PC冠军的宝座。

联想的成长是时代巨变的折射，万千中国企业和品牌发展壮大的缩影。2000年，李书福在央视《对话》节目上说要做汽车，被同台嘉宾柳传志等视为"汽车疯子"。不到20年，这个"汽车疯子"并购了沃尔沃，并成为奔驰的大股东。改革开放40年来，中国涌现了无数柳传志、李书福这样的企业家，许多"联想"这样的品牌打败了国外同行占领国内市场，并跨出国门。

2018年亚布力年会上，柳传志说，改革开放的突出标志就是企业家精神。"挨过饿的人吃红烧肉与没挨过饿的人感觉不一样，但让我们感到自豪的是这碗红烧肉是经过我们自身努力做出来的，我们为这个前无古人的时代做出了奉献，我们应该感到自豪。"

2018年亚布力年会有两条内容主线：一是"纪念改革开放四十周年"；二是"弘扬企业家精神"。更准确地说，是以企业家精神之名纪念改革开放40周年。我们以这一时点中国企业家群体的回眸、感恩和寄望，来致敬这40年。

关于企业家精神的常识

2013年亚布力年会，也曾提出"企业家精神"这一主题，记得当时不少朋友问：什么是企业家精神？仅仅五年后，弘扬企业家精神已蔚然成风。

企业家精神，究其本质是种精气神，是种情感状态。我们把这一时点里中国企业家群体的情感状态，界定为2018年年会的内容主线。以中国企业家群体的回眸、感恩和寄望来致敬这40年。大家手上的这本书，就是这些回眸、感恩和寄望的合集。

企业家精神到底是什么？这本书从个体、行业和社会角度重温了关于企业家精神的常识。

企业家精神是经济增长真正的驱动力，它促进了市场的开发、引导了分工的深化、激发了技术和商业模式的创新，最终实现了经济增长。

企业家精神是社会规范和制度的创新者。每个社会都有传统、规范和模式，认识到有些传统、规范和模式过时了，组织要素重新生产，为社会创造价值，就是企业家精神。因此，历史上诸多杰出企业家，不仅是"商业企业家"，同时也是"制度企业家"。

企业家精神既是能力也是气质。前者包括洞察力和想象力，后者包括警觉和冒险。警觉、冒险的精神气质，加之先于他人的洞察和想象能力，使企业家最可能具备创新能力。创新是企业家最重要的功能。

企业家精神既是先天的也是后天的。警觉、冒险、洞察和想象多半是天生的，企业家精神在人群中是低概率分布。正因为这一概率分布，在任何时代，所谓"风险投资"最重要的含义，是找到有企业家精神的人。

企业家精神既可能配置在生产性领域，也可能配置在非生产性领域，如寻租。因此，它需要外部的制度约束和内在的自我约束。

企业家精神既可能配置在市场，也可能配置在体制，它们的合力，便是中国40年改革的进程。中国改革是一个最需要企业家精神的课题，因为它需要远见、规划、管理、组织、协调、说服、动员、妥协。

重温这些常识，以让历史告诉未来，以让我们的改革牢记初心并砥砺再出发。

当然，弘扬企业家精神离不开企业家自身的奋斗与努力，离不开社会与国家的支持，也离不开像致力于"让企业有思想，让思想能流传"的亚布力论坛这样的机构和企业的助力。如芙蓉王，在公众眼中，芙蓉王一直是一个低调、不事张扬的品牌。但就在这种低调中，多年的潜心运作让芙蓉王顺利成为烟草行业中式卷烟的代表品牌。用心聆听、厚积薄发，这或许就是企业乃至个人成功的关键。"传递价值，成就你我"，芙蓉王的品牌理念强调价值的传递与成就的共享，这与亚布力论坛的宗旨"让企业有思想，让思想能流传"不谋而合，也与企业家们发扬与传承企业家精神的希望和努力相契合。再次感谢芙蓉王文化愿意与我们一起，成为中国企业家精神的传递者和弘扬企业家精神的助力者。